Prüfungsstoff kompakt

# Abitur-Wissen

# GESCHICHTE

Cornelsen

**Der Autor**

Dr. Wilhelm Matthiessen hat Geschichte, Politische Wissenschaften, Philosophie und Germanistik studiert und arbeitet als Seminarlehrer am Luitpold-Gymnasium in München. Autor von Lehrwerken und Fachaufsätzen, Herausgebertätigkeit.

Dieses Werk basiert in Teilen auf dem Band „Pocket Teacher Abi Geschichte", ISBN 978-3-589-23238-2.

www.cornelsen.de

Bibliografische Information: Die Deutsche Bibliothek verzeichnet diese Publikation in der Deutschen Nationalbibliografie; detaillierte bibliografische Daten sind im Internet über http://www.dnb.de. abrufbar.

1. Auflage 2011

Projektleitung: Anja Sokoll, Berlin
Redaktion: 360°/Claudia Lüdtke, Berlin
Herstellung: Uwe Pahnke, Regina Meiser, Berlin
Satz/Layout: Julia Walch, Bad Soden
Sachzeichnungen: Rainer J. Fischer, Berlin
Reihen- und Umschlaggestaltung: Torsten Lemme, Berlin
Druck und Bindearbeiten: CPI – Clausen & Bosse, Leck
Printed in Germany
ISBN 978-3-06-150161-7

Gedruckt auf säurefreiem Papier,
umweltschonend hergestellt aus chlorfrei gebleichten Faserstoffen.

# Inhalt

# Vorwort

**Liebe Abiturientin, lieber Abiturient,**

dieser Band eignet sich als Wegbegleiter durch die gesamte Oberstufe bis zum Abitur. Er hilft nicht nur beim Schluss-Spurt vor dem Abitur, sondern ebenso gut bei Hausaufgaben und Referaten, bei der Vorbereitung von Klausuren und Tests. Selbst wer glaubt, schon fit zu sein, kann hier mit Gewinn noch mal ein Kapitel querlesen und sein Wissen auffrischen. Vor allem aber werden die Zusammenhänge übersichtlich und anschaulich präsentiert. Dazu tragen auch die zahlreichen Grafiken und Schaubilder bei, die den Text durch anschauliche Beispiele oder Zahlenübersichten illustrieren und vertiefen.

„Abitur-Wissen Geschichte“ schlägt begehbare Schneisen in das Geschichtswissen von der Aufklärung und der frühen Parlamentsgeschichte bis in unsere Zeit, damit dieses überschaubar und verständlich wird, Interessen geweckt und Denkanstöße gegeben werden. Schwerpunkt ist das Geschichtswissen vom Beginn des 19. Jh.s an. Aber auch die unmittelbare Gegenwart findet Erwähnung.

„Abitur-Wissen Geschichte“ bietet Fachwissen in Form von Daten, Fakten, Namen, Grafiken und Karten, setzt es aber auch in Reihenfolgen und Zusammenhänge. Dass Geschichte nicht nur aus Fakten besteht, sondern auch Standpunkte und Wertungen fordert, ist sicherlich im Bewusstsein. Der Band versucht an den sensiblen Punkten der Historie die Urteilsfindung zu erleichtern, indem er Standpunkte, Bewertungsprobleme und Diskussionskreise anführt.

Schnelle Hilfe bei eigenen Problemlösungen bietet das Register am Ende des Bandes. Dort finden sich u. a. wegweisende Friedensabkommen und Konferenzen jeweils unter dem Namen des Ortes (Beispiel: Sèvres, Friede von). Das Gleiche gilt für entscheidende Kriegsereignisse. Farbige Pfeile im Text (↗) verweisen auf andere Stellen im Buch, an denen sich weiterführende Informationen finden.

# 1 Zeitalter der Aufklärung – die revolutionären Wege zur Entwicklung der Demokratie

## 1.1 Die Bewegung der Aufklärung

Die europäische Aufklärung ist die folgenreichste Bewegung der modernen europäischen Geschichte. Sie stellte ein philosophisches System zur Verfügung, das die kritische Hinterfragung von bestehender Philosophie, wissenschaftlichen Erkenntnissen und politischen wie gesellschaftlichen Zuständen zum Ziel hatte und dabei die menschliche Vernunft als Grundlage annahm. Eine klassische Definition lieferte der deutsche Philosoph Immanuel Kant: „Aufklärung ist der Ausgang des Menschen aus seiner selbstverschuldeten Unmündigkeit." Die konkrete Umsetzung aufklärerischer Prinzipien fand in zentralen Bereichen wie Staat, Gesellschaft und Wirtschaft statt. Sie stellte keine geschlossene Philosophie oder Reformbewegung dar, sondern umfasste, ausgehend vom Rationalismus, verschiedene, zum Teil widersprüchliche Denksysteme und Vorstellungen.
Zeitlich reichte die Aufklärung von der „Glorious Revolution" (1688) bis über die Französische Revolution hinaus. Ihren Ausgang nahm sie in England; von da griff sie auf Frankreich und Deutschland über, wo ***Gottfried Wilhelm Leibniz*** und sein Schüler ***Christian Wolff*** für ihre Verbreitung sorgten.

- Der Engländer ***John Locke*** formulierte seine Vorstellungen von bürgerlicher Freiheit, Widerstandsrecht, Gesellschaftsvertrag, Gewaltenteilung (1690).
- Der Franzose ***Charles de Montesquieu*** erarbeitete eine Theorie der ***Gewaltenteilung*** (1748), die eine strikte Trennung von legislativer, exekutiver und judikativer Gewalt vorsah.
- Sein Landsmann ***Jean-Jacques Rousseau*** kritisierte die Monarchie und forderte eine Republik. Rousseau lehnte die Vorstellung von einem vorstaatlichen Naturrecht ab. In einer einzigen „première convention", einer ersten Vereinbarung, sah er eine Verbindung von Herrschafts- und Gesellschaftsvertrag als Grundlage für den Staat, der die Wiederherstellung der Menschlichkeit zur Aufgabe hat. Um staatliches Zusammenleben zu garantieren, aber auch um Einzelwil-

len und Gesamtwohl in Einklang zu bringen, ging Rousseau von einem „volonté generale“ aus, der sich aus dem Willen des Volkes auf dem Wege der Abstimmung in einer direkten Demokratie ergibt – eine repräsentative Demokratie lehnte Rousseau ab. Ausgehend von einem ermittelbaren „volonté generale“ enthielt Rousseaus Lehre auch die theoretische Basis für totalitäre Staatssysteme, da der Einzelwille sich dem Gemeinwohl unterordnen und folglich ohne Berücksichtigung bleiben müsse. Der Gedanke der Volkssouveränität findet sich bei Rousseau in seiner reinsten Form, basierend auf der Annahme von der Identität von Regierenden und Regierten.
Grundsätzlich glaubte Rousseau an die Erziehbarkeit des Menschen. Nach Rousseau wird dieser frei geboren; die Gesellschaft übt schädlichen Einfluss auf den Menschen aus, indem sie seine natürlichen positiven Anlagen verschüttet. Erziehungsziel müsse es sein, die positiven Anlagen des Menschen zu fördern, dies könne am besten geschehen, wenn man ihm große Freiheiten lasse und Laster von ihm abhalte.

- ***Adam Smith*** forderte Freiheit von Handel und Gewerbe (1776). Indem der Einzelne versucht, das Beste für sich zu erzielen und zu Glück und Reichtum zu gelangen, nützt er laut Smith auch der Gemeinschaft. Mit diesen Ideen ist er der Begründer des Wirtschaftsliberalismus.
- Die gesamte Welt, Natur und Kulturwelt zu erfassen versuchten die französischen Enzyklopädisten ***Denis Diderot*** und ***Jean d'Alembert***.

Die Aufklärung steht für Vernunft, Fortschritt, Humanität, Toleranz, Freiheit, Selbstbestimmung, Erziehung, Wissenschaft und Technik. Kritiker warfen der Aufklärung eine Überbetonung von Vernunft und Rationalismus und eine Vernachlässigung von Gefühlen vor. Damit reduziere sie die Wirklichkeit um wesentliche Elemente. Ihr Glaube an Fortschritt, Vernunft und Erfolg der Erziehung wurde als positivistisch und irrational beurteilt.

## 1.2 Parlament und Monarchie in England – der Weg zur Demokratie

Das englische Parlament entwickelte sich seit dem Mittelalter, als die englischen Barone in der ***Magna Carta Libertatum*** (1215) die Macht des Königs einschränken konnten, indem Steuern nur mit Zustimmung der Kronvasallen erhoben werden durften. In einem langwierigen Ringen zwischen Königtum und Bürgertum bildete sich in England ein Parlament mit weitreichenden Machtbefugnissen heraus.

### Krone und Parlament im 15. und 16. Jh.

***Eduard IV.*** (reg. 1461–83) beendete den Krieg zwischen den verfeindeten, den Plantagenets zugehörigen Häusern der Lancaster (rote Rose) und York (weiße Rose). Das Steuerbewilligungsrecht des Parlaments umging Eduard IV., indem er Steuern von Einzelpersonen und Körperschaften erhob.
Unter den Tudors ***Heinrich VIII.*** (reg. 1509–47) und ***Elisabeth I.*** (reg. 1558–1603) nahm England einen beispiellosen wirtschaftlichen, politischen und kulturellen Aufschwung. Heinrich VIII. setzte eine Trennung der anglikanischen Kirche von der katholischen durch und wurde zum Oberhaupt der neuen Kirche (1534: Act of Supremacy). Aufgrund seiner Gesetzgebungskompetenzen war das Parlament fest in das politische Geschehen eingebunden.
***Jakob I. Stuart*** (reg. 1603–25), der Sohn ***Maria Stuarts***, folgte der kinderlosen Elisabeth auf den Thron. Er vereinte die Kronen von England, Irland und Schottland. Da Jakob I. seine Herrschaft auf den Willen Gottes zurückführte („ius divinum"), erachtete er das Parlament nicht als Institution mit eigener Machtlegitimation und -kompetenz, sondern lediglich als „Großen Rat", der nur von ihm einberufen werden konnte. Seine Macht stützte er auf die anglikanische Kirche, die englischen Gerichtshöfe und den Geheimen Rat (Privy Council). Das Parlament wiederum sah sich als Hüter des Common Law.

### Der Bürgerkrieg unter Karl I.

Unter Jakobs Sohn, ***Karl I. Stuart*** (reg. 1625–49), kam es zum offenen Konflikt zwischen Krone und Parlament. 1628 wurde eine parlamentarische Bittschrift formuliert, die „Petition of Right" mit folgenden Forderungen:

- Keine zusätzliche Besteuerung ohne Parlamentszustimmung
- Keine Verhaftung ohne Angabe des Grundes
- Garantie eines ordentlichen Gerichtsverfahrens für alle Bürger

Daraufhin suspendierte Karl I. das Parlament für elf Jahre (1629–40); die „Petition of Right“ wurde nicht Gesetz. Die calvinistisch geprägten Puritaner wandten sich gegen den König, der seine Herrschaft auch auf die Amtskirche begründete.

1640 sah sich Karl I. wegen seiner Kriege in Schottland genötigt, das Parlament einzuberufen und eine weitgehende Parlamentarisierung der Monarchie zuzulassen. Da das Parlament bis 1653 tagte, wird es auch das „lange Parlament“ genannt. 1642 kam es zum Bürgerkrieg, den 1646 das Parlamentsheer gewann.

## Die Diktatur Cromwells

Der Führer der puritanischen Revolution, ***Oliver Cromwell***, lehnte jede Form des Kirchenregiments ab - das anglikanische, das katholische, aber auch das vom Parlament unterstützte presbyterianische (beruhend auf einem Ältestenrat).

1648 kam es zum zweiten Bürgerkrieg, aus dem Cromwell als Sieger hervorging. Die Presbyterianer wurden aus dem Parlament ausgeschlossen, das fortan als machtloses Rumpfparlament tagte.

1649 wurde Karl I. wegen Tyrannei und Landesverrats zum Tode verurteilt und enthauptet. Cromwell errichtete nun eine Militärdiktatur. Er scheiterte allerdings damit, sein „Commonwealth“ (Republik) parlamentarisch legitimieren zu lassen. 1654 nahm er den Titel „Lordprotektor“ an.

1658 starb Cromwell, sein Sohn Richard, der ihm nachgefolgt war, dankte 1660 ab.

## Die Restauration

1660 ging aus Neuwahlen ein Konventionsparlament hervor, das aus eigener Autorität den Thronfolger ***Karl II.*** in das Land zurückrief. Karl II. (reg. 1660–85) bestieg den englischen Thron und veranlasste die Wahl eines neuen Parlaments, das sogenannte Kavaliersparlament. Dieses stellte das „Government by Law“ wieder her und bestätigte die von König Karl I. anerkannten Reformgesetze (von 1641 und 1642), die die Abschaffung der königlichen und feudalen Gerichtshöfe zum Inhalt hatten. Die Machtstellung des Königs erfuhr Einschränkungen, indem

- ihm die unmittelbare Verfügungsgewalt über die Kirche entzogen wurde,
- die Indulgenzerklärung (zur religiösen Duldsamkeit) keine rechtliche Verbindlichkeit mehr hatte,
- er den unmittelbaren Einfluss auf die Rechtsprechung verlor.

In der Folge kam es zu Konflikten zwischen Krone und Parlament, da Karl II. eine katholikenfreundliche und puritanerfeindliche Politik betrieb.

**1660** Vertreibung aller puritanischen Lehrer aus Oxford

**1673** „Test Act“: Ausschluss aller Nichtanglikaner von öffentlichen Ämtern

## Die Glorreiche Revolution

Die „Habeas-Corpus-Akte“ („habeas corpus ...“ lat.: „Du habest den Körper, um ihn dem Gericht zuzuführen“) wurde 1679 vom neu gewählten Parlament während der „exclusion crisis“ erlassen. Die Krise wurde durch den nicht erfolgten Ausschluss ***Jakobs II.*** von der Thronfolge ausgelöst. Die Akte schützte die Untertanen vor willkürlichen Verhaftungen ohne Gerichtsverhandlung und stellt eine wichtige Etappe auf dem Weg zur Formulierung von Menschen- und Bürgerrechten dar. Als dann Jakob II. (reg. 1685–88), der Nachfolger Karls II., versuchte, die katholische Religion einzuführen, kam es 1688 zur Glorious Revolution.

Sieben Peers aus den gegnerischen Parteien der Whigs (ursprünglich ein Schimpfwort: „Vieh- und Pferdediebe“; für das Widerstandsrecht gegen den Absolutismus, Gegner der Stuarts) und der Tories (unklare Etymologie, wahrscheinlich „irischer Bandit“; Anglikaner, Anhänger des Königtums) hatten ***Wilhelm III.*** von Oranien, einen Enkel Karls I., zu Hilfe gerufen, um die drohende Rekatholisierung zu verhindern. Wilhelm landete mit einer Flotte in England und Jakob II. floh.

**1694** In der Revolution von 1694 äußerte sich die Idee einer parlamentarischen Herrschaftsauffassung. Nach der Flucht Jakobs II. war England ohne legitimen Herrscher. Auf Betreiben Wilhelms III. wurde ein neues Parlament gewählt, das die Krone an Wilhelm III. und seine Frau Mary, eine Tochter Jakobs II., übertrug. Mit der „Declaration of Rights“ erhielt das Königtum 1689 eine konstitutionelle Grundlage.

**1694** Im „Triennial Act“ wurde die Amtsdauer des Parlaments auf drei Jahre beschränkt.

**1701** Der „Act of Settlement" übertrug die Thronfolge auf das Haus Hannover, Voraussetzung war jedoch die Konvertierung des neuen Königs zur anglikanischen Kirche. Exekutive, Legislative und Judikative wurden getrennt.

**1707** Der „Regency Act" wies die Frage der Thronfolge dem Kompetenzbereich des Parlaments zu. Das Parlament wurde damit zum Hüter der Krone.

## 1.3 Entstehung und Entwicklung der USA – die amerikanische Revolution

Amerika erhielt seinen Namen durch den Deutschen Martin Waldseemüller, der den Kontinent nach Amerigo Vespucci (1451 – 1512) benannte. Der italienische Seefahrer erforschte zwischen 1499 und 1502 die Küsten Südamerikas.

### Englische Koloniengründungen in Nordamerika

Spanien, England und Frankreich statteten, motiviert durch wirtschaftliche und machtpolitische Interessen, Expeditionen zur Erschließung des Nordens der Neuen Welt aus.

In der Koloniengründung unterschieden sich die Engländer von den Spaniern und Franzosen, da sich die Krone nicht direkt an der Erschließung beteiligte. Private Handelsgesellschaften betrieben, gestützt auf königliche Privilegien und Freibriefe (charters), die Organisation der Besiedelung. Dabei übernahmen die Siedler sofort Verantwortung, da sie sich mit einem legislativen parlamentarischen Zweikammersystem mit einem Unterhaus (assemblie) und einem Oberhaus (senate) selbst verwalteten.

#### Motive der Siedler

Die Siedler wurden durch die harten und ungewissen Lebensbedingungen zwar abgeschreckt, aber die Aussicht, ihren Glauben frei ausüben zu können, ließ doch viele auswandern, so die „Pilgerväter" aus England im Jahr 1620. Die von den Siedlern errungene wirtschaftliche Unabhängigkeit, die Gewöhnung an Selbstverwaltung, aber auch die 150 Jahre währende Vernachlässigung (salutary neglect) durch das Mutterland England förderte die Unabhängigkeitsbestrebungen der englischen Kolonien.

### Unterschiede zwischen den Kolonien

Die 13 Kolonien schlossen sich zu einem Bund zusammen, obwohl sie durchaus spezifische Besonderheiten aufwiesen: Die südlichen Staaten, beispielsweise Virginia und Georgia, stützten sich wirtschaftlich auf den Plantagenanbau und auf Sklaven, die aus Afrika stammten. Die verschleppten Afrikaner waren anfangs den weißen, aus England stammenden Schuldknechten und zwangsdeportierten Häftlingen gleichgestellt. Der Arbeitskräftemangel aber beförderte das Sklavenwesen und im Zuge dessen die Diskriminierung der als minderwertig betrachteten Schwarzen. Die südlichen Staaten wie Carolina, Maryland und Virginia waren fest dem Ständedenken verbunden. Die Macht lag bei den Großgrundbesitzern, die sozialen Spannungen innerhalb der weißen Gesellschaft wurden durch das Sklavenwesen eher gemildert.
In Nordengland basierten die Staatengründungen eher auf religiösen als auf wirtschaftlichen Motiven. 41 Passagiere der „Mayflower" hatten an Bord einen Vertrag geschlossen, der die Pilgrim Fathers zur religiösen und politischen Selbstverantwortung verpflichtete. Die Pilgrims waren eine Gruppierung der Puritaner, die im Gegensatz zur Church of England, der anglikanischen Hochkirche, stand. In den Staaten Nordenglands herrschte wenig religiöse Toleranz.

## Die Spannungen der Kolonien mit England

Die Siedler standen durchaus auf der Seite der Engländer. Im „French and Indian War" (1754-63), der Fortführung des Siebenjährigen Krieges, siegten die Engländer in Amerika über die Franzosen. Der ***Frieden von Paris*** (1763) beendete die französische Kolonialherrschaft in Nordamerika. Für England hatte der Krieg enorme Kosten verursacht, die es teilweise über die Steuern in Nordamerika zu begleichen versuchte. Außerdem wurden unter hohem Finanzaufwand Schutztruppen nach Amerika entsandt.
Ab 1763 setzte in den Kolonien eine Wirtschaftsrezession ein; 1764 erhoben die Engländer eine Steuer auf Genussmittel. Vor allem das Bestreben, die Kontrolle über die Kolonien zu verstärken, wurde von den Kolonien als Einschränkung der Freiheit gesehen. Der Streit eskalierte 1765 mit der Stempelsteuer. Danach sollte jedes Druckerzeugnis besteuert werden, so auch juristische Dokumente. Zum Einziehen der Steuer wurde eine neue Bürokratie errichtet. Die Kolonien organisierten daraufhin einen Importboykott gegenüber den englischen Waren;

britische Steuerbeamte wurden misshandelt. Nur eine Versammlung der Kolonien sollte Steuern erheben dürfen. Das Motto lautete: „No taxation without repräsentation“ (keine Besteuerung ohne politische Repräsentation).

## Die Gewinnung der Unabhängigkeit

**1765** Der Interkontinentale Kongress in New York fordert die Abschaffung der Stempelsteuer.

**1770** Neue Einfuhrzölle auf Farben, Papier und Tee; nach dem Bostoner Massaker, bei dem fünf Zivilisten von britischen Soldaten bei Auseinandersetzungen erschossen werden, wächst die öffentliche Erregung in den Kolonien.

**1773** Als Indianer verkleidete Bostoner kippen die Teeladungen dreier Schiffe in das Meer (***Boston Tea Party***). Darauf werden die Freibriefe für Massachusetts von England eingezogen, ein königlicher Rat in Boston eingesetzt und der Hafen geschlossen.

**1774** Der 1. Kontinentalkongress in Philadelphia, beschickt durch Delegierte aller Kolonien, beschließt die Beendigung des Handels mit dem Mutterland.

**1775** König Georg III. und das englische Parlament stellen den offenen Widerstand in den Kolonien amtlich fest; die Truppen sollen gegen die Rebellen vorgehen.

**Mai 1775** Der 2. Kontinentalkongress in Philadelphia, gebildet aus 65 Delegierten aller Kolonien, übernimmt Regierungsfunktionen und wählt George Washington zum Oberbefehlshaber der noch nicht existierenden amerikanischen Streitkräfte.

**August 1775** Georg III. von England lässt eine See- und Handelsblockade errichten.

**4. Juli 1776** In Philadelphia wird vom Kongress die von Thomas Jefferson entworfene Unabhängigkeitserklärung angenommen: Berufung auf die Menschenrechte (Gleichheit, unveräußerliche Rechte und Pflichten, Recht auf Leben, Freiheit und Streben nach Wohlstand). Die Menschenrechte gelten nicht für die 500 000 Sklaven der Kolonien.

**1776–83** In dem hart geführten Unabhängigkeitskrieg siegt die anfangs unterlegene Armee der Kolonien.

**1776** Einnahme New Yorks durch die Engländer

**1777** Sieg der Kolonien über die Engländer bei Saratoga

**1778** Anerkennung der Vereinigten Staaten von Amerika durch Frankreich; Kriegseintritt Frankreichs aufseiten der Kolonien; Professionalisierung der Kriegsführung der Vereinigten Staaten, z. B. durch den Baron Wilhelm von Steuben (1730–94)

**1781** Kapitulation der britischen Truppen

**1783** Der Friede von Paris bestätigt die Selbstständigkeit. Spanien erhält Florida zurück, England behält Kanada.

**1787** Entwurf der Verfassung der Vereinigten Staaten in Philadelphia unter der Leitung von Benjamin Franklin, James Madison und George Washington

**1789** (4.3.) Die Verfassung tritt in Kraft.

**bis 1804** Abschaffung der Sklaverei in den Nord-, nicht aber in den Südstaaten

## Verfassung der USA

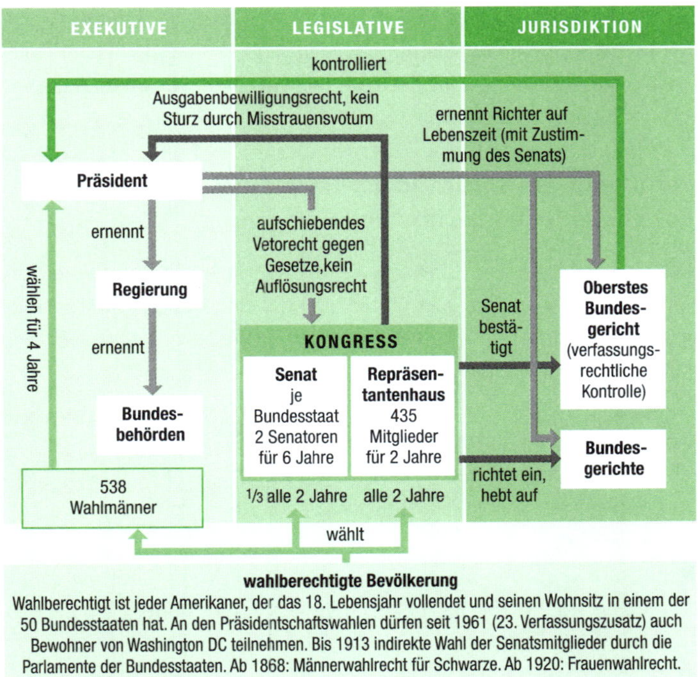


*Die Verfassung wurde 1787 beschlossen, 1789 durch zehn Verfassungszusätze, die „Bill of Rights“, ergänzt und 1791 ratifiziert. Sie ist – ergänzt durch 17 weitere Verfassungsgrundsätze – bis heute in Kraft.*

55 Delegierte, darunter Benjamin Franklin, James Madison und George Washington, treten zur Schaffung eines Bundesstaates von Mai bis September 1787 zusammen. Entsprechend dem Prinzip der Gewaltenteilung und Volkssouveränität entsteht ein Zweikammersystem mit einem über Wahlmänner indirekt gewählten Präsidenten an der Spitze. Dieser gleicht in seiner Kompetenzfülle (Ernennung der Minister, Oberbefehl über die Streitkräfte, Ernennung des obersten Gerichtshofs) einem Monarchen, allerdings ist er nur auf Zeit gewählt. Im Kongress sind die Vertreter des Volkes (Repräsentantenhaus) und der Parlamente der Einzelstaaten (Senat; zwei Senatoren je Land) vertreten.

## 1.4 Die Französische Revolution (1789–99)

Der Begriff Revolution (lat.: revolutio = Umwälzung) bezeichnet die radikale Veränderung bestehender Verhältnisse, z. B. in den Bereichen Staatswesen, Politik, Gesellschaft, Wirtschaft, Technik. Gedanklich vorbereitet wurde die Französische Revolution durch die politische Philosophie der Aufklärung. Eine Signalwirkung ging von der amerikanischen Unabhängigkeitsbewegung aus.

### Frankreich am Vorabend der Revolution – politische und soziale Verhältnisse im Ancien Régime

Die Ursachen der Französischen Revolution lagen in der politischen, wirtschaftlichen und gesellschaftlichen Krise des Ancien Régime, in tief greifenden Strukturproblemen des absolutistischen Staates, der sich außerstande zeigte, die anstehenden Fragen zu lösen.

#### Krise des absolutistischen Staates

- Reformunfähigkeit des Staates: Reformen scheitern an Adel und Klerus, die ihre Privilegien, insbesondere die Steuerfreiheit, nicht aufgeben wollen.
- Entfremdung von Königtum, Adel und Klerus von großen Teilen der übrigen, nicht an der politischen Herrschaft beteiligten Gesellschaftsschichten
- Hohe Aufwendungen zur Erhaltung der Staatsmacht: Militär, Beamtenapparat, Privilegien von Adel und Klerus, Hofhaltung
- Jahrzehntelang drohender Staatsbankrott untergräbt das Ansehen von Staat und Monarchie

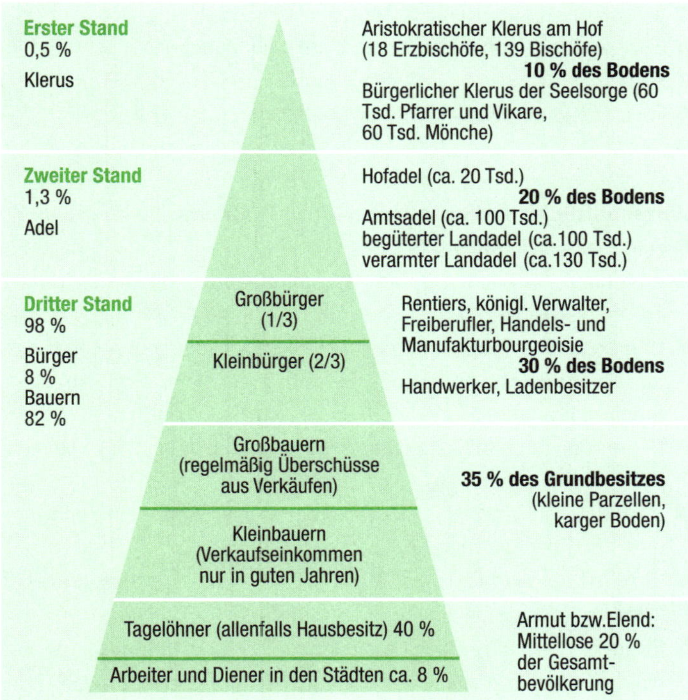


*Die Stände des Ancien Régime*

### Außenpolitischer Niedergang

- Verlust der Kolonien in Nordamerika und Indien als Ergebnis des ***Siebenjährigen Krieges*** (1756–1863)
- Verschuldung durch die Unterstützung der britischen Kolonien in Amerika im Unabhängigkeitskrieg (1775–83)
- Verlust der europäischen Vormachtstellung zugunsten Großbritanniens

### Gesellschaftliche Probleme

- Starrheit der Ständegesellschaft
- Ungleiche Vermögensverteilung (Klerus – 0,5 % der Bevölkerung – besitzt 10 % des Bodens; Adel – 1,3 % der Bevölkerung – besitzt 20 % des Bodens; Groß- und Kleinbürgertum – 8 % der Bevölkerung – besitzt 30 % des Bodens; Groß- und Kleinbauern – mit Tagelöhnern und Arbeitern 82 % der Bevölkerung – besitzen 35 % des Bodens)

- Streben des Bürgertums nach politischer Beteiligung
- Soziale Unzufriedenheit von verarmtem Landadel und niederem Klerus
- Wirtschaftliche Not der Unterschichten
- Soziale Spannungen

**Wirtschaftliche und gesellschaftliche Probleme**
- Hohe Verschuldung des Staates
- Ämterkauf, Verpachtung des Steuereinziehungssystems an private Steuergesellschaften
- Unproduktivität des auf abhängigen Bauern basierenden Feudalsystems, verursacht durch große Belastung der Bauern mit Abgaben, Steuern, Fronarbeit
- Repression der handwerklichen Produktion durch ein noch rudimentäres Zünftesystem
- Krise des Fernhandels: Billige Textilwaren aus England überschwemmen den französischen Markt.
- Krise des vorindustriellen Manufaktursystems, verursacht durch Konkurrenz aus England
- Armut und Ansteigen der Arbeitslosigkeit in den 1780er-Jahren, bedingt durch eine Wirtschaftskrise nach Freigabe der Getreideausfuhr sowie durch Missernten und Viehseuchen: soziale Not der Unterschichten

## Der Weg in die Revolution

Angesichts der übermächtigen wirtschaftlichen und gesellschaftlichen Probleme berief ***Ludwig XVI.*** (gekrönt 1774) als Generalkontrolleur der Finanzen ***Turgot*** (bis 1776) an die Regierungsspitze. Dessen Reformversuche scheiterten, trotz einiger Erfolge, ebenso wie die seiner Nachfolger ***Necker*** und ***Calonne***, da eine Steuerreform gegen den Widerstand der privilegierten Stände nicht durchzusetzen war.
1786 lagen die Staatsausgaben um 25% über den Einnahmen. Gesetze zur Besteuerung von Adel und Klerus wurden von den Notabeln (Staatsrat) und dem Parlament von Paris abgelehnt. Danach wurde die Steuerreform erzwungen. Der Adel antwortete mit einer Revolte, machte sich nun zum Fürsprecher der modernen Ideen und holte sich Unterstützung beim reformwilligen Bürgertum. Daraufhin berief Ludwig XVI. die ***Generalstände***, die zuletzt 1614 zusammengetreten waren, zum 1. Mai

1789 nach Versailles ein. Adel und Klerus waren gewillt, den dritten Stand, das Bürgertum, an Entscheidungen zu beteiligen. Für die drei Stände waren jeweils 300 Sitze vorgesehen, obwohl 98 % der französischen Bevölkerung dem dritten Stand angehörten. Unter dem Druck der Öffentlichkeit akzeptierte die Regierung schließlich eine Erhöhung der Sitze des dritten Standes auf 600. Nun aber entbrannte ein Streit um den Abstimmungsmodus. Bei einer Abstimmung nach Köpfen, anders als bei einer nach Ständen, die stets eine Überstimmung des dritten Standes im Verhältnis 2:1 bedeutet hätte, hätte der dritte Stand dominiert, da ihn ein Teil von Adel und Klerus unterstützte. Im Sinne von ***Jean-Jacques Rousseau***, der den „volonté general“ als oberstes Entscheidungsinstrument sah, betrachtete ***Abbé Emanuel Joseph Sieyès*** den dritten Stand aufgrund seiner eindeutigen Mehrheit als Nation, die den allgemeinen Willen vertrete. In der Auseinandersetzung um den Abstimmungsmodus in der Ständeversammlung war keine Einigung zu erzielen.

## Phasen der Revolution

### 1. Phase: Die bürgerliche Revolution – Errichtung einer konstitutionellen Monarchie (1789–91)

Die erste Phase der Revolution wurde durch die Proteste des Adels eingeleitet, den weiteren Verlauf bestimmte das Bürgertum. Bei der Erstürmung der ***Bastille*** (14. Juli 1789) und dem erzwungenen Umzug des Königs nach Paris zeigte sich, dass auch die Volksmasse ein wichtiger, nicht berechenbarer Faktor im Revolutionsgeschehen war.

**1789**

**5.5.** Einberufung der Generalstände
Nachdem die Einberufung der Generalstände keine Einigung über den Abstimmungsmodus erzielen konnte, verließ der dritte Stand unter Protest, gefolgt von wenigen Vertretern des ersten und zweiten Standes, den Sitzungssaal und erklärte sich am 17.6. zur Nationalversammlung. Als die Abgeordneten drei Tage später auf Anordnung des Königs ihren Sitzungssaal verschlossen fanden, zogen sie ins benachbarte Ballspielhaus.

**20.6.** Ballhausschwur
Im ***Ballhaus*** bekräftigte der dritte Stand seine Auffassung, die einzige rechtmäßige Vertretung der Nation zu sein. Unter der Führung von Graf Mirabeau (1749–91) und Abbé Sieyès schwor

die Versammlung, nicht auseinanderzugehen, bevor Frankreich über eine Verfassung verfüge.

**27.6.** Nach einer Aufforderung des Königs an den ersten und zweiten Stand, sich mit dem dritten zu vereinigen, wandelte sich die Ständeversammlung in die Verfassungsgebende Nationalversammlung um.

**14.7.** Erstürmung der Bastille
Im Sommer des Jahres 1789 breitete sich die Furcht vor einem Bündnis des Adels mit den europäischen Mächten aus. Auf dem Land wurden Gutshöfe und Adelssitze gestürmt. In Paris war die Stimmung besonders aufgeheizt. Am 11.7. entließ der König den liberalen Minister Necker, zudem wurden königstreue Truppen um Paris zusammengezogen. Vertreter des dritten Standes organisierten eine Nationalgarde, königliche Zeughäuser wurden gestürmt. Am 14.7. eroberten die Aufständischen die ***Bastille***, die als Gefängnis genutzte Festung des Königs. Der König erkannte die Nationalversammlung an und zog seine Truppen zurück. Der Widerstand des Adels war gebrochen.

**4.8.** Aufhebung der Privilegien des ersten und zweiten Standes
Unter dem Eindruck der Geschehnisse in Paris und in ganz Frankreich beschloss die Nationalversammlung am 4.8. die Abschaffung der Feudalrechte: Dazu gehörten neben vielen anderen Frondienst und Leibeigenschaft, Zehnter und Grundherrschaftsgerichte. Die Abschaffung aller Steuerbefreiungen des ersten und zweiten Standes sollte den Weg zu sozialer Gerechtigkeit ebnen. Die Ablösung von Grund und Boden, die auf finanziellem Weg erfolgen sollte, konnten die Kleinbauern jedoch nicht leisten. Dazu fehlten ihnen die Mittel, sodass vor allem Großbauern und Großgrundbesitzer von der Reform profitierten.

**27.8.** Erklärung der Menschen- und Bürgerrechte
In Anlehnung an die Virginia Bill of Rights (1776) erklärte die Nationalversammlung die Natur- und Menschenrechte wie in den USA zur Grundlage der Verfassung.

**5.10.** Umzug des Königs von Versailles in das Schloss an den Tuilerien
***Ludwig XVI.*** stellte sich zunächst gegen die Abschaffung der Privilegien und die Erklärung der Menschenrechte. 7 000 Frauen zogen daraufhin unter Protest nach Versailles, zwangen den König zur Annahme der Reformgesetze und zum Umzug nach Paris.

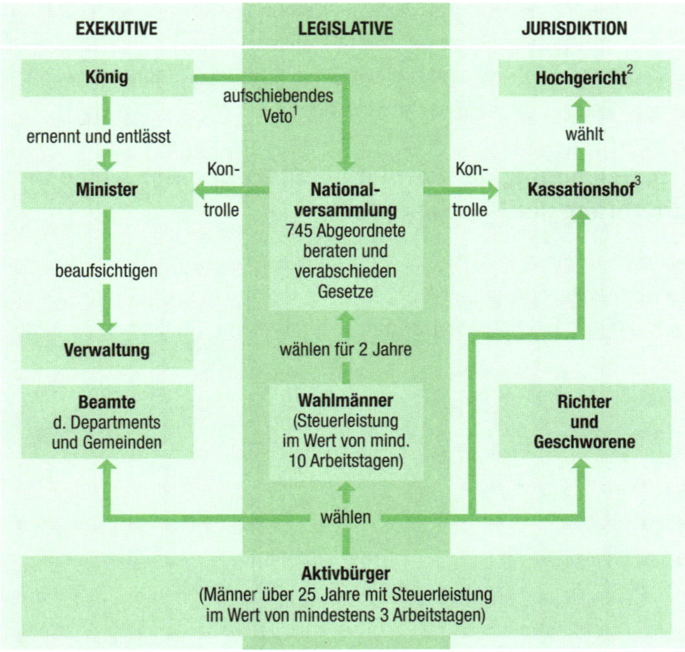


[1] Das aufschiebende Veto des Königs konnte durch eine zweimalige Bestätigung des Gesetzes in der Nationalversammlung in zwei aufeinanderfolgenden Legislaturperioden aufgehoben werden.
[2] für Anklage gegen Minister, hohe Beamte und Staatsverbrecher
[3] Berufungsgericht

*Verfassung von 1791*

## 1791

**21.6.** Fluchtversuch des Königs
Ein Fluchtversuch der Königsfamilie aus Paris scheiterte bei Verenne in Lothringen, nahe der Grenze. ***Ludwig XVI.*** wurde nach Paris zurückgebracht und stand fortan unter Arrest. Seinen durch Flucht und Gefangennahme erlittenen Ansehensverlust konnte er nie mehr revidieren.

**3.9.** Annahme der Verfassung von 1791
Wie sehr das Bürgertum die Revolution bestimmte, zeigte sich in der Verfassung, die eine Entscheidung für eine konstitutionelle Monarchie bedeutete. Die Nationalversammlung, betraut mit der Legislative, wurde nach einem Zensuswahlrecht gewählt. Staatsoberhaupt und Spitze der Exekutive war der König, dem

die Verfassung bei der Gesetzgebung nur ein Vetorecht einräumte. Vorbild waren Montesquieus Vorstellungen von Gewaltenteilung und Volkssouveränität. Am 14. 9. legte Ludwig XVI. einen Eid auf die Verfassung ab.

## Radikalisierung der Revolution: Sturz der Monarchie und Errichtung der Republik (1791–93)

Ab dem Sommer 1791 gewannen radikalere Kräfte, die sich in Klubs zusammengeschlossen hatten, zunehmend an Einfluss, z. B. die ***Jakobiner***, die sich nach ihrem Treffpunkt, dem Kloster St. Jacques bei Paris, nannten.
Auch die radikalisierten Volksmassen, die ***Sansculotten***, gewannen an Einfluss: Die Revolution wurde zusehends zu einer radikal kleinbürgerlichen Bewegung unter dem Einfluss von intellektuellen Bildungsbürgern, den Jakobinern.

**1791**

**1.10.** Zusammentreten der Gesetzgebenden Nationalversammlung
Da keine Abgeordneten aus dem vorhergehenden Parlament kandidieren durften, wies das nun gewählte Parlament eine völlig neue Zusammensetzung auf. Die darin vertretenen ***Feuillants*** (ca. 20 Mitglieder) sprachen sich für die eingeschränkte Macht des Königs aus, die ***Indépendants*** befürworteten ohne genaue Zielvorstellungen die Revolution und die Brissotins (ca. 30 Mitglieder), meist Jakobiner, strebten eine Demokratie an. Letztere vertraten die wirtschaftlichen Interessen des wohlhabenden Bürgertums und waren die Vorläufer der späteren ***Girondisten*** (nach ihrer vorrangigen Herkunft, dem Departement Gironde, benannt). Der Adel fehlte im Parlament.

**1792**

**20.4.** Kriegserklärung an Habsburg
Die Erklärung des Krieges an Habsburg, das die „schändliche Volksherrschaft“ zu beseitigen und die königliche Familie zu retten trachtete, leitete eine nationale Euphorie in Frankreich ein, die jedoch bald durch militärische Misserfolge enttäuscht wurde. Dennoch konnte sich das revolutionäre Frankreich in den sogenannten Koalitionskriegen behaupten.

**10.8.** Sturm des Schlosses an den Tuilerien; Absetzung des Königs
Bereits 1790 war Paris in 48 Sektionen eingeteilt, in denen die

***Sansculotten*** dominierten. Sie erhielten Unterstützung durch die Föderierten, bewaffnete Kräfte aus den Provinzen. In der Wirtschaftskrise des Jahres 1792 forderten die Sektionen die Absetzung des Königs und die Neuwahl eines republikanischen ***Nationalkonvents***. Mit der Nationalgarde und den Konföderierten stürmten sie die Tuilerien (10.8.) und verkündeten die Amtsenthebung des Königs. Hiermit wurde die „révolution de l'égalité", die Revolution der Gleichheit, eingeleitet. Von Mai bis Juni errangen die ***Jakobiner*** unter der Führung des redegewandten Advokaten Danton die Mehrheit im Konvent.

**2.–5.9.** Septembermorde
Als Preußen in Frankreich vorrückte und Verdun einnahm, mündeten die innenpolitischen Spannungen in einen Bürgerkrieg. Justizminister ***Danton***, ***Marat*** und die Anführer der ***Pariser Kommune*** mobilisierten die fanatisierten Anhänger zu einem Massaker an den inhaftierten politischen Gegnern, insgesamt wohl 3 000.

**20.9.** Zusammentreten des neu gewählten Konvents und Proklamation der 1. Republik
Die Wahlen zum Nationalkonvent wurden unter dem Eindruck des Terrors der Septembermorde durchgeführt. Der Nationalkonvent setzte sich vorwiegend aus Girondisten, Vertretern des Besitzbürgertums, Gegnern einer weiteren Demokratisierung, und radikalen Jakobinern, die die Revolution weiterführen wollten, zusammen.

**1793**

**21.1.** Ludwig XVI. wird öffentlich hingerichtet.

## Der Terreur – die Schreckenszeit (1793–94)

Diese Phase ist gekennzeichnet durch die Ausschaltung der ***Girondisten*** und den Versuch der ***Jakobiner*** unter der Leitung ***Robespierres***, die Revolution zu einer Diktatur zu führen und sie so zur Vollendung zu bringen. Die neue Konventsverfassung sah Plebiszite für jedes Gesetz vor und hob die Gewaltenteilung auf. Der Konvent geriet unter den Einfluss der Pariser Kommune und seiner Exekutivorgane, des Sicherheits- und Wohlfahrtsausschusses, der die provisorische Regierung bildete. Ein Revolutionstribunal verurteilte in Schnellverfahren missliebige Gegner, wobei die Menschenrechte außer Kraft gesetzt waren.

**1793**

**2.6.** Hinrichtung von Girondisten

Aufständen in der Vendée und anderen Regionen versuchten die Jakobiner durch die Ausschaltung der Girondisten zu begegnen. Damit hatten sie zwar die Macht in der Hauptstadt in Händen, jedoch nicht in den Provinzen, in denen die Aufstände blutig niedergeschlagen wurden.

**10.10.** Demokratische Verfassung

Um die innenpolitische Ruhe wiederherzustellen, wurde im Oktober eine demokratische Verfassung verfügt, die, basierend auf der Lehre ***Rousseaus***, durch das allgemeine Wahlrecht, die Aufhebung der ***Gewaltenteilung*** und den Volksentscheid gekennzeichnet war. Sie wurde jedoch nicht in Kraft gesetzt; erst in Friedenszeiten sollte sie das bisherige Staatssystem ablösen.

**4.12.** Konstitution des Schreckens

Über den Wohlfahrtsausschuss kontrollierte Robespierre den Kampf gegen die politischen Gegner und institutionalisierte den Terror. An die 50 000 Menschen fielen den Todesurteilen des Revolutionstribunals zum Opfer und starben unter der Guillotine. Die Revolution stabilisierte sich. Die Armee, unterstützt durch die „Levée en masse", die totale Mobilisierung aller, errang unter jungen Generälen wie ***Napoleon Bonaparte*** glänzende Erfolge und schützte die Republik.

**1794**

**10.7.** Der „Große Schrecken"

An Pfingsten 1794 ließ ***Robespierre*** das „Fest des höchsten Wesens" feiern, das als eine Art Staatsreligion dem höchsten Wesen, der Natur, der Menschheit und den Tugenden gewidmet war. Damit war das Christentum abgeschafft. Im Sommer 1794 sollte der „Große Schrecken", der bewusst eingesetzte Terror, den Weitergang der Produktion sichern. Er richtete sich wahllos gegen alle Schichten der Bevölkerung.

**27./28.7.** Sturz und Hinrichtung Robespierres

Durch ein Komplott zwischen Konventskommissaren, die in den Provinzen gewütet hatten und fürchteten, von Robespierre zur Rechenschaft gezogen zu werden, und Abgeordneten, die des Terrors müde waren, wurde Robespierre am 9. Thermidor (27.7.) gestürzt und am darauf folgenden Tag mit seinen Gefolgsleuten ohne Verhandlung und Urteil hingerichtet.

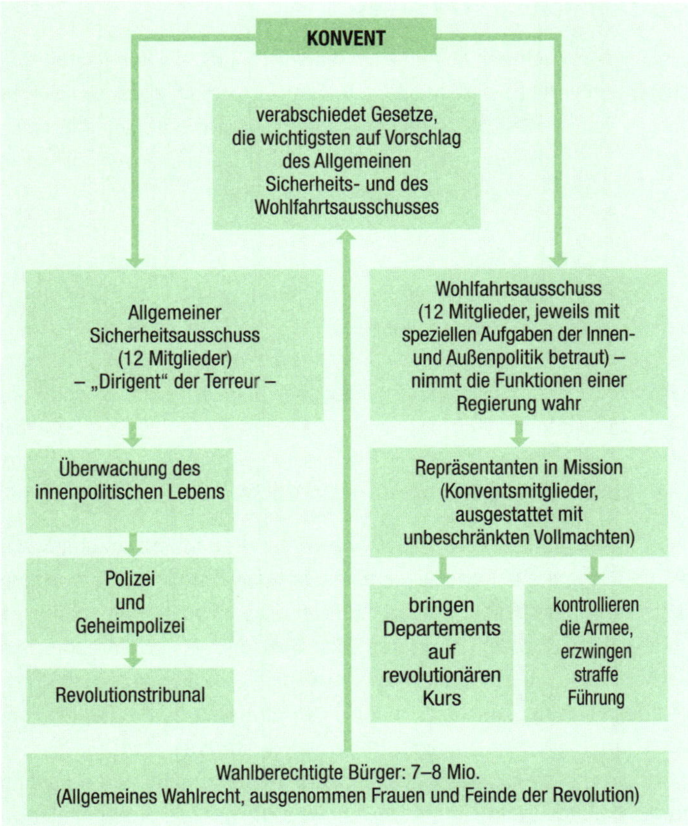


*Die Verfassung während der Terrorherrschaft*

## Der Nachthermidor

Nach dem Tod Robespierres setzte ein Vergeltungsterror gegen die ***Jakobiner*** ein. Die Blutjustiz der Revolution wurde, sofern es nicht die Jakobiner betraf, eingestellt. Das girondistische Besitzbürgertum rückte wieder in seine früheren Positionen ein. Enteignungen an Grund und Boden, die unter der Diktatur Robespierres stattgefunden hatten, wurden rückgängig gemacht. Die Thermidor-Reaktion wandelte sich in eine Republik der Bourgeoisie. Aufstände der Hunger leidenden Stadtbevölkerung wurden 1795 unterdrückt, der Klub der Jakobiner geschlossen und die Partei politisch ausgeschaltet.

## Das Direktorium (1795–99)

Die Konventsmehrheit schuf eine neue Verfassung, die den geänderten Zuständen gerecht werden sollte. Wieder sah sie ein Zensuswahlrecht vor, es wurde zwischen Aktiv- und Passivbürgern unterschieden. Die Legislative wurde in Anlehnung an die amerikanische Verfassung in zwei Kammern geteilt: Der Rat der 500 hatte das Gesetzesinitiativrecht, der Rat der Alten besaß das Entscheidungsrecht. Die Exekutive, das Direktorium von fünf Mitgliedern, wurde durch den Rat der Alten aus einer Vorschlagsliste des Rats der 500 ernannt. Jedes Jahr wurde ein Mitglied ausgewechselt, wie auch ein Drittel der Abgeordneten. Als der alte Konvent beschloss, zwei Drittel der Abgeordneten zu stellen, kam es zu einem Volksaufstand, der aber auf Veranlassung des Konvents unterdrückt wurde.

## Die Französische Revolution als Vorbild

Die Französische Revolution war vor allem in ihren Auswirkungen auf die Geschichte anderer Staaten eines der umwälzendsten historischen Ereignisse in der Geschichte der Neuzeit: Sie bewirkte das endgültige Ende mittelalterlicher Strukturen, den Sieg der Menschenrechte, die Verwirklichung des religiösen Toleranzgedankens, die persönliche Freiheit des Einzelnen, das Ende feudaler Abhängigkeiten, den Beginn liberaler Wirtschaft, die Humanisierung des Strafrechts, den Aufbau des modernen Verfassungsstaates und der modernen Staatsverwaltung sowie die Entwicklung der Nationalbewegungen. Viele dieser Neuerungen brachten zweifellos Probleme mit sich, beispielsweise die verhängnisvolle Entwicklung der Nationalbewegungen, den Nationalismus. Auch wurden nicht alle Ziele der Französischen Revolution sofort und problemlos umgesetzt. Dennoch ist sie von kaum zu überschätzender Bedeutung. Kein Staat in Europa konnte sich ihren Folgen entziehen. Die Beseitigung persönlicher Unfreiheit, die Menschenrechtsidee, der Verfassungsstaat und der Nationalstaatsgedanke bestimmten und bestimmen die Politik Europas und der Welt entscheidend mit.

# 2 Das Zeitalter Napoleons – Europa unter der Hegemonie Frankreichs

## 2.1 Napoleons Weg zur Macht und Machtsicherung

***Napoleon Bonaparte*** stammte aus einer korsischen Familie, besuchte verschiedene Militärakademien und machte während der Französischen Revolution aufseiten der Jakobiner rasch Karriere. Als er 1795 das Direktorium durch die Niederschlagung eines Volksaufstandes rettete, wurde er zum Brigadegeneral ernannt. Napoleon befehligte die Truppen in Oberitalien und führte Krieg gegen Österreich, wobei er sowohl bei seinen Soldaten als auch in Frankreich zu Ruhm gelangte. Preußen war im Frieden von ***Basel*** (1795) bereits aus dem Krieg ausgeschieden. Der Sieg über Österreich führte zum Frieden von ***Campo Formio*** (1797).

### Der Gegner England

Frankreich betrachtete England als Hauptgegner. Da England durch seine Insellage geschützt war, suchte Napoleon die Entscheidung in Ägypten. Er eroberte Malta, bei den Pyramiden siegte er über die Mamelucken. Die französische Flotte wurde jedoch 1798 bei Abukir vor der Küste Ägyptens von den Engländern vernichtet.

### Staatsstreich und Konsulatsverfassung

Als Napoleon im Jahr 1799 Kunde vom Ausbruch des ***2. Koalitionskriegs*** (1799–1802) erhielt, verließ er sein Heer und kehrte nach Paris zurück. Um einer angeblichen Verschwörung zuvorzukommen, nutzte er die Gunst der Stunde und die in Paris herrschende Furcht vor einer neuen Schreckensherrschaft; durch einen Staatsstreich am 9.11.1799 übernahm er die Macht. Die Direktoralverfassung wurde durch eine Konsulatsverfassung ersetzt. Napoleon wurde für zehn Jahre Erster Konsul, die beiden ihm zugeordneten Konsuln blieben ohne politische Bedeutung. In der neuen Verfassung von 1799 waren die Menschen- und Bürgerrechte nicht verankert. Die zentrale Stellung in dieser Verfassung hatte der Erste Konsul, der Legislativ- und Exekutivrechte auf sich vereinte. Vier Legislativorgane (Erster Konsul, Tribunat, Senat, gesetzgebende Körperschaft = Die 300 Stummen) blieben ohne wirkliche Kontrollrechte.

### Krönung zum Kaiser

1802 ließ sich Napoleon in einem Volksentscheid als Konsul auf Lebenszeit bestätigen, ebenso wurde der Titel „Kaiser der Franzosen“ demokratisch legitimiert. Am 2.12.1804 krönte sich Napoleon in Anwesenheit des Papstes Pius VII. in Nôtre Dame selbst, anschließend seine Gemahlin Josephine. In der politischen Praxis herrschte er mit einer plebiszitär legitimierten Diktatur. Diese war durch gezieltes Aufgreifen antiker Traditionen geprägt, wie es 1799 die Einführung der Konsulämter zeigte. Seine große Verwandtschaft bezog Napoleon in ein europäisches Herrschaftssystem mit ein (Nepotismus): Sein Bruder Ludwig wurde König von Holland (1806), sein Bruder Joseph 1806 König von Neapel, 1808 König von Spanien, sein Bruder Jérome König von Westfalen (1807). Napoleon selbst ließ sich von seiner ersten Frau Josephine scheiden und heiratete Marie Luise von Österreich (1810), seinen Sohn aus dieser Ehe ernannte er zum König von Rom.

## 2.2 Innenpolitische Maßnahmen

Napoleons innenpolitischer Erfolg beruhte darauf, dass er einerseits die Errungenschaften der Revolution zu erhalten suchte, andererseits die Sondergesetze gegen den Adel nicht anwandte, Priesterdeportationen unterließ und den Emigranten die Rückkehr gestattete. Mit seiner Verwaltungsreform prägte er die Entwicklung Frankreichs bis in die heutige Zeit.

### Code Civil

Der ***Code civil*** oder Code Napoléon von 1804, ein Gesetzeswerk, das schon unter dem Direktorium vorbereitet worden war, stellte sicher, dass das Erbe der Französischen Revolution gewahrt blieb. Er garantierte persönliche Freiheit, Rechtsgleichheit, Privateigentum, Wirtschaftsfreiheit, Unabhängigkeit des Staates und die Zivilehe und war damit Grundlage für ein funktionierendes bürgerliches Gesellschaftssystem. Der Code civil hatte Vorbildfunktion für die Staaten Europas.

### Verwaltungsreform

Zur Machtsicherung Napoleons wurde die Verwaltung weiter zentralisiert und hierarchisiert (Minister ernennen die Präfekten in den Departements, Unterpräfekten ernennen die Bürgermeister in den Gemeinden). Napoleon selbst ernannte die Richter. Zentralistisch ausgerichtet war auch die Polizei, die ein mächtiges Instrument darstellte, um die Herrschaft Napoleons nach innen zu sichern. Diesem Zweck diente auch das Schul- und Unterrichtsmonopol des Staates.

## 2.3 Aufbau des napoleonischen Kontinentalsystems

Napoleons Herrschaft war durch andauernde Kriege gekennzeichnet, die die Hegemonie über Europa herstellen sollten. Dies war eine deutliche Abkehr vom System der ***Pentarchie***, dem Gleichgewicht der fünf Großmächte Frankreich, England, Russland, Preußen und Österreich, das bis zur Französischen Revolution die europäische Politik geprägt hatte. Um die Hegemonie in Europa zu gewinnen, bediente sich Napoleon verschiedener Methoden:

- Zerschlagung großer Machtblöcke (wie des Heiligen Römischen Reiches Deutscher Nation)
- Schaffung von überschaubaren staatlichen Gebilden (z. B. ***Rheinbund***) und von abhängigen französischen Tochterrepubliken
- Etablierung eines auf Frankreich ausgerichteten Bündnissystems, das durch Verfassungen, Abkommen und Interventionen die Vorrangstellung Frankreichs sichern sollte
- Nepotismus, die Beteiligung persönlich Verpflichteter am Herrschaftssystem (z. B. wurde Napoleons Schwager Murat Großherzog von Berg), und Heiratspolitik (z. B. Napoleons zweite Ehe mit einer Tochter des österreichischen Kaisers)
- Errichtung einer ***Kontinentalsperre*** gegen England
- Unnachgiebigkeit in der Kriegsführung zur Stabilisierung der Macht

Noch während der Französischen Revolution hatte Frankreich in verschiedenen Kriegen die Vorherrschaft über Europa gewonnen. Napoleon konnte England durch die Kontinentalsperre nicht besiegen; da Russland diese aus wirtschaftlichen Gründen durchbrochen hatte, begann er 1812 einen Krieg gegen das Zarenreich.

## 2.4 Koalitionskriege und Kontinentalsperre

Die Kriege, die Frankreich um die Wende zum 19. Jh. führte, sicherten Napoleons Machtposition im Inneren und führten zur französischen Herrschaft über fast ganz Europa. Dies war eine deutliche Abkehr vom System der Pentarchie, dem Gleichgewicht der fünf Großmächte.

1. Koalitionskrieg 1792–97 gegen England, Österreich, Preußen: Im Frieden von ***Campo Formio*** tritt Österreich Belgien gegen Venedig ab. Österreich und Preußen stimmen der Abtretung des linken Rheinufers an Frankreich zu, sie sollen dafür rechtsrheinisch entschädigt werden.

2. Koalitionskrieg 1799–1802 gegen England, Österreich, Russland: Im Frieden von ***Lunéville*** (1801) wird die endgültige Abtretung des linken Rheinufers an die Franzosen besiegelt; Friede von ***Amiens*** mit England (1802).

3. Koalitionskrieg 1805 gegen England, Österreich, Russland: Der Sieg der englischen Flotte unter Admiral Nelson über die französisch-spanische Flotte bei ***Trafalgar*** (1805) begründet die Vormachtstellung Englands zur See bis ins 20. Jh. Sieg Napoleons bei Austerlitz. Im Frieden von ***Pressburg*** (1805) tritt Österreich Venetien an das Königreich Italien ab.

4. Koalitionskrieg 1806/07 gegen Preußen, Russland, Sachsen: Napoleon siegt gegen Preußen bei ***Jena*** und ***Auerstädt*** (1806) und zerstört damit den preußischen Militärmythos. Im Frieden von ***Tilsit*** (1807) entgeht Preußen nur knapp seiner Auflösung und wird auf die Gebiete östlich der Elbe beschränkt. Einen Teil der 1772 von Polen annektierten Gebiete muss es an Russland abgeben, einen anderen an das neu gegründete Herzogtum Warschau. Danzig wird freie Stadt mit französischer Garnison. Preußen muss Reparationen zahlen und unterliegt einer Truppenbeschränkung auf 42 000 Mann.

Napoleon geht ein Bündnis mit Russland ein, um es für eine Wirtschaftsblockade gegen England zu gewinnen, dafür werden Russland Gebiete im türkischen Machtbereich in Aussicht gestellt. Jedoch erweist sich die ***Kontinentalsperre***, die England am Absatz seiner Waren in Europa hindern soll, als nicht erfolgreich, da England seinerseits mit einer Seeblockade antwortet. In Übersee erringt England zudem die Monopolstellung und neue Märkte.

1807 wird das Königreich Westfalen (gebildet aus Braunschweig, Kurhessen und Hannover) ausgerufen und unter die Herrschaft von Napoleons jüngstem Bruder Jérôme gestellt.

## 2.5 Auswirkungen der napoleonischen Herrschaft auf Deutschland

Für die deutschen Staaten war die napoleonische Herrschaft von herausragender Bedeutung. Durch Säkularisierung und Mediatisierung, die Auflösung des Heiligen Römischen Reiches und die staatlichen Neuordnungen änderte sich Deutschland grundlegend. Die weltlichen und geistlichen Kleinterritorien mit eigener Rechtsprechung und Reichsunmittelbarkeit, aber fehlender Überlebensfähigkeit wurden den überlebensfähigen deutschen Staaten zugeschlagen.

### Säkularisation und Mediatisierung

Im Vertrag von ***Lunéville*** (1801) hatten sich Österreich und Preußen damit einverstanden erklärt, gegen rechtsrheinische Gebiete auf die linksrheinischen zu verzichten. Als Entschädigung kamen Gebiete der geistlichen Herrschaft (***Säkularisation***) und die reichsunmittelbaren Kleinterritorien (***Mediatisierung***) infrage. Die Groß- und Mittelmächte sollten auf Kosten der nicht mehr lebensfähigen Kleinterritorien entschädigt werden. Auf dem Regensburger Reichstag wurde im Reichsdeputationshauptschluss von 1803 die Auflösung der geistlichen Herrschaften und der Herrschaften von Reichsstädten, Reichsdörfern, Reichsritterschaften und kleinerer Fürstentümer beschlossen. Sieger waren Preußen (fünffacher Gewinn gegenüber den Verlusten) und die süddeutschen Staaten Bayern, Baden und Württemberg, die jeweils einen wesentlich größeren Gebietszuwachs als die linksrheinischen Verluste beziehungsweise eine Arrondierung ihres Gebietes zu verzeichnen hatten. Nun war die Voraussetzung für moderne Verwaltungsstaaten gegeben, die Kirche wurde aus ihren feudalen Verpflichtungen entlassen und konnte sich der Seelsorge widmen.

| Land | Verluste (linksrheinisch) | Gewinne (rechtsrheinisch) |
|---|---|---|
| Baden | 25 | 237 |
| Bayern | 730 | 880 |
| Preußen | 127 | 558 |
| Württemberg | 14 | 110 |

*Wichtige Gebietsverluste und -entschädigungen im Reichsdeputationshauptschluss (Einwohner in Tausend)*

### Das Ende des Heiligen Römischen Reiches und Rheinbund

Mit der napoleonischen Flurbereinigung war das Reich so geschwächt, dass sein Zusammenbruch unvermeidlich war. Nach der Niederlage Österreichs gegen Frankreich im ***3. Koalitionskrieg*** durften Bayern und Württemberg, die auf der französischen Seite gekämpft hatten, die Königswürde bekleiden. Der deutsche Kaiser musste auf alle Souveränitätsrechte verzichten. Im Juli 1806 traten die 16 süd- und norddeutschen Staaten zum ***Rheinbund*** zusammen, gleichzeitig erklärten sie ihren Austritt aus dem Deutschen Reich. Der französische Kaiser nahm den Rheinbund unter seinen Schutz und verpflichtete die Staaten zur Heeresfolge gegenüber Frankreich. Daraufhin erklärte Franz II. das Amt des Deutschen Kaisers für erloschen, alle Pflichten der Stände waren aufgehoben. Dem Rheinbund traten bis 1812 alle Staaten außer Preußen und Österreich bei.

## 2.6 Neustrukturierung Preußens: Reformen unter Stein und Hardenberg

Nach den Ideen der Aufklärung, aber auch nach dem Beispiel Frankreichs reformierte Karl Reichsfreiherr ***vom und zum Stein*** durch Edikte Staatsverwaltung, Gesellschaft, Gewerbe und Wirtschaft Preußens. Mit der Beseitigung von Adelsprivilegien, einer Bauernbefreiung, einer Heeres- und Rechtsreform sollten aus Untertanen Bürger werden, durch Mitbestimmung und Eigenverantwortung Nationalgefühl hergestellt und so der preußische Staat nach der Niederlage wieder gestärkt werden. Stein führte Preußen zum Liberalismus und legte in dieser „Revolution von oben" die Grundlage für Preußens politische Erfolge im 19. Jh.

**1807**

**9.10.** Das Oktoberedikt erleichterte den Besitz und den freien Gebrauch des Grundeigentums: In dieser Agrarreform wurden alle persönlichen Beschränkungen wie Schollengebundenheit, Zwangsgesindedienste, herrschaftliche Heiratsgenehmigungen und Strafen aufgehoben. Freiheit der Person, des Besitzes, des Berufes und der Rechtsgleichheit wurden garantiert.

**1808**

**19.11.** Selbstverwaltung der Städte, Finanz- und Steuerreform (***Städteordnung***)

**24.11.** Edikt zur Organisation einer Staatsspitze mit Ressorteinteilung und Fachministerien: Einleitung einer Heeres-, Kirchen- und Kulturreform

***Karl August Freiherr von Hardenberg*** löste Stein auf Betreiben Napoleons ab. Er knüpfte noch mehr an das französische Vorbild an und legte einen größeren Wert auf die staatliche Autorität als auf die individuelle Freiheit, die Stein vertreten hatte. Dennoch setzte er als preußischer Staatskanzler dessen Reformen fort.

- Weiterführung des preußischen Staates vom Absolutismus zum Liberalismus
- Einführung der Gewerbefreiheit (1811)
- Säkularisation des Kirchengutes
- Abschaffung aller Lasten und Frondienste (1811)
- Staatliche Gleichberechtigung für die Juden
- Einrichtung einer mustergültigen Verwaltungsorganisation
- Staatsbürgerliche Gleichheit

Einen Anteil an den Reformen hatten auch ***Gerhard von Scharnhorst***, ***August von Gneisenau*** und ***Wilhelm von Humboldt***.

## 2.7 Die Entwicklung der Nationalidee in Deutschland

### Europäische Nationalbewegung

Ende des 18. Jh.s wurde in Europa durch die Französische Revolution eine Epoche der Nationalbewegung eingeleitet. An die Stelle der Vorstellung vom ständisch-kooperativen und geistig-religiös gebundenen Menschen trat das Ideal vom aufgeklärten freien Bürger, der sich nach den Gesetzen der Vernunft richtete. Auch der Nationenbegriff änderte sich. Unter Nationen wurden bis in das 18. Jh. Personenverbände verstanden, die in Land- und Reichstagen, in Generalständen, Parlamenten und Universitäten als ständische Vertretungen in Erscheinung traten. Mit Klopstock (1724–1803) und Herder (1744–1803) kam es zur Herausbildung eines deutschen kulturellen und politischen Bewusstseins. Die Besinnung auf ein kulturnationales Bewusstsein, das sich gegen Überfremdung durch französische und italienische Kultur wandte, implizierte dabei auch politische Konsequenzen: Nur ein deutscher Nationalstaat schien eine eigenständige deutsche Kultur gewährleisten zu können.

### Entstehung eines deutschen Nationalbewusstseins

Im deutschen Idealismus und in der Romantik gingen philosophische, literarische und politische Strömungen ein offenes Bündnis ein. Die Niederlage Preußens gegen Napoleon im Jahr 1806 verlieh dem latenten Widerstand gegen Frankreich eine nationale Komponente, die zum entscheidenden, über Preußen hinauswirkenden Antrieb für die Freiheitsbewegung wurde. 1807 und 1808 rief Fichte (1762–1814) in den „Reden an die deutsche Nation" unverblümt zum Widerstand gegen die französischen Besatzer auf. In den Befreiungskriegen verbanden sich nationalkulturelle, liberale und nationalstaatliche Hoffnungen, deren Verfechter sich aber nach dem Sieg über Napoleon in der Zeit der Restauration bitter getäuscht sahen.

### Nationalstaatsbildung

Erst unter ***Bismarck*** (ab 1871 erster deutscher Reichskanzler) wurde ein deutscher Nationalstaat geschaffen, der seinen Ursprung jedoch nicht in den liberalen Ideen des frühen 19. Jh.s, sondern in der konservativen, restaurativen Tradition des preußischen Obrigkeitsstaates hatte. Ende des 19. Jh.s kam es zu einer gefährlichen Zuspitzung des nationalen Gedankens, der im 1. und 2. Weltkrieg als ***Nationalismus*** seine zerstörerischen Kräfte zeigte.

## 2.8 Träger und Programme der nationalen Bewegung im Kampf gegen Napoleon

### Befreiungskriege gegen die napoleonische Herrschaft

Als Befreiungskriege bezeichnet man die Kriege der europäischen Mächte, die von 1813 bis 1815 gegen die napoleonische Hegemonie und Fremdherrschaft geführt wurden. Preußen hatte mit der Niederlage gegen Frankreich 1806 ein Drittel seines Territoriums verloren. Die ***Stein-Hardenberg'schen Reformen*** hatten aus einem veralteten spätabsolutistischen Staat einen modernen geformt, der sich 1813 gegen Napoleons Herrschaft auflehnte. Durch den spanischen Unabhängigkeitskrieg (1808) und die österreichische Erhebung (1809) wurde trotz ihres Scheiterns deutlich, dass sich eine Welle nationaler Erhebungen gegen die napoleonische Vorherrschaft formierte. In dieser Phase vollzog sich in Preußen ein Einstellungswandel zum Nationalstaat.

## Der Sieg über Napoleon

Mit dem Feldzug gegen Russland (1812) versuchte Napoleon einem europäischen Koalitionskrieg vorzubeugen, erlitt aber mit dem nahezu vollständigen Verlust der „Grande Armée“ eine desaströse Niederlage. In der Konvention von Tauroggen (1812) schloss der preußische General Graf ***Yorck von Wartenburg*** (1759–1830) ohne Ermächtigung seines Königs mit dem russischen General von Diebitsch einen Vertrag, der die preußischen Truppen aus dem französischen Heeresverband löste. Damit gab er das Signal zum Freiheitskampf. „Einheit und Freiheit“ lauteten die Losungsworte, die sich die bürgerlich-intellektuelle Jugend zurief. „Turnvater“ Friedrich Ludwig Jahn (1778–1852) trat mit seinen Berliner Turnern dem berühmten, bald zum Mythos werdenden Lützower Freikorps bei, dessen militärische Erfolge allerdings eher gering waren.

Aus heutiger Sicht traten Gefühlsüberschwang und nationalistische Überheblichkeit bereits in dieser Zeit zutage. Schwärmerisch, sicherlich auch getragen von romantischen Geschichtsbildern, entwickelte sich die Forderung nach einem alle Deutschen umfassenden Staat. Die konservativen Regierungen in Preußen und Österreich misstrauten jedoch dem Volk, sodass der als Volkskrieg gedachte Krieg gegen Napoleon zum Kabinettskrieg wurde. Die Verbündeten Russland, Preußen, England, Schweden und Österreich besiegten in der ***Völkerschlacht bei Leipzig*** vom 16. bis 19.10.1813 Napoleons Truppen, nachdem sich alliierte Truppen im Sommer desselben Jahres vor den überlegenen französischen Truppen zurückgezogen hatten. Die Kriegsziele umfassten die Wiederherstellung von Preußen und Österreich sowie die Auflösung des Rheinbundes und die Unabhängigkeit der deutschen Staaten. Die Herrschaft Napoleons brach in Deutschland zusammen. 1814 drang die Koalition nach Frankreich vor, nachdem sich Napoleon Verhandlungen verweigert hatte. Nach der Einnahme von Paris am 31.3. musste Napoleon abdanken und die Verbannung auf die Insel Elba akzeptieren.

Im März 1815 kehrte Napoleon nach Frankreich zurück. Er konnte die entscheidende Schlacht am 18.6. bei Belle-Alliance (***Waterloo***) nicht gewinnen und wurde von den Koalitionsarmeen unter Wellington und Blücher besiegt.

In Deutschland herrschte nun eine hohe Erwartung hinsichtlich liberaler Neuerungen vor dem Hintergrund der nationalen Bestrebungen.

# 3 Restaurativer Staat und liberale Gegenkräfte

## 3.1 Der Wiener Kongress

Europas Staatenwelt wurde auf dem Wiener Kongress neu geordnet, um eine dauerhafte Friedensordnung nach dem Ende der napoleonischen Herrschaft zu schaffen.

Von November 1814 bis Juni 1815 tagten die bedeutendsten Staatsmänner und Souveräne Europas in Wien. Da die Fürsten, mit Familie und Gefolge angereist, neben ihren politischen Pflichten auch an festlichen Ereignissen teilnahmen, warf man dem Kongress vor: „Der Kongress tanzt." Es dominierten die Bevollmächtigten der Signaturmächte des Pariser Friedens:

- Österreich, vertreten durch Staatskanzler Fürst ***von Metternich***
- England, vertreten durch den Außenminister ***Steward Castlereagh***, der die Position Englands als Siegermacht stärken konnte
- Preußen, vertreten durch Fürst ***von Hardenberg*** und ***Wilhelm von Humboldt***
- Russland, vertreten durch Zar ***Alexander I.*** und Graf ***Karl Robert von Nesselrode***
- Frankreich, vertreten durch Außenminister ***Talleyrand-Perrigord***

### Grundlagen der Verhandlungen

Den Verhandlungen lagen fünf Prinzipien zugrunde:

- Restauration: Wiederherstellung der vorrevolutionären Zustände in Europa als Garant für Ruhe und Ordnung nach den Wirren der Französischen Revolution
- Legitimität: Anerkennung nur derjenigen Herrschaftshäuser als legitim, deren Herrschaft auf altüberliefertem Recht basierte
- Autorität und Solidarität: Verhinderung revolutionärer Strömungen durch die Solidarität der legitimen Fürsten
- Gleichgewicht der Mächte: Wiederherstellung des Gleichgewichts der Mächte, bestimmt durch die ***Pentarchie*** (1818 vertraglich beschlossen)

Die Grundprinzipien wurden allerdings nicht mit letzter Konsequenz befolgt. So wurde die vorrevolutionäre Ordnung ebenso wenig wiederhergestellt wie das Legitimitätsprinzip. Auch zeigten die Fürsten in den nächsten drei Jahrzehnten keinesfalls immer die in Wien beschlossene Solidarität. England unterstützte beispielsweise die Griechen im Freiheitskrieg gegen die Türkei und verletzte somit sowohl das Legitimitäts- als auch das Solidaritätsprinzip.
Differenzen wurden sichtbar bei

- der polnisch-sächsischen Teilungsfrage zwischen Preußen und Russland,
- dem österreichischen Führungsanspruch innerhalb der Pentarchie,
- Englands Interesse an einer Begrenzung des russischen Machtgebiets.

## Gebietsordnung

- England erreichte vor Kongressbeginn den Zusammenschluss von Belgien und den Niederlanden zum Vereinigten Königreich der Niederlande, es behielt Malta und bekam Helgoland, Ceylon, Malakka und die Kapkolonie. Da die englische Stellung als größte Seemacht gestärkt war und ein Gleichgewicht der Mächte auf dem Kontinent hergestellt wurde, war England der eigentliche Gewinner des Kongresses.
- Österreich gab seine Besitzungen am Oberrhein und in Belgien auf, erhielt die Lombardei, Venetien, Dalmatien, Istrien, Triest und im Osten Galizien. Es wuchs damit aus Deutschland heraus und entwickelte sich endgültig zum Vielvölkerstaat.
- Russland behielt Finnland und Bessarabien und erhielt „Kongress-Polen“. Damit wurde es zur größten Landmacht Europas.
- Preußen erhielt Westpreußen, Danzig, Thorn, Posen, die Rheinprovinz und Westfalen. Es wuchs im Gegensatz zu Österreich nach Deutschland hinein und wurde direkter Nachbar Frankreichs.
- Bayern musste Tirol und Salzburg an Österreich abtreten und erhielt als Entschädigung Unterfranken sowie einen Teil der Pfalz: Bayern verdoppelte sich flächenmäßig und wurde drittgrößter deutscher Staat.
- Frankreich behielt seine Gebiete von 1792 und sicherte sich damit Gleichberechtigung gegenüber den übrigen Großmächten.
- Schweden wurde durch Personalunion mit Norwegen verbunden.

- Dänemark verlor Norwegen an Schweden und erhielt Holstein. Die deutschen Staaten behaupteten sich. Der Wiener Kongress leitete eine 30-jährige Phase relativen Friedens in Europa ein. Die ***Quadrupelallianz*** zwischen England, Österreich, Preußen und Frankreich sorgte durch ihr Zusammenwirken auf verschiedenen Folgekongressen für die Einhaltung der Wiener Beschlüsse.

## Gründung des Deutschen Bundes (1815)

Da in den Wirren der Napoleonischen Kriege 1806 das Heilige Römische Reich sein Ende gefunden hatte, musste auch Deutschland nach dem Ende der napoleonischen Herrschaft über Europa neu gestaltet werden.

Am 18.6.1815 wurde die ***Bundesakte*** zur Erhaltung der inneren und äußeren Sicherheit Deutschlands und der Unabhängigkeit und Unverletzbarkeit der deutschen Staaten von 38 souveränen Fürsten und Freien Städten unterzeichnet und damit ein Staatenbund begründet. Die Bundesakte wurde dann zur Kongressakte genommen. Der Deutsche Bund sah als seine Aufgaben an:

- Wahrung der äußeren und inneren Sicherheit Deutschlands
- Aufrechterhaltung von Unabhängigkeit und Unverletzbarkeit der einzelnen Staaten
- Schlichtung von Streitigkeiten zwischen Bundesstaaten

### Mitglieder

Der Deutsche Bund (1815–66) war ein Bündnis von 38 souveränen Fürsten und Freien Städten, dem auch der König von Dänemark (als Herzog von Schleswig), der englische König (als Herzog von Hannover) und der König der Niederlande (als Großherzog von Luxemburg) angehörten. Auch der preußische König und der österreichische Kaiser waren mit ihren deutschen Ländern Mitglieder des Deutschen Bundes. Württemberg, Baden, Hessen-Homburg traten nachträglich ein. Der Deutsche Bund war ein selbstständiges Völkerrechtssubjekt, mit der Befugnis, Verträge und Bündnisse zu schließen und Kriege zu führen. Die einzelnen Mitgliedstaaten blieben souverän.

### Verfassung

Die Bundesversammlung als höchstes Organ des Deutschen Bundes tagte in Frankfurt am Main. Sie bestand aus dem beratenden engeren

Rat und dem beschließenden Plenum. Beschlüsse mussten mit einer Zweidrittelmehrheit, Verfassungsänderungen einstimmig gefasst werden. Die großen Staaten (Preußen, Österreich) konnten nicht von den kleineren überstimmt werden. Im Art. 13 der ***Bundesakte*** war festgelegt, dass in allen Bundesländern „landständische Verfassungen" eingerichtet werden sollten, Preußen und Österreich kamen jedoch dieser Verpflichtung nicht nach.

**Enttäuschung der Liberalen**

Liberale Kreise zeigten sich vom Deutschen Bund enttäuscht, da

- die Hoffnungen auf einen Nationalstaat ebenso wenig erfüllt wurden wie die auf ein liberales Staatssystem,
- der preußisch-österreichische Machtkampf um die Vorherrschaft im Deutschen Bund eine starke Zentralgewalt verhinderte,
- die Aktivität des Deutschen Bundes sich meist auf die innere Sicherheit beschränkte,
- der Deutsche Bund eine reaktionäre Politik betrieb.

## Die Heilige Allianz

Die Monarchen von Österreich, Russland und Preußen schlossen sich auf Betreiben von Zar ***Nikolaus I.*** am 15.9.1815 zur ***Heiligen Allianz*** zusammen. Nach und nach traten fast alle europäischen Herrscher dem Bündnis bei, außer England. Die Heilige Allianz war die erste übernationale Friedensorganisation der Neuzeit, die allerdings an überholten Prinzipien festhielt und nicht zuletzt auch deswegen wenig Bedeutung errang.

Als politische Grundideen und Ziele galten:

- Bund von Thron und Altar (gemeinsame Politik von Staat und Kirche) zur Durchsetzung einer restaurativen Politik
- Gottesgnadentum (Herleitung des Herrscherrechts unmittelbar von Gott)
- Sicherung des durch den Wiener Kongress geschaffenen Friedenszustands
- Gegenseitiges Interventionsrecht zur Sicherung der Allianz
- Prinzip der Fürstenlegitimität anstelle der Volkssouveränität

Einer Zeit schwerer politischer Erschütterungen folgte eine Periode der Ruhe, die geprägt war von der Unterdrückung liberaler Ideen und der Ablehnung politischer Mitbestimmung des Volkes.

## 3.2 Biedermeier – Restauration – Vormärz (1815–48)

### Biedermeier

Unter Biedermeier versteht man die durch Lebensweise und Gedankenwelt des Bürgertums geprägte Zeit von 1815 bis 1848. Die Familie und der Freundeskreis wurden zum Rückzugsgebiet, wo die Suche nach Ordnung, Übersicht, Treue und Moral Erfolg versprach.
Jedoch ist die weitverbreitete Vorstellung vom unpolitischen Biedermeier nicht zutreffend. Bis 1848 zeigte sich das Bürgertum, in dem die Gedanken des ***Liberalismus*** weiterhin lebendig waren, sehr wohl an der Änderung der politischen und gesellschaftlichen Verhältnisse interessiert und setzte sich zum Teil sehr mutig dafür ein.

### Liberalismus und Nationalstaatsgedanke

Der Liberalismus entwickelte sich als Kritik am Absolutismus. Die alles bestimmende Zielsetzung des deutschen Liberalismus war ein Rechts- und Verfassungsstaat mit einer parlamentarischen Volksvertretung, Gewaltenteilung, der Garantie der Grund- und Menschenrechte, der Einführung der Gewerbefreiheit, der Trennung von Staat und Kirche. Die Macht des Staates sollte auf den Schutz nach außen und auf die Sicherung der gesellschaftlichen und wirtschaftlichen Prozesse im Inneren beschränkt sein. Die Liberalen forderten zudem ein Zensuswahlrecht und eine Konstitution, sie waren nicht generell gegen die Beibehaltung der Monarchie.

#### Liberale Errungenschaften

In der Zeit der napoleonischen Herrschaft über Deutschland wurden einige von den Liberalen lang ersehnte Reformen durchgeführt:

- Einführung des französischen Code civil (↗ S. 30)
- Entmachtung kleiner weltlicher und kirchlicher Potentaten (***Reichsdeputationshauptschluss***)
- Verwirklichung des Grundsatzes der Gleichheit vor dem Gesetz (***Rheinbund*** 1806)
- Beseitigung von Wirtschaftsschranken (Rheinbund 1806)
- Heeres- und Universitätsreform, Bauernbefreiung, Einführung der Gewerbefreiheit in Preußen (↗ Stein-Hardenberg'sche Reformen, S. 36)

## Vormärz

Die Enttäuschung liberaler und nationaler Hoffnungen führte zur Gründung der deutschen Burschenschaften durch Studenten in Jena (1815). Als Antwort auf das reaktionäre System ***Metternich*** verwendeten sie die Farben der Befreiungskriege Schwarz-Rot-Gold. Von Jena aus griff die studentische Einheitsbewegung auf andere Universitäten über.

**1817**

**16.10.** Das ***Wartburgfest*** wurde von den ***Burschenschaften*** anlässlich des 300-jährigen Gedenkens an die Reformation und des vierten Jahrestages der Völkerschlacht bei Leipzig begangen. Die Verbrennung von Bundesakte und Symbolen machte die antirestaurative Stimmung des Festes deutlich und erregte bei den staatlichen Behörden Misstrauen.

**1819**

**März** Die Ermordung des populären Schriftstellers August von Kotzebue durch den Studenten Karl Sand führte auf Veranlassung Metternichs zur Verabschiedung der ***Karlsbader Beschlüsse***. Sie verboten Burschenschaften und führten die Vorzensur aller Druckerzeugnisse ein. Zudem wurden Studenten, Professoren und andere Intellektuelle in der sogenannten Demagogenverfolgung Hausdurchsuchungen, Inhaftierungen und Berufsverboten unterzogen.

In den süddeutschen Staaten Baden, Bayern, Württemberg aber entstanden, wie in Art. 13 der Bundesakte festgelegt, in jenen Jahren Verfassungen.

## Nationale Bewegungen in Europa

In Europa bestimmten nationale und konstitutionelle Bewegungen zunehmend das politische Geschehen.

- Von ihren europäischen Nachbarn unterstützt und angetrieben durch den europäischen Philhellenismus, beseitigten die Griechen die Herrschaft des Osmanischen Reiches.
- 1831 wurde in Belgien unter dem Schutz Frankreichs und Englands ein Nationalstaat als konstitutionelle Monarchie gegründet, mit ***Leopold I.*** aus dem Hause Sachsen-Coburg als König.
- Der Aufstand Polens gegen die russische Herrschaft scheiterte, machte allerdings das nationale Anliegen in Europa populär.

- Die ***Julirevolution*** (27.–29.7.1830) in Frankreich hatte zur Folge, dass ***Karl X.*** nach England fliehen musste. ***Louis Philippe***, Herzog von Orléans, wurde zum „Bürgerkönig" mit dem Titel „König von Gottes Gnaden und durch den Willen der Franzosen" gewählt; seine Macht beruhte auf Verfassung und Parlamentsbeschluss.

**Folge der Juliereignisse von 1830**

Die Juliereignisse riefen auch in deutschen Ländern Reaktionen hervor. In Braunschweig, Kurhessen, Sachsen und Hannover wurden nach dem süddeutschen Modell Verfassungen erlassen. Zur Errichtung einer Volkskammer innerhalb des Deutschen Bundes aber kam es nicht.

**1832**

**Mai** Das ***Hambacher Fest*** diente den Studenten als Plattform für revolutionäre und nationale Forderungen. Da ihre Anliegen keine Berücksichtigung fanden, flüchteten sich radikale Anhänger der Demokratie in Geheimbünde wie den Bund der Gerechten, der sich ab 1847 Bund der Kommunisten nannte.

**1833/34**

Als Reaktion auf einen Putsch gegen die Hauptwache in Frankfurt durch eine Gruppe radikaler Studenten verschärfte ***Metternich*** die Repressionspolitik (z. B. Ausweitung der Zensur).

**1837**

protestierten sieben Professoren der Universität Göttingen, die ***Göttinger Sieben***, darunter die Brüder Jakob und Wilhelm Grimm, gegen die Aufhebung der erst vor Kurzem erlassenen Verfassung durch den neuen König von Hannover, Ernst August. Die Amtsenthebung der Professoren erregte in ganz Deutschland Aufsehen und begründete das Ansehen und die Führungsrolle der intellektuellen Elite in der Revolution von 1848.

## 3.3 Der Zollverein

Das Zollwesen war schon seit Beginn des 19. Jh.s Gegenstand von Reformen gewesen. Man hob Binnenzölle auf, um eine wirtschaftliche Einheit zu schaffen, vereinheitlichte die Grenzzölle, senkte Verwaltungskosten, schloss sich zu Zollvereinigungen zusammen. Allerdings wollte man auch nicht unbedingt auf die Zölle als wichtigste staatliche Einnahmequelle verzichten.

Ab 1828 arbeiteten die preußische und die süddeutsche Zollvereinigung zusammen. Diese Zusammenarbeit bereitete den Zollverein von 1834 vor, der maßgeblich von ***Friedrich List*** vorangetrieben wurde. Ziel war der einheitliche Wirtschaftsraum.
Österreich versuchte erfolglos die preußische Zollpolitik abzuwehren und unterstützte den Mitteldeutschen Handelsverein. Als Österreich dem Deutschen Zollverein beitreten wollte, wurde dies von Preußen verhindert. Stattdessen kam es zu einem preußisch-österreichischen Handels- und Zollvertrag.
Von 1834 bis 1841 konnten die Mitgliedsstaaten des Zollvereins ihre Verwaltungskosten senken und die Zolleinnahmen um das Doppelte erhöhen. Wohlfahrts- und Wachstumsfaktoren für die deutschen Staaten waren der rasche Bevölkerungsanstieg, die Entstehung eines expansionsfähigen Marktes, die Festigung der wirtschaftlichen Integration durch Anregung zu Investitionen und Kapitalanlagen, die Förderung des Eisenbahnbaus, schnelle Vermehrung von Großhandel, Banken, des Verkehrswesens sowie die Erhöhung des Handelsvolumens.

## 3.4 Die Revolution von 1848/49

### Wirtschaftliche, soziale und politische Ursachen

In Deutschland hatte um 1840 die Industrialisierung eingesetzt. ***Bauernbefreiung***, ***Gewerbefreiheit***, freie Wohn- und Berufswahl als notwendige Voraussetzungen waren bereits erfolgt. Damit war in der Landwirtschaft, aber auch in Handel und Gewerbe ein grundlegender Umstrukturierungsprozess in Gang gesetzt worden. Die Gründung des ***Zollvereins*** (1834) hatte den Wegfall der Binnenzölle zur Folge, technischer Fortschritt ermöglichte neue Fertigungsmethoden.
Dennoch waren die Länder des Deutschen Bundes noch überwiegend agrarstaatlich geprägt. Verheerend wirkte sich die Missernte von 1846 aus. Das Phänomen des ***Pauperismus*** (Armut von Unterschichten der Stadt- und Landbevölkerung) war unübersehbar.
Die konstitutionellen und nationalen Hoffnungen (↗ S. 43) der Liberalen hatten sich auch nach 1840 nicht erfüllt. Zwar hatten süd- und mitteldeutsche Staaten Verfassungen erlassen, aber Preußen und Österreich schlossen sich der Verfassungsbewegung nicht an. Revolutionäre Bewegungen erfassten ab 1846 viele europäische Staaten. Die Motive waren entweder liberaler, nationaler oder sozialer Natur.

**1846** Polnischer Aufstand

**1847/48** Schweizer Bürgerkrieg (liberale Kantone gegen Urkantone)

**1848/49** Aufruhr in Mailand; Aufstände in Livorno, Sizilien, Pavia und Padua, auf Sardinien und in der Toskana

**1848** Die durch die Forderung nach einer Reform des Wahlrechts in Frankreich ausgelöste Februarrevolution hatte die Abdankung von ***Louis Philippe*** und die Ausrufung der Republik zur Folge. Die Nationalversammlung weigerte sich einzuschreiten und erzwang zusammen mit Studenten und Arbeitern die Abdankung von Louis Philippe und die Ausrufung der Republik. Als Präsident wurde am 10.12. 1848 Louis Napoleon, ein Neffe Napoleon Bonapartes, gewählt. Im Dezember 1852 setzte er jedoch die Verfassung wieder außer Kraft und nahm den Kaisertitel an (als ***Napoleon III.***).

## Die Märzereignisse

Die Ereignisse in Frankreich griffen auf Deutschland über und entwickelten dort eine eigene Dynamik. Drei Schauplätze waren von besonderer Bedeutung: Süddeutschland mit dem Zentrum Frankfurt am Main, Preußen mit der Hauptstadt Berlin und Österreich mit der Hauptstadt Wien.

Die revolutionären Ereignisse in Frankfurt (Februar bis März 1848):

**1848**

Süddeutschland und Österreich

**27.2.** Die Volksversammlung im badischen Offenburg stellte die ***Märzforderungen*** auf: liberale Verfassungen, Vereins- und Pressefreiheit, Schwurgerichte, Berufung eines gesamtdeutschen Parlaments.

**28.2.** Antrag im badischen Landtag auf Berufung einer Nationalrepräsentation und auf Erneuerung des Bundesoberhauptes

**5.3.** Die Heidelberger Versammlung fasste einen Beschluss über die Einrichtung eines deutschen Vorparlaments, das am 31.3. zusammentrat. Die Revolution erfasste nun auch Preußen und Österreich.

**12.3.** Studentenkundgebungen in Wien

**13.3.** Abdankung ***Metternichs*** sowie liberale Versprechungen des Kaisers

**23.3.** Sardinien-Piemont erklärte Österreich den Krieg.

**15.5.** Aufständische wollten die Einberufung des österreichischen Reichstages erzwingen.
**17.5.** Kaiser Ferdinand I. verließ Wien und löste dadurch nationale Erhebungen u. a. in Mailand, Venedig, Prag, Pressburg und Krakau aus.

Preußen

**6.3.** ***Friedrich Wilhelm IV.*** von Preußen bewilligte das Recht des Landtags auf periodische Einberufung.
**13.3.** Barrikadenkämpfe, der König zeigte sich tief erschüttert und befahl den Abzug der Truppen.
**19.3.** Der König musste sich vor den im Schlosshof aufgebahrten Gefallenen verbeugen und versuchte nun, sich an die Spitze der Revolution zu stellen.
**29.3.** Der König berief ein liberales Ministerium ein, das einer verfassunggebenden Versammlung für Preußen den Weg bereiten sollte.
**22.5.** Zusammentreten der Nationalversammlung

## Die Nationalversammlung in der Frankfurter Paulskirche

Am 31.3.1848 war in Frankfurt ein Vorparlament (500 Parlamentarier ohne direktes Mandat des Volkes) zusammengetreten, das am 3.4. die Berufung einer Nationalversammlung zur Beratung über eine deutsche Reichsverfassung beschloss.
Am 18.5.1848 trat erstmals die verfassunggebende Versammlung in der Frankfurter Paulskirche zusammen, die als Versammlungsort diente, um eine Verfassung für einen gesamtdeutschen Staat zu erarbeiten. Zum Vorsitzenden wurde der gemäßigte Liberale ***Heinrich von Gagern*** gewählt. Da die Akademiker mit 550 Abgeordneten den größten Teil der Versammlung stellten, bezeichnete man diese auch als Gelehrten- bzw. Honoratiorenparlament. Es gab zu Beginn der Verhandlungen dem heutigen Verständnis nach weder feste Fraktionen noch Parteien.
Drei große Fragenkreise standen im Zentrum der Beratungen.
a) *Staatsform*:
Zur Diskussion standen eine nationalstaatliche Republik, die allerdings nur von einer linken Minderheit gewünscht wurde, und eine Monarchie. Hier stellte sich die Frage nach einer Wahl- oder einer Erbmonarchie.
b) *Staatsgebiet*:
Die groß- und kleindeutsche Lösung standen sich gegenüber. Erstere

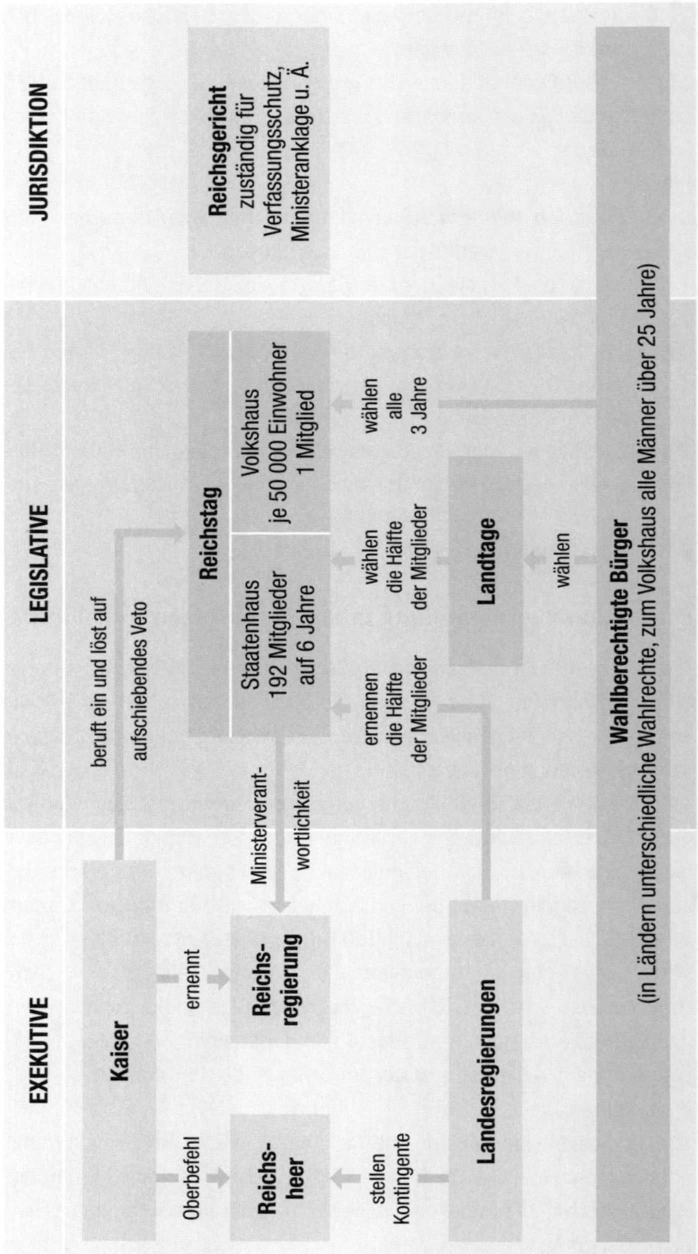


*Die nicht verwirklichte Verfassung von 1849*

umfasste das Gebiet des Deutschen Bundes und die Gebiete des Kaiserreiches Österreich. Vor allem Österreich und die süddeutschen Staaten verfolgten diese Lösung, um ein Gegengewicht zu Preußen zu schaffen. Strittig war, ob man nur die deutschen Gebiete Preußens und Österreichs aufnehmen sollte oder jeweils die Gesamtstaaten. Die kleindeutsche Lösung, die ihre Anhängerschaft in der liberalen und gemäßigten Linken fand, wollte einen nationalen Bundesstaat unter preußischer Führung und den Ausschluss Österreichs.
c) *Staatsorganisation*:
Der Vorschlag einer bundesstaatlichen Lösung mit einem relativ großen Einfluss der Eigenstaaten konkurrierte mit der Idee eines zentralistischen Staates.

## Verhandlungen der Paulskirchenversammlung und Stabilisierung der Großmächte

Die Beratungen zogen sich bedingt durch die unterschiedlichen Ansichten, fehlende Parlamentspraxis, Geschäftsordnung und Organisationsform in die Länge. Am 29.6.1848 wurde Erzherzog Johann zum Reichsverweser gewählt, der die provisorische Zentralgewalt an der Spitze eines Ministeriums ausübte. Der Bundestag des Deutschen Bundes übergab der neuen Zentralgewalt alle Vollmachten und erklärte seine Tätigkeit für beendet. Monatelang wurde über die Grundrechte und die Verfassung beraten. Die Siege Österreichs bei Windischgrätz im Juli gegen das aufständische Prag und bei Custozza gegen Piemont stabilisierten die Monarchie. Der Kaiser konnte in die Hofburg von Wien zurückkehren.
Der Wiener Aufstand vom Oktober 1848 wurde niedergeschlagen. In Berlin konnte die preußische Nationalversammlung durch den König mithilfe einer konservativen Regierung aufgelöst werden; eine Verfassung wurde oktroyiert. Die Machtlosigkeit der Zentralgewalt zeigte sich im Waffenstillstand von Malmö (26.8.), den Preußen, das mit dem Krieg gegen Dänemark beauftragt worden war, eigenmächtig schloss.
Am 27.12.1848 wurden die „Grundrechte des deutschen Volkes“ verkündet. Erst Monate später, am 28.3.1849, lag die Verfassung vor. Es hatte lange Zeit so ausgesehen, als könnte eine großdeutsche, föderalistische Lösung mit einem Wahlkaisertum eine Mehrheit finden. Österreich hätte allerdings auf seine nicht deutschen Gebiete verzichten müssen. Nach der Stabilisierung der außenpolitischen Verhältnisse be-

harrte Österreich auf seiner staatlichen Einheit. Als der Eintritt Gesamtösterreichs von Österreichs Kanzler Fürst von Schwarzenberg ultimativ gefordert wurde (5.3.), setzte sich die kleindeutsche Lösung durch. Am 29.3.1849 wählte die Nationalversammlung mit 290 Stimmen und 248 Enthaltungen den preußischen König ***Friedrich Wilhelm IV.*** zum „Kaiser der Deutschen".

## 3.5 Das Scheitern der Revolution

Am 28.4. lehnte Friedrich Wilhelm IV. die Krone ab: Weder die politische Situation (wiedererlangte Stärke der preußischen Monarchie, zu erwartende Widerstände Österreichs) noch die eigene Überzeugung (Auffassung vom Gottesgnadentum der Herrscherwürde, Ablehnung der Revolution) ließen die Annahme zu.
Damit war die Arbeit der Nationalversammlung gescheitert: Die österreichischen Abgeordneten wurden durch Fürst ***Schwarzenberg*** zurückbeordert, ein Rumpfparlament wurde nach Stuttgart verlegt, wo es das Württemberger Militär auseinandersprengte.

### Gründe für das Scheitern

1. Schwäche der revolutionären Kräfte

- Eine starke Verbundenheit der Bevölkerung mit der Monarchie verhinderte die permanente breite Unterstützung der revolutionären Kräfte.
- Die Revolution wurde nur vom intellektuellen Bürgertum getragen.
- Das Besitzbürgertum sympathisierte mit dem Adel und den politischen Führungsschichten.
- Uneinheitlichkeit und Widersprüchlichkeit der revolutionären Forderungen
- Militär und Beamtentum blieben loyal gegenüber den Fürstenhäusern.
- Die Nationalversammlung verfügte über kein eigenes Heer.

2. Fehlen einer parlamentarischen Tradition

- Die österreichische und die preußische Regierung stabilisierten sich relativ schnell.
- Die Nationalversammlung brauchte viel Zeit für die Erarbeitung einer Geschäftsordnung, die Entwicklung parlamentarischer Organisation und die Beratung über eine Verfassung.

## Bedeutung der Revolution

Die Revolution von 1848/49 war trotz ihres Scheiterns für die spätere deutsche Geschichte von großer Bedeutung:

- Mit dem Grundrechts- und Verfassungsentwurf von 1848/49 wurde eine parlamentarische Tradition in Deutschland begründet, die in den Verfassungen von 1871, 1919 und 1949 immer wieder aufgegriffen wurde.
- Es wurde die Grundlage zu einem politischen Parteienspektrum gelegt, das sich in der Folgezeit weiterentwickelte.
- Mit dem Scheitern der Revolution setzten sich in Preußen und Österreich neoreaktionäre Kräfte durch, die die Politik der folgenden Jahrzehnte bestimmten.
- Die nationale Reichsgründung erfolgte 1871 „von oben", also vonseiten des preußischen Staates.
- Das Bürgertum zog sich aus der politischen Mitwirkung zurück, entwickelte vor allem wirtschaftliche Interessen, wenn auch das liberale Gedankengut lebendig blieb.

# 4 Die kleindeutsche Lösung

## 4.1 Vom Deutschen Bund zum Norddeutschen Bund

### Die deutsche Frage bis 1863: der preußisch-österreichische Dualismus

Der Weg zur Vormachtstellung Preußens in Deutschland und schließlich zur Gründung des Deutschen Reiches (1871) erfolgte über eine wiedererstarkte preußische Monarchie. Diese beschritt bis 1859 einen reaktionären Weg, ging dann in eine liberalere Phase über, um 1862 in die Krise zu geraten. Ein deutscher Nationalstaat konnte nur über die Beseitigung des preußisch-österreichischen Dualismus gelingen, was auf friedlichem Wege kaum vorstellbar war. 1849/50 scheiterte Preußen mit dem Plan, eine kleindeutsche Lösung mit einer Union von 28 norddeutschen Staaten zu verwirklichen (***Olmützer Punktation***). Stattdessen kam es zur Neugründung des Deutschen Bundes, in dem ein offener Dualismus zwischen den beiden nicht kooperationsbereiten Großmächten zutage trat. Während sich Österreich als Präsidialmacht bemühte, alle seine Völker in den Deutschen Bund aufnehmen zu lassen, nutzte Preußen sein Vetorecht zur Blockade dieser Pläne. Preußen legte seine politischen Schwerpunkte auf den Ausbau seiner Vorherrschaft im ***Zollverein*** und verhinderte z. B. die Aufnahme Österreichs. Eine von Preußen angestrebte Bundesreform, die beiden Staaten eine gleichberechtigte Führung eingeräumt hätte, fand ebenso wenig Anklang wie die großdeutschen Reformpläne Österreichs auf dem Fürstentag in Frankfurt (1863). Der preußische Ministerpräsident Bismarck forderte nun ein echtes Parlament für Deutschland und machte sich zum Fürsprecher liberaler Ziele.

### Der Konflikt um die Heeresreform

Mit dem Regentschaftsantritt von Wilhelm IV., dem späteren Kaiser ***Wilhelm I.*** (1861 Thronbesteigung), schöpften die Liberalen wieder nationale Hoffnungen. Der König zeigte sich zur Zusammenarbeit mit dem

Landtag und zu einer Heeresreform bereit, die die Konservativen forderten. Die neue Heeresstruktur sah vor, die aktiven Linienregimenter zu verstärken. Da im Offizierskorps die Adeligen dominierten, wurde der konservative Einfluss verstärkt, zumal die bürgerlich geprägte Landwehr, eine Art Reserve, die vom Mythos der Befreiungskriege und den liberalen Ideen der Revolution zehrte, reduziert werden sollte. Zudem erwog man, die Wehrpflicht von zwei auf drei Jahre zu erhöhen. Die liberale Mehrheit des Landtags, der ein Volksheer statt eines Fürstenheeres vorschwebte, lehnte die Heeresvorlage 1862 ab. Der König erwog bereits die Abdankung, berief aber dann auf Betreiben des Kriegsministers ***Bismarck*** in das Amt des Ministerpräsidenten. Dieser regierte ab 1862 verfassungswidrig ohne einen Etat. Er konstruierte zu diesem Zweck die zweifelhafte ***Lückentheorie***: Bei fehlender Übereinstimmung von Herren- und Abgeordnetenhaus könne der König auch ohne genehmigten Etat seines Amtes walten, da er ja die Verfassung erlassen habe und der vorliegende Fall nicht in der Verfassung vorgesehen sei. Die nun existierende Verfassungslücke könne nur von ihm geschlossen werden. Bismarck ließ den Landtag auflösen und liberale Beamte maßregeln. Die Lage blieb trotzdem ruhig; dies war nicht zuletzt eine Folge des wirtschaftlichen Aufschwungs durch den ***Zollverein***. Als außenpolitischer Erfolg kam der Sieg im deutsch-dänischen Krieg dazu (Sieg preußischer und österreichischer Bundestruppen bei den ***Düppeler Schanzen*** 1864).

## 4.2 Gründung des Deutschen Reiches

### Der preußisch-österreichische Krieg

Nach dem Sieg über Dänemark setzten die Verhandlungen über die Neuerwerbungen ein. Bismarck wollte den Eintritt in den Zollverein, Anerkennung der preußischen Militärhoheit und Ausbau Kiels zum Flottenstützpunkt. Österreich zielte auf einen Tausch ab: Preußen sollte eine Besitzgarantie für österreichische Besitzungen in Italien leisten oder Teile Schlesiens zurückgeben. Der ***Vertrag von Gastein*** (14.8.1865) war ein Kompromiss: Österreich und Preußen sollten beide Territorien gemeinsam regieren, wobei Österreich Holstein und Preußen Schleswig besetzte. Für Preußen war dies nur eine Übergangslösung, es wollte die Vorherrschaft über Deutschland. Dies konnte nur über einen Krieg erfolgen.

Am 8.4.1866 schlossen Preußen und Italien ein Bündnis. Italien wurde Venetien versprochen. Am 9.4. beantragte Preußen zur Provokation Österreichs eine Reform der Bundesverfassung (gewähltes Parlament, Beseitigung des österreichischen Primats, neue Mehrheitsverhältnisse). Dieser Vorschlag wurde abgelehnt. Österreich wollte in einem Gegenvorschlag neu über die Länder an Ost- und Nordsee verhandeln. Daraufhin ließ Preußen Truppen in Holstein einmarschieren. Am 14.6. wurde in der Bundesversammlung der Antrag Österreichs zur Mobilmachung angenommen. Preußen siegte am 3.7.1866 bei ***Königsgrätz*** (Sadowa) über Österreich, das mit Kurhessen, den süddeutschen Staaten und Sachsen verbündet war. Bismarck schloss mit den süddeutschen Staaten einen Frieden ohne Annexionen, die süddeutschen Truppen wurden jedoch preußischem Oberbefehl unterstellt. Österreich musste auf Schleswig-Holstein verzichten und aus dem Gebiet des Deutschen Bundes ausscheiden. Hannover, Kurhessen, Nassau, Frankfurt und Schleswig-Holstein fielen an Preußen, Venetien an Italien. Das Ausscheiden Österreichs aus dem Deutschen Bund öffnete den Weg zu einer kleindeutschen Lösung. Sachsen, das Großherzogtum Hessen und einige kleinere mitteldeutsche Staaten schlossen sich 1866/67 unter Führung Preußens zum Norddeutschen Bund zusammen.

### Methoden der Außenpolitik Bismarcks

Im Krieg gegen Dänemark und Österreich wurden ***Bismarcks*** außenpolitische Vorgehensweisen deutlich: Isolation des Gegners, Provokation, schneller militärischer Sieg, Verzicht auf Demütigung des Gegners, Errichtung einer neuen Ordnung.

## Der Deutsch-Französische Krieg und die Gründung des Deutschen Reiches

***Napoleon III.*** benötigte zur Erhaltung seiner Macht außenpolitische Erfolge. Der Kauf Luxemburgs von Holland zerschlug sich jedoch. Die Verstimmung Frankreichs steigerte sich, als spanische Politiker dem Prinzen Leopold von Hohenzollern-Sigmaringen, einer Nebenlinie der preußischen Hohenzollern, die spanische Krone anboten. Bismarck befürwortete die Annahme, der Prinz verzichtete jedoch. Gramont, der französische Ministerpräsident, stellte an den in Bad Ems weilenden preußischen König die Forderung, dem Prinzen die Annahme der spanischen Königswürde für alle Zeiten zu verbieten. Wilhelm berichtete Bismarck in einer Depesche die Vorgänge. Dieser ließ das Schreiben verkürzt und im Inhalt verschärft veröffentlichen (***Emser Depesche***). ***Napoleon III.*** fasste dies als Provokation auf und ließ am 19.7.1870 Preußen den Krieg erklären. Die übrigen europäischen Staaten griffen nicht ein. Die Niederlage der französischen Armee bei ***Sedan*** am 2.9.1870 bedeutete das Ende des französischen Kaiserreichs. Am 18.1.1871 wurde im Spiegelsaal von Versailles das Deutsche Kaiserreich ausgerufen. Auf den Vorfrieden von Versailles (26.2.1871) folgte der Friedensschluss in Frankfurt am Main (Mai 1871). Als Friedensbedingungen wurden die Abtretung Elsass-Lothringens, die Besetzung von Teilen Frankreichs und die Zahlung von 5 Mrd. Francs Reparationen festgelegt. So war nun der deutsche Nationalstaat als „Einheit ohne Freiheit" verwirklicht worden, Krieg wurde als Mittel der Politik sanktioniert und die „Erbfeindschaft" mit Frankreich durch die Annexion Elsass-Lothringens begründet.

## Grundzüge der Reichsverfassung

Die Verfassung des Deutschen Reiches entstand aus der des Norddeutschen Bundes. Das Deutsche Reich war ein Bundesstaat (25 Einzelstaaten; zusätzlich das Reichsland Elsass-Lothringen) mit einer konstitutionellen Monarchie. Die Souveränität lag bei den 22 Monarchen und den drei Senaten der Freien Städte. An der Spitze des Bundes stand der Kaiser und König von Preußen, der das Reich nach außen hin völkerrechtlich vertrat. Die Einzelstaaten hatten das Recht auf eigene Gesandtschaften im Ausland, die süddeutschen Staaten verfügten über Reservatsrechte: Bayern behielt beispielsweise sein Kriegsministerium, die Post und die Bahnen. Der Bundesrat war das zentrale Entscheidungsgremium. Preußen verfügte über 17 der insgesamt 58 Stimmen; die Vertreter der Länder waren weisungsgebunden. Zwar bestand das gleiche, geheime, direkte ***Mehrheitswahlrecht*** für die männliche Bevölkerung über 25 Jahre, aber die Regierung wurde nicht durch das Parlament gewählt, sondern vom Kaiser benannt. Der Reichskanzler und Vorsitzende des Bundesrates war auch preußischer Ministerpräsident. Der Reichstag wiederum konnte durch den Bundesrat mit Zustimmung des Kaisers aufgelöst werden. Er besaß Gesetzesinitiativrecht, Gesetze mussten aber, bis auf das Staatsbudget, vom Bundesrat verabschiedet werden. Er hatte, außer in Handels-, Verkehrs- und Zollfragen, beim Abschluss von auswärtigen Verträgen kein Mitwirkungsrecht.

**Finanzierung des Reiches**

Der Bund wurde über Matrikularbeiträge (Umlagen der Länder) und durch Zölle sowie Verbrauchssteuern finanziert, weshalb man das Reich als „Kostgänger der Länder“ bezeichnete.

**Schwächen der Verfassung**

Die Verfassung war also durch ein großes Übergewicht Preußens geprägt. Gegen das Veto Preußens konnten weder Reichsverfassung noch Finanz- oder Militärgesetzgebung geändert werden. Den föderativen Charakter der Verfassung gewährleisteten die Reservatsrechte der Einzelstaaten und deren Sitze im Bundesrat, der an der Reichsgesetzgebung beteiligt war. Problematisch war die Abhängigkeit des Reichskanzlers vom Kaiser; diesem gegenüber war der Reichskanzler verantwortlich, nicht jedoch dem Reichstag.

## 4.3 Politische und gesellschaftliche Kräfte im Kaiserreich

### Eliten

Im Kaiserreich teilten sich Großgrundbesitzer (meist Adelige) und Industrielle die Macht, aber sie gingen nicht ineinander auf.

### Der Adel

- war privilegiert,
- stellte den größten Teil der Großgrundbesitzer,
- besetzte administrative, militärische und politische Führungspositionen,
- war aber zum Teil aufgrund des Strukturwandels in der Landwirtschaft wirtschaftlich gefährdet.

### Das Besitz- und Großbürgertum

- war ursprünglich Vorkämpfer des liberalen Gedankens,
- überrundete den Adel bei Einkommen und Sozialprestige,
- trug als Unternehmer die Hochindustrialisierung,
- sonderte sich vom übrigen Bürgertum ab,
- zeigte eine staatsloyale und konservative Einstellung,
- erwarb zum Teil Großgrundbesitz.

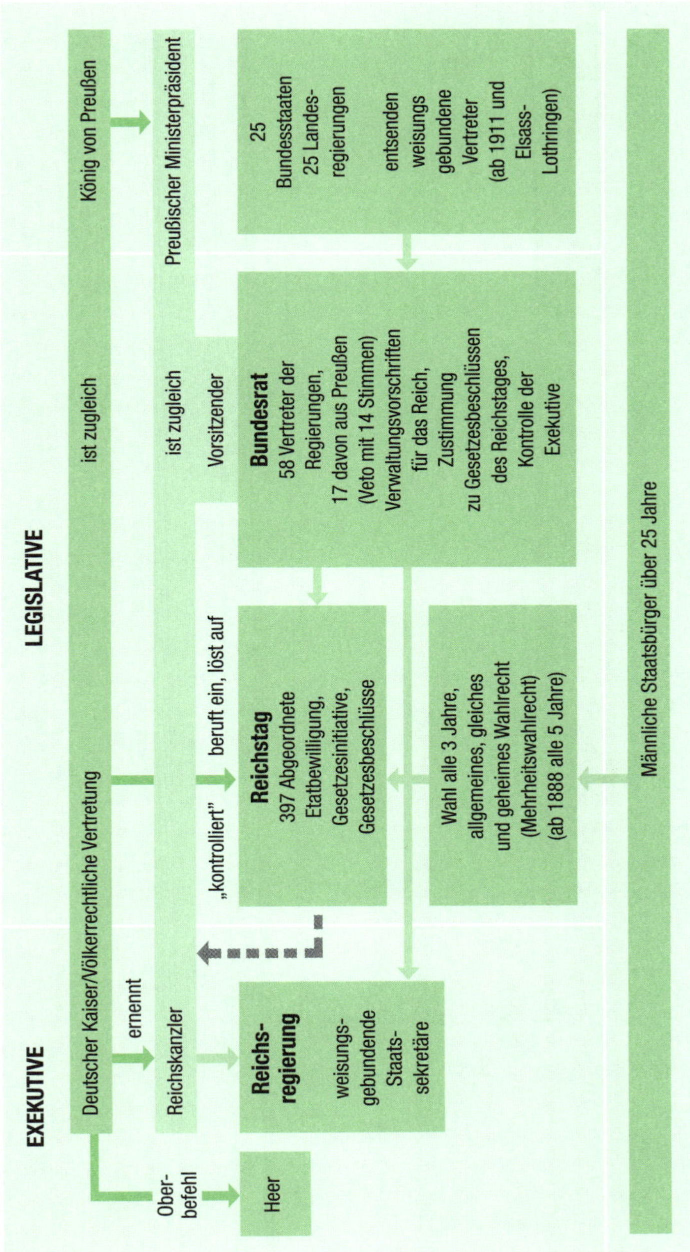


*Die Verfassung des Deutschen Reiches von 1871*

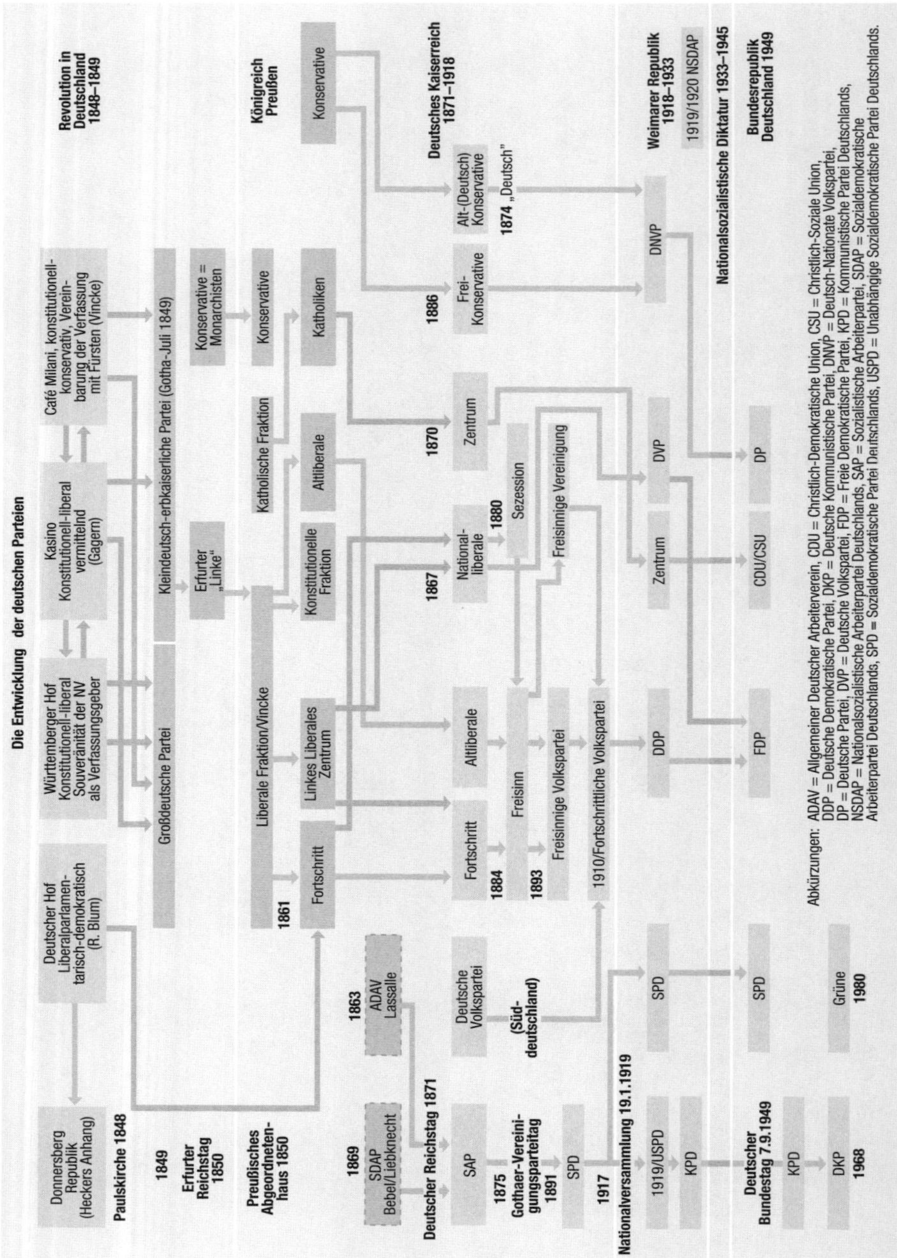


*Entwicklung der deutschen Parteien ab 1848*

### Das Militär

- versuchte seit 1848, die Armee von liberal-bürgerlichen, später von sozialistisch-proletarischen Tendenzen rein zu halten,
- bevorzugte den Adel bei der Vergabe von Offiziersposten,
- stützte die Regierung.

### Die Beamtenschaft

- rekrutierte sich in den hohen Rängen vorrangig aus dem Adel und einer „Verwaltungsaristokratie“,
- verfolgte seit Bismarck einen reaktionär-konservativen Kurs,
- zeigte Loyalität gegenüber dem Staat.

### Parteien

Staatstragende Parteien waren die liberalen und konservativen Parteien. Bismarck stützte sich in seiner Politik bis 1876 auf die Liberalen, dann auf die Konservativen. Zentrum und Sozialdemokraten SAP wurden als Staatsfeinde behandelt (↗ Parteienübersicht S. 58).

### Verbände und Interessensgruppen

Während Gewerkschaften Machstellungen erst erkämpfen mussten (1868 Gründung des Allgemeinen Deutschen Arbeiterverbandes), hatten die Verbände der Unternehmer und Landwirte von Beginn an großen Einfluss auf die Politik. So setzte beispielsweise der Bund der Landwirte die deutsche Schutzzollpolitik für Agrarprodukte durch. Auch private Vereinigungen wie der Kolonialverein, der den Imperialismus propagierte, oder der Flottenverein, der den Ausbau der Flotte vertrat, gewannen an politischer Bedeutung.

## 4.4 Kulturkampf, Sozialistengesetz und Sozialgesetzgebung

Von Beginn seiner Kanzlerschaft an betrachtete Bismarck die katholische Kirche als Bedrohung der staatlichen Souveränität. Eine Gefahr für den Obrigkeitsstaat sah er auch in der in SPD und Gewerkschaft organisierten Arbeiterschaft. An deren Distanz zum Staat konnte auch die Bismarck'sche Sozialgesetzgebung nichts ändern.

## Kulturkampf

Unter dem ***Kulturkampf*** versteht man die Auseinandersetzung zwischen dem preußischen Staat, parlamentarisch unterstützt von den ***Nationalliberalen***, und der ***katholischen Kirche***, deren parlamentarische Vorkämpferin die Zentrumspartei war. Es ging um die Trennung von Staat und Kirche und die Zurückdrängung des kirchlichen Einflusses auf den Staat. Der Kampf begann 1871 mit der Einführung des ***Kanzelparagraphen*** und endete mit der Annäherung zwischen Bismarck und Papst Pius IX. in den Folgejahren bis 1878.

**Sanktionen Bismarcks gegen die katholische Kirche (1871–75)**

- Kanzelparagraph (1871): Geistlichen wurde verboten über Angelegenheiten des Staates zu predigen.
- Preußisches Schulaufsichtsgesetz (1872): Alle Schulen in Preußen wurden unter staatliche Aufsicht gestellt.
- Verbot des Jesuitenordens (1872)
- Maigesetze (1873): Die Anstellung von Geistlichen soll vom Staat kontrolliert werden (Voraussetzung Abitur, Kulturexamen).
- Einstellung aller finanziellen Leistungen an die Kirche
- Auflösung aller Ordensniederlassungen
- Einführung der Zivilehe (Standesämter)

Der Vatikan erklärte die Kulturkampf-Gesetzgebung für ungültig, das Zentrum vergrößerte seine Abgeordnetenmandate. Nach dem Tod von Pius IX. (1878) brach Bismarck den Kulturkampf ab. In einem Kompromiss wurden die Kirchengesetze gemildert, erhalten blieben Kanzelparagraph und Zivilehe.

## Sozialistengesetz

Die Unternehmer gaben der Sozialistischen Arbeiterschaft (ab 1891 ***SPD***) und den Gewerkschaften die Schuld für die seit 1873 anhaltende wirtschaftliche Flaute. In den revolutionären Thesen der SPD sah ***Bismarck*** eine Bedrohung für das Deutsche Reich, sein politisches Lebenswerk. Ziel des nach zwei Attentatsversuchen auf den Kaiser erlassenen ***Sozialistengesetzes*** war es, den Einfluss der Sozialdemokratie zurückzudrängen bzw. auszuschalten; es wurde am 19.10.1878 mit den Stimmen der Konservativen, des Zentrums und der ***Nationalliberalen*** verabschiedet und bis 1890 mehrfach verlängert.

Das gegen den Grundsatz der Rechtsgleichheit verstoßende Gesetz beinhaltete

- das Verbot aller sozialdemokratischen Vereine und Verbände,
- das Verbot der Partei- und Gewerkschaftspresse,
- das Verbot von Kundgebungen der ***SPD***,
- die Androhung hoher Geld- und Haftstrafen bei Zuwiderhandlung.

Das Gesetz erzielte jedoch nicht die erhoffte Wirkung. Nach kurzer Zeit erholte sich die Arbeiterbewegung und ab 1880 kam es erneut zu größeren Streiks. Die SPD ging in den Untergrund und errichtete eine geheime, straff organisierte Parteistruktur. 1890 wurde das ***Sozialistengesetz*** vom Reichstag nicht mehr verlängert. Aus dem Machtkampf mit dem Staat ging die SPD letztlich gestärkt hervor.

## Sozialgesetzgebung

Durch die Sozialversicherungsgesetze sollte die Arbeiterschaft gespalten und die nicht sozialdemokratische Arbeiterschaft enger an den Staat gebunden werden. Dieses Ziel musste scheitern, da die Leistungen nach damaligem Ermessen gering waren und auch die Landarbeiter nicht versichert waren.

### Krankenversicherungsgesetz, 1883

- Versicherungszwang für Arbeitnehmer unterhalb einer bestimmten Einkommensgrenze
- Neueinrichtung einer Ortskrankenkasse neben den bereits bestehenden Betriebskrankenkassen
- Gewährung von Krankengeld für maximal 13 Wochen
- Finanzierung der Leistungen zu einem Drittel durch die Versicherten und zu zwei Dritteln durch die Arbeitgeber

### Unfallversicherungsgesetz, 1884

- Zwangsversicherung von Arbeitnehmern mit einem Jahreseinkommen unter 2 000 Reichsmark
- Heilverfahren nach der 14. Krankheitswoche sowie eine Rente im Fall der Arbeitsunfähigkeit wurden übernommen.

### Alters- und Invaliditätsrentenversicherung, 1889

- Rente für Arbeitnehmer ab dem 70. Lebensjahr, bemessen am vorhergegangenen Arbeitseinkommen und der Versicherungsdauer

***Bismarcks*** Sozialgesetzgebung war mit ihrer Festlegung eines Rechtsanspruchs der Arbeitnehmer auf Sozialhilfe sowie dem Zugeständnis von Selbstverwaltung und Selbstverantwortung richtungsweisend für jede staatliche Sozialpolitik. Letztendlich wurde trotz Bismarcks Misserfolg der Grundstein für eine sozial integrierte Arbeiterschaft gelegt und radikale Revolutionen wie in Russland wurden vermieden.

## 4.5 Innenpolitik bis zum 1. Weltkrieg

Obwohl der Reichskanzler stark vom Kaiser abhängig war, benötigte er auch Mehrheiten im Reichstag. Meist war er gezwungen, wechselnde Mehrheiten für einzelne Gesetzesvorhaben zu suchen.

**1871–90** ***Otto Fürst von Bismarck*** stützte sich bis 1876 auf die ***Nationalliberalen*** und die Duldung durch die Fortschrittspartei, ab 1878/79 auf die Konservativen oder auch abwechselnd auf Zentrum und Liberale.

**1890** Entlassung Bismarcks nach grundsätzlichen Auseinandersetzungen mit Kaiser ***Wilhelm II.***

**1890–94** ***Leo Graf von Caprivi*** wird Kanzler; Annäherung an die Nationalliberalen und an das Zentrum. Er setzte sich für eine Senkung der Schutzzölle, für konfessionelle Grundlagen des Volksschulgesetzes ein und verweigerte sich den Staatsstreichplänen Wilhelms II., der das allgemeine Wahlrecht abschaffen wollte.

**1894–1900** ***Chlodwig Fürst von Hohenlohe-Schillingsfürst***. Unter seiner Regierung finden sich Ansätze zu einer deutschen Weltpolitik.

**1900–09** ***Bernhard Fürst von Bülow*** stützte sich auf ein konservativliberales Bündnis (Bülow-Bündnis), das ihn der Zusammenarbeit mit dem Zentrum entledigte, trat aber zurück, als ihm das Parlament die Gefolgschaft verweigerte.

**1909–17** ***Theobald von Bethmann-Hollweg*** brachte bei Kriegsbeginn die Unterstützung aller im Reichstag vertretenen Parteien für den Krieg zustande.

# 5 Die Industrialisierung – Bedingungen und Folgen

## 5.1 Aufholen eines Rückstands

Der Begriff „industrielle Revolution“ bezeichnet die erste Phase der Industrialisierung, die in England um 1770 einsetzte. Sie stellt die Anschubphase eines tief greifenden wirtschaftlichen und gesellschaftlichen Wandlungsprozesses dar, der bis heute nicht abgeschlossen ist. Im Mittelpunkt stehen die Einführung und Weiterentwicklung der industriellen Produktionsweise (neue Energiequellen, Maschinen, Fabrik, Arbeitsteilung auf zunehmend wissenschaftlicher Grundlage, Wachstum des Sozialprodukts) und die Umverteilung der Erwerbstätigen von der Landwirtschaft in Gewerbe und Dienstleistungsbereich. Voraussetzungen der industriellen Revolution waren:

- Bevölkerungsanstieg seit dem 17. Jh.
- Agrarrevolution (Dreifelder- zur Fruchtwechselwirtschaft)
- Wissenschaftlich-technische Neuerungen (Dampfmaschine)
- Wissenschaftlich-medizinische Revolution
- Gesellschaftlich-politische Revolution (Menschenrechte, persönliche Freiheit, politische Mitbestimmung)

Gegenüber England und Frankreich befand sich Deutschland als Industriestaat zunächst im Rückstand. Vor allem die Montan- und Eisenindustrie waren die Motoren für den Aufschwung der deutschen Wirtschaft von 1850 bis 1880.
Der Eisenbahnbau trug zwischen 1830 und 1870 entscheidend zum industriellen Fortschritt bei, da er einen erhöhten Bedarf an Kohle und Eisen verursachte und damit die technische Weiterentwicklung des Bergbaus und der Stahlgewinnung vorantrieb.
Mit Elsass-Lothringen gewann das Kaiserreich 1871 ein wichtiges Abbaugebiet von Erzen (drei Viertel der deutschen Erzförderung stammten von dort). Damit war eine wesentliche Voraussetzung zur Ausdehnung der Eisen- und Stahlindustrie geschaffen. Die Regionen um Ruhr und Saar sowie Oberschlesien gewannen aufgrund ihres günstigen Standortes an wirtschaftlicher Bedeutung und bildeten die neuen Zentren der Montanindustrie.

## 5.2 Aufstieg Deutschlands zur Industrienation seit Mitte des 19. Jh.s

Rasch stieg Deutschland aufgrund seiner expandierenden Eisen- und Stahlwirtschaft zur Industrienation auf. Die rasante Entwicklung führte dazu, dass bereits 1860 der Export des Deutschen Bundes den Import übertraf und noch vor 1871 Frankreich von der zweiten Position bei der europäischen Roheisenerzeugung verdrängt wurde. Mit der Reichsgründung und dem gewonnenen Krieg gegen Frankreich (1870/71)

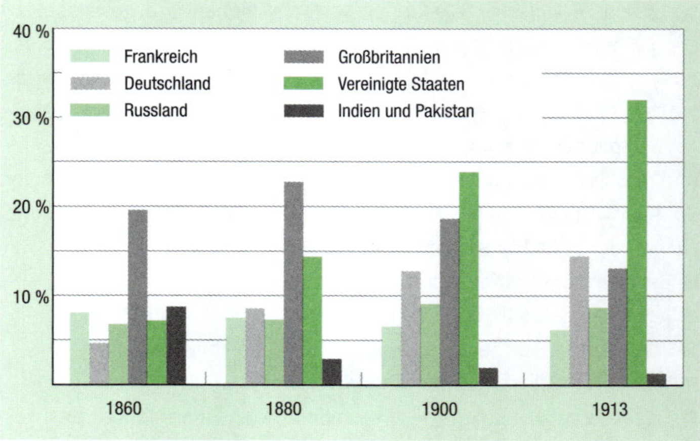


*Wachstumsraten des industriellen Sektors im internationalen Vergleich*

| Entwicklung der Beschäftigtenzahlen in den einzelnen Wirtschaftssektoren | | | | |
|---|---|---|---|---|
| | Sektoren aller Beschäftigten (in Prozent) primäre | sekundäre | tertiäre | Beschäftigte insgesamt (in Mio.) |
| 1780 | 65 | 19 | 16 | 10,0 |
| 1800 | 62 | 21 | 17 | 10,5 |
| 1825 | 59 | 22 | 19 | 12,6 |
| 1850 | 55 | 24 | 21 | 15,8 |
| 1875 | 49 | 30 | 21 | 18,6 |
| 1900 | 38 | 37 | 25 | 25,5 |
| 1914 | 34 | 38 | 28 | 31,3 |
| 1935 | 30 | 38 | 32 | 29,9 |
| 1970 | 5 | 48 | 47 | 30,1 |

*Entwicklung im primären, sekundären und tertiären Sektor*

beschritt das Deutsche Reich endgültig den Weg zur Hochindustrialisierung, die durch ein enormes Wirtschaftwachstum und durch eine weitere Phase der Mechanisierung gekennzeichnet war. Hohe Gewinne ermöglichten kostspielige Investitionen. Die Landwirtschaft wurde in ihrer Bedeutung von Industrie und Handel überflügelt. Um 1800 waren zwei Drittel der Erwerbstätigen in Deutschland im primären Sektor (Landwirtschaft und Bergbau) beschäftigt, um 1900 waren es nur noch knapp 40%.

## Vereinheitlichung des Wirtschaftsraums

Wirtschaftlich und rechtlich wurde der deutsche Wirtschaftsraum weiter vereinheitlicht: durch die Einführung eines Handelsgesetzbuches (1865), eines Strafgesetzbuches (1872), die Schaffung einer Reichsbank als Zentralnotenbank (1875), die Vereinheitlichung der Währung (Deutsche Mark, 1876), durch ein Reichspatentwesen, die Gründung der Kaiser-Wilhelm-Gesellschaft zur Förderung der Wissenschaften (heute Max-Planck-Gesellschaft), die Einführung des Bürgerlichen Gesetzbuches.

## Gründerzeit und Krisenjahre

Die Reichsgründung leitete einen beispiellosen Wirtschaftsboom in der Zeit von 1871 bis 1873 im Deutschen Reich ein, den man auch als „Gründerjahre“ bezeichnet. Zurückzuführen war diese Entwicklung u. a. auf die französischen Reparationszahlungen von 4 Mrd. Mark, die von der Reichsregierung zur Rückzahlung ihrer Schulden und zur Aufrüstung verwendet wurden. Damit wurde die deutsche Wirtschaft belebt: Schwer- und Bauindustrie wurden mit Aufträgen bedacht, Baugesellschaften wurden gegründet.
1873 wurde die Hochkonjunktur jäh beendet. Aufgrund ruinöser Spekulationen fielen die Aktienkurse, Banken, Eisenbahngesellschaften und Unternehmen brachen zusammen. Schuld war eine überheizte Stimmung, die eine Spekulationswut eingeleitet hatte, welche wiederum zu einer überhöhten Ausgabe von Aktien sowie riskanten und unseriösen Firmengründungen führte. Zudem stagnierte zu diesem Zeitpunkt die Weltwirtschaft insgesamt. Die Schwerindustrie und das Bankgeschäft gerieten in eine Absatzkrise. Dem Gründerkrach (1873–76) folgte ein wesentlich schwächeres Wirtschaftswachstum, trotzdem war noch bis 1890 Wachstum zu verzeichnen.

### Schutzzollpolitik: Einbeziehen außerdeutscher Gebiete

Die negative Wirtschaftsentwicklung hatte den Ruf nach der Abkehr von einer liberalen Außenwirtschaftspolitik zur Folge. Die überseeische Konkurrenz traf die Landwirtschaft, aber auch die Schwerindustrie fürchtete sie. Bismarck ließ es 1878 zum Bruch mit den ***Nationalliberalen*** kommen. In Neuwahlen konnten die Konservativen Stimmenzuwächse verzeichnen. Schutzzölle brachten scheinbar Erfolg; Beschäftigungs- und Produktionssteigerung waren jedoch eher Ergebnis des weltweiten Konjunkturaufschwungs. Vor diesem Hintergrund ist Bismarcks Haltung zur Kolonialpolitik zu sehen. Seit den 80er-Jahren gestattete sie den Erwerb von Kolonien.

### Phasen der Industrialisierung in Deutschland

Die Anlaufphase (ca. 1830–50) wurde in Deutschland von Montanindustrie und Eisenbahnbau (1840–70) getragen. Neue Verfahren für die Umwandlung von Eisen in Stahl schufen die Voraussetzung für die Entwicklung weiterer Produktionszweige. Die wissenschaftliche Phase war gekennzeichnet durch eine verstärkte Produktion von Maschinen und Motoren (ab 1870), die Entstehung einer Chemieindustrie (ab 1880), einer optisch-feinmechanischen sowie einer Elektroindustrie.
Die Industrialisierung begann in England mit der Textilindustrie und wirkte sich dann in ganz Europa auf Bergbau und Eisenbearbeitung aus, um schließlich das Verkehrswesen zu revolutionieren. Mit den Entwicklungen im Bereich der Chemie und der Elektrotechnik erreichte sie nach der Jahrhundertwende ihren Höhepunkt. Die Automatisierung seit Mitte des 20. Jh.s bezeichnet man als zweite, die Folgen der Mikroprozessoren und Nanotechnologie als dritte Revolution. Seit den 1990er-Jahren spricht man vom Übergang zur postindustriellen Gesellschaft oder auch von der Informationsgesellschaft.

## 5.3 Soziale Frage und Sozialpolitik

### Bevölkerungswachstum

Die Verbesserung der Hygiene, bahnbrechende Entdeckungen und Entwicklungen in der Medizin sowie Fortschritte in der Landwirtschaft, die nun erstmals die Ernährung aller Bevölkerungsschichten gewährleistete, bewirkten zusammen mit dem Wegfall von Heiratsbeschränkungen einen raschen Anstieg der Bevölkerungszahlen. So wuchs die Bevölkerung des Deutschen Reiches von ca. 25 Mio. (1816) auf ca. 65 Mio. (1910) an, was einem Bevölkerungswachstum von 161,9 % entsprach. Dies ließ auch die Nachfrage nach Industrieprodukten steigen.

## Migrationsbewegung und Verstädterung

Aufgrund des Bevölkerungswachstums und der neu entstandenen Arbeitsplätze in den Städten kam es zu Binnenwanderungen aus den östlichen Reichsgebieten in die Zentren der industriellen Produktion, das sächsisch-oberschlesische Industrierevier und das Ruhrgebiet. Die vorindustrielle Wanderung von Westen nach Osten, zu den agrarischen Großregionen Preußens, wurde damit umgekehrt. In den Städten entstand ein modernes Industrieproletariat. Sie wuchsen weit über ihre mittelalterlichen Grenzen hinaus und wurden zu Ballungszentren, die sich neuen Organisationsproblemen gegenübergestellt sahen: Bewältigung von Verkehr, Energieversorgung, Abfallbeseitigung und Unterbringung von Menschen. Der Anteil der Lohnarbeiter an der Erwerbsbevölkerung stieg von einem Viertel (1849) auf drei Viertel (1907). Der Bevölkerungsdruck entlud sich auch in einer permanenten Auswanderung nach Übersee. Zwischen 1820 und 1920 verließen 5 Mio. Deutsche ihre Heimat, in der Hoffnung auf eine bessere Zukunft.

## Die Arbeiterschaft im 19. Jh.

### Arbeitsbedingungen

Die neu entstehende Industriearbeiterschaft fand in den Städten Arbeitsbedingungen vor, die geprägt waren durch die im ländlichen und handwerklichen Bereich unbekannte Trennung von Arbeitsplatz und Haushalt. Neu war auch der unerbittliche industrielle Arbeitstakt, der den Ablauf der Zeit im Winter sowie im Sommer gleichermaßen diktierte. Die Arbeitszeiten betrugen in der Frühphase der Industrialisierung 15 bis 17 Stunden, um 1900 im Durchschnitt noch 11 Stunden. Kranken-, Invaliditäts- oder Arbeitslosenversicherung und Altersversorgung wurden erst in den 1880er-Jahren nach und nach eingeführt (↗ S. 61 f.).

### Differenzierung der Arbeiterschaft

Die Arbeiterschaft unterlag einer Differenzierung: Spezialisten (Lokführer, Maschinisten), Facharbeiter und ungelernte Arbeiter. Dementsprechend waren die Löhne innerhalb der Arbeiterschaft sehr unterschiedlich. Am besten bezahlt waren Arbeiter aus gelernten Handwerksberufen, an- und ungelernte Arbeitskräfte wesentlich schlechter. Als billige, aber leistungsfähige Arbeitskräfte galten Kinder und Frauen, die vor allem in der Textilindustrie beschäftigt waren. Die in die Ballungszentren migrierte Landbevölkerung fand hingegen kaum Arbeit. Aufgrund ihrer Eigentumslosigkeit wurden die Industriearbeiter „Proletarier" genannt (in Anlehnung an diejenigen Bürger im antiken Rom, deren einziger Besitz Nachkommen (lat.: proles) waren). Bald entwickelten die Industriearbeiter ein eigenes Bewusstsein - die Bezeichnung „Proletarier" wurde nicht länger als Schimpfwort empfunden, sondern mit Stolz verwendet.

## 5.4 Lösungsansätze für soziale Probleme

Die soziale Frage ergab sich aus dem andauernden vorindustriellen ***Pauperismus*** (lat. pauper = arm), also der Verarmung der unteren Bevölkerungsschichten in der Industriegesellschaft. Diese Frage bedurfte einer raschen Lösung, damit der Bestand von Staat und Gesellschaft in der zweiten Hälfte des 19. Jh.s gesichert werden konnte.

### Frühe Sozialisten

Die ***Frühsozialisten*** entwickelten, vor allem in Frankreich, bereits vor Marx und Engels sozialistische Ideen und sie waren von der aufklärerischen Idee der Weltverbesserung beeinflusst. Bedeutende Frühsozialisten waren die Franzosen ***Charles Fourier***, Graf ***Claude Henri de Saint-Simon***, der Engländer ***Robert Owen*** (1771 - 1858) und der Deutsche ***Wilhelm Weitling*** (1808 - 1871). Ihre Konzepte trugen meist utopische Züge. Sie forderten u. a.:

- Überführung der Produktionsmittel in nationale Gütergemeinschaft
- Abschaffung des profitorientierten Handels
- Beseitigung des Erbrechts
- Genossenschaftliche Organisation der gesamten Gesellschaft
- Veränderung der bestehenden Eigentumsverhältnisse
- Errichtung von sozialpolitischen Utopien

### Wissenschaftlicher Sozialismus von Marx und Engels

Mit seinen Theorien, die sich, wenn auch nicht in jedem Fall als richtig, so doch als scharfe Analysen der kapitalistischen Gesellschaft erwie-

sen, beeinflusste ***Karl Marx*** in Zusammenarbeit mit ***Friedrich Engels*** die Entwicklung der Gesellschaft und der Geschichte bis in unsere Zeit. Die Arbeiterbewegung übernahm in Teilen seine Theorie, die Revolutionen in Russland (1917) und in Deutschland (1918) wurden von den führenden Revolutionären als Umsetzung der Marx'schen Ideen geplant. Die Staatsgründungen der Sowjetunion, später der DDR, die Regime in den ehemaligen Ostblockstaaten und das China Mao Zedongs waren beeinflusst von Marx' Theorie. Aber auch die Sozialstaatsidee, wie sie sich in Europa entwickelte, ist ohne ihn nicht denkbar.
Nach Marx verläuft die Geschichte wissenschaftlich voraussagbar in einer Stufenentwicklung: von der Sklavenhaltergesellschaft (frühe Hochkulturen, Antike) über die Feudalgesellschaft (Mittelalter) bis zur bürgerlichen Gesellschaft. In Letzterer stehen sich die herrschende Bourgeosie, die über die Produktivkräfte (Arbeitskraft des Arbeiters, Maschinen) verfügt, und die Proletarier (Arbeiter) gegenüber. Marx glaubte, dass infolge der Verelendung der Bourgeoise die Schicht der Proletarier weiter anwachsen würde. Nach dem Bewusstwerden über ihre eigene Situation würden sich die Arbeiter in einem revolutionären Klassenkampf erheben (Gesetz vom Umschlagen der Quantität in Qualität) und den Gegensatz der Klassen sowie den damit verbundenen Geschichtsprozess endgültig aufheben (Gesetz der Negation der Negation), um im Kommunismus eine klassenlose Gesellschaft zu bilden.

## Arbeiter- und Gewerkschaftsbewegung im Überblick

**1848** Entstehung von Arbeitervereinen in vielen deutschen Städten; Kongress im Sommer des Jahres in Berlin

**1854** Verbot aller Arbeitervereinigungen

**1863** Gründung des „Allgemeinen deutschen Arbeitervereins" (ADAV) unter Vorsitz von ***Ferdinand Lassalle*** als erste politische Arbeiterbewegung mit dem Ziel „Herstellung des allgemeinen, gleichen und direkten Wahlrechts". Lassalle proklamierte einen Weg der Reformen.

**1869** Gründung der „Sozialdemokratischen Arbeiterpartei" (SDAP) in Eisenach. Verabschiedung des Eisenacher Programms. Führung der Partei durch ***August Bebel*** und ***Wilhelm Liebknecht***.

**1870** Spaltung der „Linken" im Parlament in der Frage der Kredite für den Krieg mit Frankreich. Der ADAV nahm eine Haltung pro, die SDAP kontra Kredite ein.

**1872** Gewerkschaftskongress in Erfurt beschloss die Bildung einer zentralen Organisation.

**1875** Vereinigung der Lassalleaner und der Eisenacher (ADAV und SDAP) zur „Sozialistischen Arbeiterpartei" auf dem Parteitag in Gotha. Verzicht auf einen revolutionären Weg im Gothaer Programm; Kritik von Marx.

**1878** Trotz der Sozialistengesetze erreichten die Sozialdemokraten bei den Reichstagswahlen neun Mandate.

**1889** Ein internationaler Arbeiterkongress in Paris beschloss Demonstrationen für den 1.5.1890 und forderte die Einführung des Achtstundentags.

**1890** Ablehnung der Verlängerung der Sozialistengesetze im Reichstag. Auf dem Parteitag in Halle Umbenennung der SAP in „Sozialdemokratische Partei Deutschlands" (SPD).

**1891** Erfurter Programm von ***Karl Kautsky*** und ***Eduard Bernstein***. Zum Schutz der Arbeiterschaft wurden Forderungen wie Verbot der Kinder- und Nachtarbeit, aber auch verstärkte politische Mitbestimmung erhoben (z. B. durch direkte Gesetzgebung). Die Vergesellschaftung der Produktionsmittel wurde weiterhin gefordert.

**1899** Bernstein bezweifelte Marx' Geschichtsprognose und forderte ein revidiertes Parteiprogramm. Der ***Revisionismusstreit*** wurde von Kautsky mit dem Kompromiss beendet, die ***SPD*** sei eine revolutionäre, aber keine Revolution machende Partei.

**1905** Auseinandersetzung mit den Gewerkschaften über den „politischen Massenstreik". Ablehnung seitens der Gewerkschaften. Die SPD sah Streik als politisches Kampfmittel zur Erhaltung des Wahl- und Koalitionsrechts.

**1906** Beilegung des Streits; weitgehende Unabhängigkeit der Gewerkschaften

**1912** Bei den Reichstagswahlen gewann die SPD 110 Mandate (34,8 %) und wurde damit stärkste Fraktion.

**1914** Auseinandersetzung innerhalb der Sozialisten um die Kriegskredite: einstimmige Billigung der Kredite durch die Reichstagsfraktion der SPD

**1917** Ausschluss der Opposition (u. a. ***Karl Liebknecht***, ***Rosa Luxemburg***) aus der Partei; Gründung der „Unabhängigen Sozialdemokratischen Partei" (***USPD***) durch die Opposition in Gotha; unter dem Einfluss der Kriegslage wilder Streik von 300 000 Arbeitern

**1918** Bildung von Arbeiterräten in Berlin; Gründung der KPD auf einer Reichskonferenz des ***Spartakus***

**1933** Auflösung aller Gewerkschaften und Eingliederung in die nationalsozialistische Deutsche Arbeitsfront (***DAF***)

**1946** Gründung des „Freien Deutschen Gewerkschaftsbunds" (***FDGB***) in der sowjetischen Besatzungszone

**1949** Gründung des „Deutschen Gewerkschaftsbunds" (***DGB***) und der „Deutschen Angestelltengewerkschaft" (***DAG***) in der Bundesrepublik

## Unternehmer

### Beweggründe für das soziale Engagement

Beweggründe für das soziale Engagement der Unternehmer für die Arbeiterschaft waren in der christlichen Ethik, in ihrem sozialen Gewissen, aber auch in der Angst der Industriellen um den Fortbestand der kapitalistisch-liberalen Wirtschafts- und Gesellschaftsordnung zu suchen. Zudem erkannten die Unternehmer rasch die Vorteile, die den Betrieben und der Produktion aus zufriedenen und materiell abgesicherten Arbeitern erwuchsen.
Die Anstrengungen der Unternehmer beschränkten sich auf das Engagement Einzelner. An den patriarchalischen Führungsstrukturen wird ersichtlich, dass das soziale Engagement der Unternehmer auch der „Befriedung" der Arbeiterschaft dienen sollte. Arbeitslose wurden in diesem System nicht berücksichtigt. Unternehmer wie Harkort und Abbé forderten den Staat zur Mithilfe auf, die Bemühungen der Unternehmer könnten die sozialen Probleme allein nicht lösen.

### Maßnahmen

Unternehmer wie Friedrich Harkort, Alfred Krupp und Ernst Abbé unternahmen große Anstrengungen zur Verbesserung der Situation ihrer Arbeiter: Krupp gründete eine Kranken- und Sterbekasse, führte Arbeiterpensionen ein und errichtete Wohnsiedlungen sowie Konsumanstalten (preiswerte Einkaufsmöglichkeiten). Ernst Abbé, Gründer der optischen Werke in Jena, richtete 1889 die Carl-Zeiß-Stiftung ein, verkürzte die Arbeitszeit auf acht Stunden, gewährte seinen Arbeitern Urlaub und beteiligte sie durch sogenannte Reservefonds am Gewinn des Unternehmens.

## Die Kirchen

Zwei wichtige Theoretiker einer katholischen Soziallehre waren Adam Müller und Franz von Baader. Adam Müller trat liberalen Wirtschaftsvorstellungen entgegen: Es gelte, die Industriearbeiter als Gruppe der Verstoßenen in die Gesellschaft einzugliedern. Müller zeigte allerdings keinen Weg zur Umsetzung auf.
Franz von Baader verglich die Lage der Proletarier mit der der Sklaven in der Antike. Er forderte politisches Mitbestimmungsrecht für die Proletarier sowie eine Betreuung durch Priester.
Der Mainzer Erzbischof ***Wilhelm Ketteler*** nannte in einer Denkschrift von 1864 neben christlicher Heilslehre konkrete soziale Institutionen, z. B. Anstalten für arbeitsunfähige Arbeiter, die soziale Not lindern sollten. Mit dem 1869 vor der Bischofskonferenz gehaltenen „Fuldaer Referat“ gab er der Kirche ein zukunftsweisendes Sozialprogramm. In der Sozialenzyklika ***Rerum novarum*** berief sich Papst Leo XIII. ausdrücklich auf Ketteler, der forderte:

- Verbot von Kinderarbeit
- Schließung gesundheitsgefährdender Betriebe
- Freier Sonntag
- Entschädigung bei Invalidität
- Gesetzliche Regelung der Arbeitszeit

***Adolph Kolping*** ragte besonders wegen seines einfachen, aber wirkungsvollen Einsatzes heraus. Er gründete 1849 den „Katholischen Gesellenverein“, mit dem Ziel, unverheirateten Jugendlichen und Männern ein Heim zu geben. Auf evangelischer Seite ist ***Johann Hinrich Wichern*** zu nennen, der mit der Gründung des „Central-Ausschusses für die Innere Mission“ die Grundlage für die evangelische Sozialarbeit schuf.
Die ***katholische Kirche*** versuchte die soziale Frage durch Einrichtung sozialer Institutionen, den Appell an die Nächstenliebe des Einzelnen und an den Staat zu lösen. Die Kirche wollte nicht an den Rand der bürgerlichen Gesellschaft, in die Nähe von Sozialismus und Kommunismus gedrängt werden.

# 6 Europäische Gleichgewichtspolitik und imperialistische Weltpolitik

## 6.1 Krimkrieg und Pariser Frieden

### Frankreich in der Isolation

1848 wurde Louis Napoleon zum ersten Präsidenten der Republik gewählt. Er genoss große Popularität, da er das allgemeine Wahlrecht befürwortete und die Rückkehr von Papst Pius IX. nach Rom unterstützte. In einem Staatsstreich (1851) festigte er seine Macht. 1852 erließ er eine neue Verfassung und nahm als ***Napoleon III.*** den Titel „Kaiser der Franzosen durch die Gnade Gottes und den Willen der Nation“ an. Frankreich war damit eine plebiszitäre Monarchie. In der Folge geriet das Land in außenpolitische Isolation, da die europäischen Staaten Napoleon als Störer des europäischen Gleichgewichts misstrauten.

### Krimkrieg

Zar ***Nikolaus I.*** nahm 1853 einen nichtigen Streit um die heiligen Stätten in Jerusalem zum Anlass, sich in die inneren Verhältnisse des Osmanischen Reiches einzumischen und die Schutzherrschaft über die Donaufürstentümer Moldau und Walachei zu verlangen. Der Sultan lehnte dies ab, woraufhin Russlands Truppen in die Türkei einmarschierten. England wollte den Zugang zum Schwarzen Meer vor russischem Zugriff sichern, Frankreich nutzte die Gelegenheit, um die antifranzösischen Bündnisse von 1815 und 1840 zwischen Russland und Großbritannien zu sprengen. So landeten französisch-englische Truppen zur Unterstützung des Sultans auf der Krim. Österreich wurde von den Westmächten zu einem antirussischen Bündnis gezwungen, griff aber nicht ein. Preußen blieb neutral, da es sich die Gewogenheit Russlands bewahren wollte.

Nach der Erstürmung der Krimfestung Sewastopol 1854 war Zar ***Alexander II.***, der Nachfolger von Nikolaus I., zum Frieden bereit. Der Krieg trug alle Zeichen eines Kabinettskriegs (Krieg, der um der Politik willen geführt und bei Verhandlungsbereitschaft der Partner abgebrochen wird). Im ersten Stellungskrieg der Neuzeit waren jedoch hohe Verluste zu verzeichnen. Im ***Pariser Frieden*** von 1856 wurden die christlichen Untertanen des Sultans dem Schutz der europäischen Großmächte unterstellt. Russland durfte keine Flotte im Schwarzen Meer unterhalten und musste seine Festungen an der Schwarzmeerküste schleifen. Als Pufferstaat zwischen Türkei und Russland wurde das Fürstentum Rumänien gebildet.

### Der Pariser Friede

Die Bedeutung des Pariser Friedens lag in der Aufhebung der Ergebnisse des Wiener Kongresses (1814/15). ***Napoleon III.*** erschien als Schiedsrichter und sicherte das europäische Gleichgewicht. Die ***Heilige Allianz*** war zerbrochen. Russland machte für seine Niederlage Österreich verantwortlich. Die Beziehungen zwischen Russland und Preußen hatten sich verbessert, die von Russland und England verschlechtert, da England offensichtlich im Osten, in China und Persien eigene Interessen verfolgte. Das Osmanische Reich blieb der „kranke Mann am Bosporus“.

## 6.2 Italienische Einigung

Italien befand sich wie Deutschland bei der Bildung eines Nationalstaats gegenüber Frankreich und England im Rückstand.

### Camillo Cavour als Ministerpräsident von Piemont-Sardinen

1852 ernannte der neue König Viktor Emanuel II. den Grafen Camillo Cavour zum Ministerpräsidenten von Piemont-Sardinien. Cavour kannte Frankreich und England und hatte auch gute Verbindungen zu den dortigen Staatsmännern. Er verstärkte Flotte und Heer des Königreichs und ließ seine liberale Verfassung unangetastet. So wurde Piemont-Sardinien bald zur Hoffnung der italienischen Nationalbewegung und zum Motor der Einigung.

### Österreichs Krieg gegen Piemont-Sardinien

Napoleon III. strebte nach der Vormachtstellung in Europa und suchte deshalb die österreichisch-ungarische Doppelmonarchie zu schwächen. Er versprach Sardinien-Piemont militärische Hilfe für die Vertrei-

bung der Österreicher aus Italien. Sardinien sollte Parma und Modena erhalten, Nizza und Savoyen sollten an Frankreich fallen, Italien sollte ein Staatenbund werden. England schlug daraufhin eine europäische Konferenz vor, die Österreich ablehnte, weil es England misstraute. Im Mai 1859 ließ sich Österreich zur Kriegserklärung provozieren und erlitt schwere Verluste bei ***Magenta*** und ***Solferino*** durch das französisch-piemontesische Heer.
Im ***Frieden von Zürich*** (10.11.1859) trat Österreich die Lombardei an Sardinien ab, Venetien blieb zunächst (bis 1866) österreichisch. Napoleon beanspruchte, entgegen seinen Versprechungen, Nizza und Savoyen und zog sich das Misstrauen Italiens, aber auch Englands zu.

### Entstehung des italienischen Nationalstaats

Volksabstimmungen in Parma, Modena, der Toskana und der Romagna führten zum Anschluss dieser Gebiete an Sardinien-Piemont. Im Süden Italiens vertrieb ***Guiseppe Garibaldi*** 1861 die französischen Bourbonen aus Sizilien und Neapel. Er forderte eine Republik, aber Volksabstimmungen zeigten den Willen der Bevölkerung zur Monarchie Viktor Emanuels. Um einen Bürgerkrieg zu vermeiden, entschied sich Garibaldi für den Anschluss an Sardinien-Piemont. Am 14.3.1861 wurde das Königreich Italien errichtet. 1870 wurde der bis dahin als Riegel störende Kirchenstaat in das Königreich Italien eingegliedert.

## 6.3 Das Bündnissystem Bismarcks

Mit den drei Einigungskriegen (1864, 1866, 1870/71) entstand 1871 in der Mitte Europas ein mächtiger Nationalstaat, der nun wie Italien in die europäische Staatenwelt integriert werden musste. Wie kein anderer Politiker seiner Zeit prägte der Reichskanzler ***Bismarck*** die Außenpolitik Europas in der zweiten Hälfte des 19. Jh.s.
Bismarck errichtete ein kompliziertes Bündnissystem, das für die kommenden Jahrzehnte den Frieden in Europa sicherte, zugleich aber dem Deutschen Reich eine Großmachtstellung garantierte. Die außenpolitische Konzeption Bismarcks bestand in

- der Sicherung des neu entstandenen Deutschen Reiches nach innen und außen (Wahrung des Erreichten),
- der Wahrung von Ruhe und Ordnung in Europa,
- der Isolierung Frankreichs,

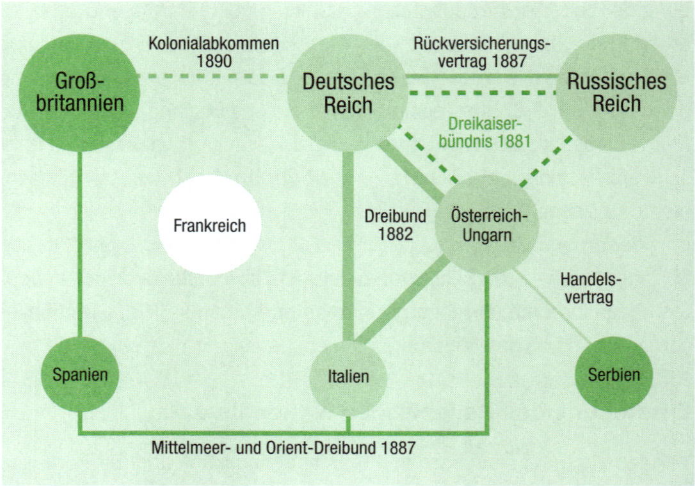


*Das Bündnissystem zur Zeit Bismarcks*

- der Sicherung und dem behutsamen Ausbau der Stellung des Deutschen Reiches als Großmacht.

Zu diesem Zweck verfolgte ***Bismarck*** eine Politik, die die deutsche Saturiertheit (Verzicht auf weitere Gebietserwerbungen) demonstrierte, die defensive Bündnissysteme in Europa errichtete und Deutschlands Rolle als unparteiischer Vermittler heraushob.

**1872–87** Das ***Dreikaiserabkommen*** zwischen Deutschland, Österreich, Russland sollte den Frieden festigen und revolutionäre Gefahren abwehren. Es war ein Konsultativabkommen, kein Beistandsbündnis im Krieg. Schon der russisch-türkische Krieg und die Verhandlungen auf dem Berliner Kongress zeigten die Brüchigkeit des Bündnisses.

**1875** ***Krieg-in-Sicht-Krise***: Die Aufrüstung Frankreichs, das den Verlust von Elsass-Lothringen revidieren wollte, brachte Bismarck dazu, Frankreich zur Rücknahme der Aufrüstung zu bewegen. Die „Berliner Post" titelte am 8.4.: „Ist der Krieg in Sicht?" Als Frankreich und Russland sich diplomatisch annäherten, zeigte dies Bismarck drastisch die Gefahr eines Bündnisses zwischen Frankreich und Russland – ein Alptraum für Deutschland, den er als Kanzler verhindern wollte und konnte.

**1878** ***Berliner Kongress***: Nach Ende des russisch-türkischen Krieges (1877/78) wurden die Verhältnisse auf dem Balkan in Berlin neu geregelt. Bismarck trat auf dem Kongress als „ehrlicher Makler" auf. Die Türkei blieb erhalten, Rumänien wurde unabhängig und trat Bessarabien an Russland gegen die Dobrudscha ab. Österreich erhielt Bosnien und die Herzegowina zur Verwaltung, staatsrechtlich blieben beide Gebiete bei der Türkei. England erhielt Zypern, einen wichtigen Mittelmeerstützpunkt für die englische Kolonialpolitik. Russland fühlte sich benachteiligt und ging auf Distanz zum Deutschen Reich. Die Spannungen zwischen Österreich und Russland aufgrund ihrer beiderseitigen Interessen auf dem Balkan verschärften sich, sodass es zu einer Annäherung zwischen Österreich und Deutschland kam.

**1879–1917** ***Zweibund*** zwischen Deutschland und Österreich: Um vor einem russischen Angriff sicher zu sein, schloss das Deutsche Reich den Zweibund mit Österreich-Ungarn. Für den Fall eines russischen Angriffes auf einen der beiden Staaten wurde gegenseitige Bündnispflicht vereinbart, für den Fall eines Krieges gegen einen anderen Staat Neutralität. Das Deutsche Reich konnte bei einer militärischen Auseinandersetzung mit Frankreich nicht mit Österreichs Unterstützung rechnen. Der Zweibund wurde 1883 um Rumänien, 1888 um Italien erweitert.

**1882–97** ***Dreibund*** zwischen Deutschland, Österreich, Italien: Der Dreibund band Italien in die Politik ***Bismarcks*** ein. Österreich war nur im Fall eines Doppelangriffs auf das Deutsche Reich zur Bündnishilfe verpflichtet. Italien, in das Bismarck kein großes Vertrauen setzte, das aber als Bündnispartner der Isolation Frankreichs diente, konnte im Fall eines Krieges mit Frankreich mit der Hilfe des Deutschen Reiches und Österreichs rechnen.

**1887–90** ***Rückversicherungsvertrag*** zwischen Deutschland und Russland: Deutschland und Russland vereinbarten gegenseitige Neutralität im Fall eines Verteidigungskrieges (gegen Frankreich bzw. Österreich-Ungarn). Zudem erkannte Bismarck die Interessen Russlands am Bosporus und in Bulgarien an.

**1887** ***Mittelmeerabkommen*** zwischen England, Österreich, Italien: Auf Betreiben Bismarcks kam ein Abkommen zwischen England, Österreich und Italien zustande, das die Gebiete am Schwarzen Meer und am Mittelmeer - vor allem die Türkei - vor russischem Expansionsstreben schützen sollte.

Bismarcks Außenpolitik bedeutete sicherlich einen Höhepunkt der Diplomatie in Europa. Der konservative Politiker, der vor der Führung dreier Kriege nicht zurückgeschreckt war, erwies sich als stabiler Friedensbewahrer, der die sensible Ordnung in Europa wahren und selber mitgestalten konnte. Fraglich waren allerdings die Strategie, Frankreich auf Dauer isolieren zu wollen, und die Komplexität des von ihm geschaffenen Systems, das von Widersprüchen nicht frei war: So richtete sich der ***Rückversicherungsvertrag*** letztlich gegen Österreich, wurde aber durch das Mittelmeerabkommen wieder kompensiert. Da Bismarck auf das Vertrauen des Kaisers angewiesen war, konnte seine Politik nur so lange Bestand haben, wie er von diesem unterstützt wurde. Nach seinem Sturz 1890 zerfiel das Bündnissystem angesichts einer neuen außenpolitischen Konzeption sehr rasch.

# 7 Imperialistische Machtansprüche und Krisen bis zum 1. Weltkrieg

## 7.1 Der Begriff „Imperialismus“

Unter ***Imperialismus*** moderner Ausprägung versteht man die Unterwerfung, Beherrschung und Ausbeutung von nicht industrialisierten Staaten, vor allem in Afrika und Asien, durch die Industriestaaten. Seinen Höhepunkt hatte er zwischen 1880 und 1914, dieser Zeitraum wird als das Zeitalter des Imperialismus bezeichnet. Mit diplomatischen, militärischen und wirtschaftlichen Mitteln zwangen Kolonialmächte unterentwickelte Länder in die Abhängigkeit oder verleibten sich diese als Kolonien ein. Motive der Kolonialmächte waren:

- Sendungsbewusstsein der Industriestaaten
- Prestigedenken der Großmächte
- Demonstration von Großmachtdenken
- Suche nach Absatzmärkten und billigen Rohstoffen
- Suche nach Siedlungsgebieten
- Suche nach preiswerten Arbeitskräften
- Ablenkung von sozialen und innenpolitischen Problemen

## 7.2 Imperialistische Mächte

### England

Seit dem 17. Jh. zielte die Politik Englands darauf ab, den Seeweg nach Indien zu sichern. Indien war als Absatzland für die englische Textilindustrie von großer Bedeutung, aber auch als Ausgangspunkt für den Handel mit China.
Nach dem ***Indiengesetz*** von 1784 war die Ostindien-Kompanie, die Indien kontrollierte und ausbeutete, dem englischen Parlament verantwortlich. Durch den Ankauf von Suezkanalaktien (1875) kontrollierten die Engländer den Seeweg nach Indien, der durch den Kanal erheblich verkürzt worden war. Um 1880 stützte sich England auf Indien (seit 1877 war Königin Victoria Kaiserin von Indien), Kanada, Australien und Neuseeland. Im Kolonialzeitalter verfolgte es zunächst imperialistische

Ziele in Nordafrika, anschließend dehnte es diese auf ein sich von Ägypten (seit 1882 englischer Schutzstaat) bis Südafrika erstreckendes Kolonialreich aus (Motto: „Von Kairo nach Kapstadt"). Dann verfolgte England das Ziel, den Landweg nach Indien abzusichern.
Die britischen ***Kolonien*** wurden auf unterschiedliche Weise regiert. Den von Weißen beherrschten Kolonien Kanada, Australien und Neuseeland wurde die innere Selbstverwaltung gestattet; später erhielten sie die Souveränität, sofern sie sich zum englischen Empire bekannten. Ansonsten versuchte die englische Kolonialmacht mit einer zentralen Verwaltungselite die einheimischen Führungsschichten zu funktionalisieren. Mit direkt unterstellten Kronkolonien (z. B. Hongkong bis 1997), Protektoraten (Schutzgebiete, z. B. Ägypten) und den Dominions (innere Selbstverwaltungen, z. B. Neuseeland) gab es ein abgestuftes Herrschaftssystem. Eine Stützpunktpolitik schützte die Seewege. Vor Krieg, z. B. gegen die Buren, schreckte England nicht zurück.

**1876** Königin ***Victoria*** von England nimmt den Titel Kaiserin von Indien an.
**1882** Ägypten wird englischer Schutzstaat.
**1884** Erwerb von British Neuguinea, der Somaliküste und von Nigeria
**1886** Unterwerfung von Oberburma
**1888** Unterwerfung von Rhodesien
**1898** Eroberung des Sudan
**1899–1902** ***Burenkrieg***: Die Burenrepubliken werden in das britische Imperium eingegliedert; Selbstverwaltung der Buren.

## Frankreich

Frankreich betrachtete Nordafrika als sein Interessengebiet. Algerien, Gabun und Senegal gehörten bereits 1860 zu Frankreich. Der Versuch, ein geschlossenes Kolonialgebiet von Westafrika bis zum Roten Meer zu errichten, scheiterte 1898 im Sudan, als bei Faschoda die britische Nord-Süd-Expansion gestört wurde. Frankreich musste auf englischen Druck auf den Sudan und die südlich davon gelegenen Gebiete verzichten. Ein weiteres imperialistisches Interessenfeld war Indochina. Frankreich verwaltete seine Kolonien meist zentral und betrieb eine Annexions- und Potektoratspolitik. Die französische Kolonialpolitik intendierte auch eine kulturelle Expansion der französischen Kultur, die von den Eingeborenen der Kolonien übernommen werden sollte; dabei wurde jedoch lediglich die Oberschicht erreicht.

**1887** Gründung der „Indochinesischen Union“ (Annam, Tonking, Kambodscha, Kotschinchina) durch Frankreich; 1893 Erweiterung durch Laos

**1882** Guinea wird französische Kolonie.

**1893** Die Elfenbeinküste wird französische Kolonie.

**1895** Gründung von Französisch-Westafrika: Föderation französischer Kolonien wie Senegal, Niger, Mauretanien u. a.

**1898** Militärische Auseinandersetzung zwischen Frankreich und England bei Faschoda; Rückzug Frankreichs

## Russland

Russland strebte nicht nach überseeischen Gebieten, sondern versuchte das eigene riesige Territorium in Asien zu sichern, zu erschließen und zu vergrößern. Dazu besetzte es 1898 Port Arthur und vollendete 1900 die Besetzung der Mandschurei. Von 1891 bis 1904 wurde die Transsibirische Eisenbahn gebaut.

## Japan

Durch seine Kolonialpolitik versuchte Japan einerseits für die eigene Bevölkerung Siedlungsgebiete auf dem Kontinent (Korea) zu gewinnen und andererseits die wirtschaftliche Vorherrschaft im südostasiatischen Raum zu erringen.

**1905** Nach dem Sieg über Russland erhielt Japan Port Arthur, Südsachalin und die Schutzherrschaft über Korea. Damit gewann es die Vormacht in Ostasien. Hauptgegner war auf dem Festland China.

**1910** Annexion Koreas (blieb für 35 Jahre bei Japan)

**1917** Besetzung der Mandschurei

**1919** Japan erhielt die ehemaligen deutschen Schutzgebiete im Südpazifik: Karolinen, Marianen und die Marshall-Inseln

## Deutschland

Deutschland gehörte zu den Ländern in Europa, die als „verspätete“ Staaten keinen Kolonialbesitz hatten. ***Bismarck*** lehnte in den 70er-Jahren den Erwerb von Kolonien ab, um Spannungen mit England und Frankreich zu vermeiden. Wirtschaftliche Schwierigkeiten im Reich machten jedoch einen Wandel der bisherigen Politik Bismarcks nötig,

zumal deutsche Kaufleute durch die Errichtung von Handelsniederlassungen eine Kolonialpolitik betrieben.
Gründe für den Erwerb der Kolonien waren gestiegener Bedarf an industriellen Rohstoffen und Nahrungsmitteln, der Anspruch, als Großmacht aufzutreten und internationales Prestige zu gewinnen, eine Belebung des Handels und eine Lösung für die Bevölkerungszunahme sowie die Suche nach neuen Absatzmärkten.

**1882** Gründung des „Deutschen Kolonialvereins“
**1884** Südwestafrika, Kamerun, Togo, Bismarck-Archipel und Kaiser-Wilhelm-Land unter „deutschem Schutz“
**1885** Erwerb von Gebieten in Ostafrika durch die „Gesellschaft für Deutsche Kolonisation“
**1888** Wilhelm II. forderte im kolonialen Wettlauf einen „Platz an der Sonne“, da er eine Weltmachtstellung für das Deutsche Reich anstrebte.
**1898** Pacht von Kiautschou in China
**1899** Erwerb der Palau-, Karolinen-, Marianen- und westlichen Samoainseln im Pazifik
**1911** Erwerb von Neu-Kamerun

Der Erwerb erfolgte zunächst auf Privatinitiative (Kolonialgesellschaft, -verein), später wurden die Gebiete unter „deutschen Schutz“ gestellt. Ab 1890 pachtete das Deutsche Reich Gebiete. Ein Generalgouverneur verwaltete die jeweilige Kolonie mithilfe von Beamten und Soldaten. Ziel war eine möglichst effektive wirtschaftliche Nutzung der Gebiete. Die Erwerbungen konnten die mit ihnen verbundenen Erwartungen jedoch nicht erfüllen. Sie besaßen nur geringe Bedeutung für den Außenhandel – nur ca. 2 % des Handels wurden mit dem Mutterland abgewickelt –, die Auswanderungsquote blieb niedrig. Bei weiteren Gebietsansprüchen drohten Konflikte mit England und Frankreich. Eingeborenenaufstände, beispielsweise der Hereroaufstand in Deutsch-Südwestafrika 1904, wurden von deutschen Truppen auf brutale Weise niedergeschlagen.
In den ***Versailler Verträgen*** wurden 1919 die ehemals deutschen Kolonien zwischen England, Frankreich und den USA aufgeteilt bzw. unter das Mandat des Völkerbundes gestellt.

## 7.3 Amerikas Weg zur Kolonial- und Weltmacht (1787–1914)

### Ausweitung des Territoriums

**1787** Nordwest-Ordinanz: Für das Gebiet nordwestlich des Ohio Errichtung einer Zweikammer-Legislative, nachdem sich 5000 freie Männer angesiedelt hatten. Mit 60000 Einwohnern sollte eine republikanische Verfassung verabschiedet werden.

**1791–96** Gründung von Vermont, Kentucky, Tennessee

**1803** Ohio; Erwerb des Louisiana-Gebietes zwischen Mississippi und Rocky Mountains

**1810** Annexion Westfloridas

**1812–14** Zweiter Unabhängigkeitskrieg gegen England

**1819** Kauf Ostfloridas für 5 Mio. Dollar. Festlegung des Grenzverlaufs zwischen Mexiko und den Vereinigten Staaten auf den 42. nördlichen Breitengrad.

**1816–21** Aufnahme von Indiana, Mississippi, Illinois, Alabama, Maine und Missouri

**1823** ***Monroe-Doktrin*** (erst nachträglich so benannt): Der amerikanische Präsident James Monroe wendet sich gegen eine weitere Kolonialisierung Amerikas, vor allem auch der lateinamerikanischen Staaten, durch die Europäer.

**1845–48** Die Aufnahme von Texas als 28. Staat löst den Krieg mit Mexiko aus.

**1848** Vertrag von Guadalupe: Mexiko verzichtet auf Kalifornien und Neumexiko; Rio Grande als Grenzfluss.

**1853** USA kaufen von Mexiko südliche Teile Arizonas und Neumexikos.

**1867** Kauf Alaskas von Russland

Die Besiedlung erfolgte in drei Etappen:

1. Trapper und Fallensteller erkunden das Territorium.
2. Ansiedler (squatters) siedeln meist vorübergehend ohne Erlaubnis.
3. Siedler lösen die Squatters ab und gründen Städte mit Schulen, Behörden, Banken.

Die Besiedelung des nordamerikanischen Kontinents wurde vom Pioniergeist getragen, der Frontierbewegung. Die Vorstellung, an der Grenze zu leben, ist noch heute Teil des amerikanischen Selbstbewusstseins.

Der amerikanische Mythos begründete sich auf:
- den Glauben an sozialen Aufstieg und materielle Sicherheit,
- das Bewusstsein der Glaubens- und Religionsfreiheit,
- das Prinzip der demokratischen Freiheit,
- die Überlegenheit gegenüber Europa.

Man sah die nationale Bestimmung (manifest destiny) Amerikas vor dem Hintergrund eines religiösen Sendungsbewusstseins in der Besiedelung des Kontinents von Küste zu Küste. Die Erschließung des Westens, die Bewirtschaftung der Präriegebiete und der Bau der transkontinentalen Eisenbahn nahm den Prärieindianern die Lebensgrundlage: Die weiten Prärien waren verkehrstechnisch erschlossen, die riesigen Büffelherden wurden vernichtet. Die Native Americans wurden nach blutigen Kriegen in Reservate verwiesen, vom industriellen Fortschritt blieben sie ausgeschlossen.

## Aufstieg der USA zur Weltmacht

In der zweiten Hälfte des 19. Jh.s veränderten die USA ihre Isolationspolitik zugunsten einer Weltpolitik mit imperialistischen Zügen. Diese Entwicklung war auch eine Folge des Aufstiegs der USA zu einer der führenden Wirtschaftsmächte.

### Voraussetzungen

- Sieg der industriell geprägten Nordstaaten über die agrarisch geprägten Südstaaten im ***Amerikanischen Bürgerkrieg*** (1861–65) und dadurch gewährleistete politische Einheit
- Protestantisch-calvinistisches Arbeitsethos
- Unternehmergeist, Fortschrittsglaube und Innovationsbereitschaft
- Reichhaltige Rohstoffvorkommen
- Technische Erfindungen und Innovationen
- Ausbau des Verkehrsnetzes, vor allem Bau von Eisenbahnen
- Großes Angebot an leistungsbereiten und erfolgsorientierten Arbeitskräften durch permanente Einwanderung
- Kapital- und Unternehmenskonzentration als Grundlage einer prosperierenden Wirtschaft

Für die schnell wachsende amerikanische Produktion war der heimische Absatzmarkt zu klein. Um Arbeitslosigkeit zu verhindern und Lohnkosten zu senken, wurden neue Absatzmöglichkeiten benötigt. Grundlage einer expansionistischen Politik waren die Produktivkräfte

einer Nation, die enorme Überschüsse erzeugte, die sie vorzugsweise in den nicht kolonialen Gebieten Asiens und Lateinamerikas absetzen wollte. Ziel des amerikanischen ***Imperialismus*** war somit nicht die Steigerung der Produktivität des eigenen Landes durch kolonialen Erwerb, sondern eine expansive Wirtschaftsraumentwicklung zur Findung neuer Absatzmärkte und zur Beendigung oder zumindest Eindämmung der Überproduktion. Zur Verwirklichung dieses Vorhabens dienten die Errichtung von wirtschaftlich und militärisch unabhängigen Handelsstützpunkten und der Aufbau einer Schlachtflotte. Die Seestreitkräfte hatten die Funktion, die Handelswege zu schützen, eine Fortsetzung der Expansionspolitik zu gewährleisten und die sich aus Handelsrivalitäten ergebenden Konflikte auszutragen.
Der Sieg imperialistischer Ideen brachte die Abkehr vom amerikanischen Isolationismus mit sich. Pazifik, Ostasien und Zentralamerika wurden als Interessengebiete und Expansionsräume betrachtet. Der Einstieg in die Weltpolitik fand in den 1890er-Jahren durch den Ausbau der Seestreitkräfte statt.
In China setzten die USA seit 1895 den Europäern, die für eine Aufteilung des chinesischen Reiches in Interessengebiete waren, die „Open-Door-Politik" entgegen: Jede Macht sollte Zugang haben.

**1889** Protektorat über Samoa (gemeinsam mit Deutschland und dem Vereinigten Königreich)
**1895** USA unterstützen die kubanische Unabhängigkeitsbewegung gegen Spanien.
**1898** stellt mit dem Beginn des Krieges zwischen Spanien und Amerika ein Schlüsseljahr dar. Die USA gehen als Sieger aus dem Spanisch-Amerikanischen Krieg hervor. Die Spanier müssen Puerto Rico, Guam und die Philippinen an die USA abtreten. Beschluss zur Entsendung einer Besatzungsarmee nach Manila.
**1903** Annexion der Kanalzone
**1905–14** Bau des Panamakanals

Präsident ***Roosevelt*** beanspruchte 1904 ein Interventionsrecht in den Interessengebieten der USA. Er berief sich auf die ***Monroe-Doktrin*** („Amerika den Amerikanern"), die er durch den „Roosevelt-Zusatz" erweiterte.
Nach Aufständen auf den Philippinen betrieben die USA eine wirtschaftliche Durchdringung der Interessengebiete. Diese Kolonialpolitik entsprach nicht dem Kolonialismus nach europäischem Vorbild. Ziel

der USA war ein „informal empire", d. h. eine indirekte Herrschaft in den Interessengebieten. Zielte der europäische Kolonialismus des 19. Jh.s vorrangig auf die Inbesitznahme und wirtschaftliche Nutzung der kolonialisierten Staaten ab, so versuchten die USA ihre Interessengebiete zu steuern, dort wirtschaftlichen und politischen Einfluss auszuüben, ohne Besitz zu ergreifen.
In Zentralamerika und der Karibik bauten die USA Bodenschätze ab und investierten in die Plantagenkultur, jedoch ohne die betroffenen Staaten am Gewinn zu beteiligen (Dollarimperialismus). Die USA verliehen in den Jahren von 1919 bis 1924 ihren Interessen durch zahlreiche militärische Interventionen in Costa Rica, der Dominikanischen Republik, Haiti, Honduras, Kuba, Mexiko, Nicaragua und Panama Ausdruck.

## 7.4 Imperialismustheorien

Die imperialistische Politik der Großmächte wurde von Beginn an von einer ausführlichen Theoriebildung begleitet.

- ***John Atkinson Hobson*** führte 1902 den ***Imperialismus*** auf die wirtschaftlichen Hintergründe der imperialistischen Expansion zurück. Die Stahl- und Rüstungsindustrie sowie die Großbanken verfolgten demnach Investitionen und Kapitalexport und bestimmten durch ihren Einflusses die Diplomatie. Da aufgrund der sozialen Unterschiede in den Industrieländern die produzierten Güter keine ausreichende Abnahme finden könnten, suche die Großwirtschaft in den Kolonialländern ihre Absatzmärkte. Über eine Beseitigung des zu geringen Konsums in den Industrieländern könne der Imperialismus überwunden werden.
- ***Joseph Alois Schumpeter*** erklärte 1919 den Imperialismus zum irrationalen Rückfall des Kapitalismus hinter die Gesetze der Vernunft: Er greife auf militärische, aggressive und feudale Verhaltensweisen zurück und negiere die Errungenschaften eines liberalen Wirtschaftssystems.
- Der wichtigste marxistische Theoretiker ***Lenin*** betrachtete 1917 den Imperialismus als „höchstes" und „letztes" Stadium des Kapitalismus. Die Konzentration des Kapitals erfordere den Kapitalexport und die Beherrschung der unterlegenen kolonialen Staaten sowie deren Aufteilung unter den imperialistischen Staaten, die sich allerdings bald gegenseitig vernichten würden.

- ***Hans-Ulrich Wehler*** sah im Imperialismus das „Ergebnis der Entwicklung von industriewirtschaftlichen Gesellschaftssystemen“. Er werde durch die Staatenkonkurrenz gefördert.
- ***Wolfgang J. Mommsen*** interpretierte den Imperialismus als Folge der durch die Industrialisierung in Gang gesetzten gesellschaftlichen und politischen Wandlungsprozesse.

## 7.5 Das Zeitalter der Krisen

### Der „neue Kurs“

Kaiser ***Wilhelm I.*** starb 1888. Sein Sohn Friedrich III. regierte nur 99 Tage. Ihm folgte ***Wilhelm II.***, der einen Ausgleich mit der Arbeiterschaft und ein Bündnis mit England betrieb. Im März 1890 reichte Bismarck aufgrund unüberbrückbarer Differenzen seinen Abschied ein. ***Caprivi*** wurde sein Nachfolger. Wilhelm II. führte ein „persönliches Regiment“, er wollte selbst regieren. Diese Anleihen aus dem Absolutismus waren völlig unzeitgemäß. Da der Kaiser aber eine Identifikation stiftende Mischung aus Nationalismus, Imperialismus, Fortschrittsgläubigkeit und Konservatismus an den Tag legte, repräsentierte er die Stimmung seiner Zeit wie kein anderer.

### Außenpolitische Konzeptionen unter Wilhelm II.

- Die Ziele der neuen politischen Linie waren die Verfolgung einer imperialistischen Weltmachtpolitik, die Gleichstellung mit anderen imperialistischen Staaten wie Großbritannien und Frankreich sowie die Demonstration und der Ausbau der bereits errungenen Stellung.

Zu diesem Zweck

- vermied man langfristige Bündnisverpflichtungen (= Politik der freien Hand),
- baute die Flotte bis auf zwei Drittel der Stärke der englischen Flotte aus,
- trat Wilhelm II. häufig provokativ auf und verhinderte durch sein ungeschicktes Auftreten manche diplomatischen Erfolge.

**1890** Trotz heftigen Drängens der russischen Regierung wurde der ***Rückversicherungsvertrag*** nicht erneuert. Russland näherte sich nun Frankreich an, mit dem es 1892 eine Militärkonvention und 1894 ein Verteidigungsbündnis für den Fall eines deutschen

Angriffes schloss. Damit war die Isolation Frankreichs endgültig beendet, Deutschland sah sich im Kriegsfall einem Zweifrontenkrieg gegenüber.

**1898** Die Flottenpolitik verhinderte ein Bündnis mit England. Stattdessen bildete sich 1904 ein Bündnis Englands mit Frankreich, die ***Entente cordiale*** heraus, „ein herzliches Einverständnis", mit dem England Frankreichs Zugriff auf Marokko unterstützte.

**1907** Nach der Niederlage Russlands gegen Japan (1904) kam es zu einem englisch-russischen Interessenausgleich. Damit standen sich nun in Europa zwei feindliche Bündnissysteme gegenüber: der ***Dreibund*** Deutschland, Österreich-Ungarn, Italien gegen die ***Triple-Entente*** Frankreich, England, Russland.

## Internationale Krisen

Nach 1890 häuften sich internationale Krisen, die den Weltfrieden gefährdeten. Der Balkan und Marokko waren zwei der gefährlichsten Krisenherde. In Afrika wurde nach Auseinandersetzungen zwischen Frankreich und England die Wasserscheide zwischen Nil und Kongo als Grenze von beiden Kolonialmächten anerkannt. Die ***Faschoda-Krise*** konnte friedlich beigelegt werden und stand ähnlichen Auffassungen Frankreichs und Englands über eine europäische Politik nicht im Wege.

## Balkan

**1878** konnte durch den ***Berliner Kongress*** ein allgemeiner Krieg auf dem Balkan verhindert werden (↗ S. 77 f.).

**1908** Bosnische Krise: „Jungtürken" forderten Wahlrecht und Gleichberechtigung für alle Untertanen und damit Wiederherstellung der türkischen Souveränität auf dem Balkan. Um dies zu verhindern, annektierte Österreich-Ungarn gegen den Protest Serbiens Bosnien und die Herzegowina.

**1912** Im ersten ***Balkankrieg*** besiegten die jungen Balkanstaaten (Serbien, Bulgarien, Griechenland, Montenegro) die Türkei.

**1913** Im zweiten Balkankrieg wurde Bulgarien von Serbien, Rumänien, Griechenland und der Türkei besiegt. Bulgarien verlor Dobrudscha.

Durch die Kriege wurde die Position Serbiens auf dem Balkan gestärkt, ein Zugang zur Adria wurde Serbien jedoch durch die Schaffung des selbstständigen Staates Albanien (1913) verwehrt.

## Marokkokrisen

### Erste Marokkokrise (1905)

Das Deutsche Reich wollte das französische Vordringen in Marokko stoppen und die französisch-britische Entente sprengen. Auf Drängen des Kanzlers ***von Bülow*** landete Kaiser ***Wilhelm II.*** am 31.3.1905 in Tanger, um beim Sultan von Marokko gegen das französische Vordringen zu protestieren. Der französische Außenminister ***Delcassé*** setzte jedoch Frankreichs Marokkopolitik fort. Das Deutsche Reich verlangte eine internationale Konferenz und die französische Regierung stimmte zu. Auf der ***Konferenz von Algeciras*** (7.4.1906) erlitt das Deutsche Reich aufgrund der Geschlossenheit der Großmächte eine schwere diplomatische Niederlage und geriet in die Isolierung. Die Verschärfung der deutsch-englischen Flottenrivalität führte zu einer Annäherung zwischen Großbritannien und Russland.

### Zweite Marokkokrise (1911)

Wilhelm II. versuchte den Prestigeverlust wiedergutzumachen. Obwohl ein französisch-deutsches Abkommen die wirtschaftliche Gleichstellung des Deutschen Reiches in Marokko in Aussicht stellte, blieb die politische Vorrangstellung Frankreichs erhalten. Im Mai 1911 besetzte Frankreich Fez wegen innerer Unruhen. Die deutsche Regierung fasste dies als Affront auf und schickte als Drohgebärde das Kanonenboot „Panther" nach Agadir. Das Deutsche Reich erklärte sich gegen die Abtretung von Neu-Kamerun bereit, einem französischen Protektorat über Marokko zuzustimmen.

## Friedenskonferenzen

Die Angst vor dem Krieg rief in Europa Initiativen zur Sicherung des Friedens hervor, die allerdings den Krieg nicht verhindern konnten.

**1891** Erste Weltfriedenskonferenz
**1899** Internationale Friedenskonferenz in Den Haag
**1905** ***Bertha von Suttner*** erhält den Friedensnobelpreis für ihr Buch „Die Waffen nieder".

# 8 Der 1. Weltkrieg (1914–18)

## 8.1 Julikrise 1914 und Kriegsausbruch

### Die österreichische Doppelmonarchie vor dem 1. Weltkrieg

Die explosive Stimmung in Europa, die sich nach der Jahrhundertwende zunehmend verschärfte, entlud sich nicht zufällig im Habsburger Herrschaftsbereich. 1867 wurden die österreichische und ungarische Reichshälfte als Doppelmonarchie durch die Personalunion des österreichischen Kaisers und des ungarischen Königs zusammengefasst. 1905 kamen die Tschechen als weitere anerkannte Bevölkerungsgruppe hinzu. Der österreichische Thronfolger Franz Ferdinand verfolgte die Absicht, die Monarchie durch die Strukturierung in einen deutschen, ungarischen und tschechischen Teil neu zu gliedern (Trialismus-Plan). Die Südslawen, deren Zentrum das serbische Königreich war und die im Sinne des ***Panslawismus*** ein großserbisches Reich anstrebten, bekämpften ebenso wie die Ungarn die Trias-Pläne, die dann zugunsten von föderalistischen Konzepten aufgegeben wurden. Die Ängste vor der Trias-Idee waren damit aber nicht aus der Welt geschafft. Hinzu kam, dass Österreich-Ungarn 1908 Bosnien und Herzegowina, die zum türkischen Territorium gehört hatten, annektierte. Das Deutsche Reich stellte sich hinter Österreich, sodass serbische Proteste keinen Erfolg haben konnten. 1912 förderte Österreich nach dem ersten ***Balkankrieg*** (1912) die Gründung des Staates Albanien, der einen serbischen Zugang zum Meer verhinderte. Dadurch zog sich Österreich endgültig die Feindschaft Serbiens zu.

### Das Attentat von Sarajevo

Den Anlass zum Ausbruch des 1. Weltkriegs bot die Ermordung des österreichischen Thronfolgers Franz Ferdinand und seiner Gattin am 28.6.1914 in Sarajewo (Bosnien). Die Weltöffentlichkeit war über das Attentat erschüttert, aber die österreichische Regierung handelte vorerst nicht.

### Julikrise und Kriegserklärungen

Die deutsche Regierung sagte mit dem sogenannten ***Blankoscheck*** ihre Unterstützung für den Fall eines österreichischen Angriffs zu und drängte auf ein militärisches Vorgehen, um den Überraschungseffekt auszunutzen. Bei einem Besuch des französischen Ministerpräsidenten in St. Petersburg bekräftigte dieser die Einhaltung der Bündnisverpflichtungen.
Am 23.7. stellte Österreich an Serbien ein überzogenes Ultimatum, das die Untersuchung der Vorgänge forderte. England versuchte zu vermitteln, machte aber auch deutlich, zu seinen Bündnisverpflichtungen zu stehen. Als Österreich, trotz großem Entgegenkommen Serbiens, diesem am 28.7. den Krieg erklärte, ordnete Russland, das Serbien unterstützte, die Mobilmachung an. Das Deutsche Reich versuchte vergeblich, Österreich vom Krieg abzubringen, da es den nun drohenden Zweifrontenkrieg fürchtete. Nachdem aber Russland die Mobilmachung verkündet hatte, stellte das Deutsche Reich an Russland ein Ultimatum, die Mobilmachung zurückzunehmen, und an Frankreich, neutral zu bleiben. Deutschland erklärte, nachdem die Ultimaten verstrichen waren, am 1.8. Russland, am 3.8. Frankreich den Krieg. Am 4.8. forderte Großbritannien von Deutschland, nachdem dieses völkerrechtswidrig in das neutrale Belgien einmarschiert war, vergeblich den Schutz der belgischen Neutralität; dies bedeutete den Eintritt Englands in den Krieg an der Seite von Frankreich und Russland.
Italien erklärte sich neutral. Dies entsprach den Vereinbarungen des ***Dreibundes***, der nur im Verteidigungsfall den Bündnisfall als gegeben vorsah. Die Völker der kriegsbeteiligten Nationen begrüßten den Krieg begeistert.

## 8.2 Burgfrieden und Kriegsziele

### Burgfrieden

Der Krieg wurde von allen Parteien und der Bevölkerung als nationale Angelegenheit gesehen: Im August 1914 meldeten sich über eine Mio. Freiwilliger zum Kriegsdienst. Die Parteien schlossen einen Burgfrieden, gemäß dem Satz von Wilhelm II.: „Ich kenne keine Parteien mehr, ich kenne nur noch Deutsche". Im August 1914 stimmten alle Parteien im Reichstag für die Kriegskredite, auch die SPD.

## Kriegsziele

- Das Deutsche Reich legte am 9.9.1914 ein umfassendes Kriegsprogramm vor. Darin wurden von Frankreich Gebietsabtretungen (Erzbecken von Briey), hohe Reparationen und ein vorteilhafter Handelsvertrag gefordert. Belgien sollte ebenso wie Polen ein deutscher Vasallenstaat werden. Luxemburg wollte man als deutschen Bundesstaat eingliedern. Mit einem mitteleuropäischen Handelsvertrag wurde eine Hegemonie in Europa angestrebt.
- Frankreich drängte auf die Rückgabe von Elsass-Lothringen; es zielte auf die Rheingrenze und das Saarland. Schon 1914 erklärte der französische Außenminister, das Reich solle zerstört werden.
- England hatte keine territorialen Forderungen, aber die Schwächung Deutschlands und die Wiederherstellung seiner Seeherrschaft zum Ziel. Belgien sollte wiederhergestellt, Elsass-Lothringen an Frankreich und Schleswig an Dänemark zurückgegeben, der Nord-Ostsee-Kanal internationalisiert werden. Am 5.9.1914 vereinbarten England und Frankreich, keinen Sonderfrieden zu schließen.
- Russland wurde 1915 von den westlichen Verbündeten der Erwerb der Meerengen am Bosporus zugestanden.
- Rumänien wurde 1918 von den Ententemächten Siebenbürgen, Bukowina und Banat zugesprochen.
- Die Kriegsziele der USA wurden in den „Vierzehn Punkten“ vom 18.1.1918 noch einmal modifiziert:
  - Abschaffung der Geheimdiplomatie
  - Garantien für eine Beschränkung der Rüstungen
  - Wiederherstellung der belgischen Souveränität
  - Räumung Frankreichs
  - Rückgabe Elsass-Lothringens
  - Wiederaufbau der zerstörten Gebiete
  - Berichtigung der Grenzen Italiens (Nationalitätenprinzip)
  - Autonomie für die Völker der Donaumonarchie
  - Errichtung eines unabhängigen Staates Polen mit freiem Zugang zum Meer
  - Errichtung eines Völkerbundes zur Garantie der politischen Unabhängigkeit aller großen und kleinen Staaten
  - Selbstbestimmung für die Völker Europas

## 8.3 Der Kriegsverlauf bis 1916

Bei Kriegsausbruch standen sich zwei große Machtblöcke gegenüber:

- die Mittelmächte: Deutsches Reich und Österreich-Ungarn, denen sich die Türkei und Bulgarien anschlossen,
- die Ententemächte: Russland, Frankreich, England, Serbien, denen sich Italien, Rumänien (später USA, Japan) anschlossen.

Der Aufmarsch der deutschen Truppen erfolgte im Westen nach einem Plan des Generals ***Schlieffen*** von 1905. Der erwartete Zweifrontenkrieg sollte durch zwei Einfrontenkriege aufgelöst werden. Die seit Anfang August durch Belgien vorstürmenden deutschen Armeen erreichten Anfang September die Marne und standen 22 Kilometer vor Paris. Ein Gegenangriff alliierter Truppen stoppte den deutschen Angriff.

### Westfront (1914–16)

- Im September 1914 zwang eine verlorene Schlacht („Wunder an der Marne“) die deutsche Oberste Heeresleitung (***OHL***) zur Aufgabe des Marnegebietes. Dies hatte den Rücktritt des Generalstabschefs Moltke und seine Ersetzung durch Falkenhayn zur Folge.
- Ab Mitte November erstarrte der Bewegungskrieg zum Stellungskrieg. Der ***Schlieffenplan*** war damit endgültig gescheitert.
- Beim deutschen Angriff (Februar bis Juli 1916) auf die Festung Verdun, militärisch unbedeutend, fielen etwa eine Mio. Soldaten; Verdun wurde zum Symbol für die Materialschlachten des modernen Krieges und seine Sinnlosigkeit.

### Ostfront (1914–18)

- Gemäß dem Schlieffenplan stand in Ostpreußen nur eine einzige deutsche Armee, die unerwartet schnell von russischen Verbänden bedroht wurde und sich zurückziehen musste.
- Die russische Offensive während des österreichischen Angriffs auf Serbien zwang die österreichische Armee zum Rückzug; schwere Niederlage Österreich-Ungarns gegen die russische Armee in Galizien; Österreich konnte sich von diesen Verlusten nicht mehr erholen.
- In der ***Schlacht bei Tannenberg*** bzw. bei den Masurischen Seen (unter ***Hindenburg*** und ***Ludendorff***) wurde die russische Armee zum Rückzug aus Ostpreußen gezwungen (Ende August/Februar 1915); Entstehung des Hindenburg-Mythos.

- Die Russen räumten 1915 Galizien, Polen und Kurland.
- Ab Mai 1915 erstarrte die Ostfront im Stellungskrieg.
- Kriegseintritt Bulgariens am 14.10.1915 aufseiten der Mittelmächte; Eroberung Serbiens durch die Mittelmächte
- Russische Erfolge in den drei ***Brussilow-Offensiven*** gegen Österreich (Juni bis Dezember 1916)
- Eroberung Rumäniens durch deutsche und bulgarische Truppen

### Ausweitung des Krieges

- Englische Seeblockade gegen Deutschland
- Verlust aller deutschen Kolonien (nur Verteidigung Deutsch-Ostafrikas)
- Eintritt Italiens in den Krieg auf der Seite der Entente am 23.5.1915; Entstehen einer neuen Front für die Mittelmächte in Südtirol/Venetien

### Herrschaft der Militärs und Kriegswirtschaft

Der Burgfrieden hatte nicht nur eine Selbstbeschränkung der Parteien, sondern auch des Reichstags zur Folge; hier galten die Parlamentsdebatten über die Bewilligung von Kriegskrediten. Auch der Kaiser übte den Oberbefehl über das Heer nicht in Wirklichkeit aus. Die Macht lag bei der ***OHL***, die zuerst Moltke, bis 1916 Falkenhayn und dann Hindenburg und Ludendorff innehatten. In der politischen Praxis kam dies einer Militärdiktatur gleich.
Die deutsche Wirtschaft wurde konsequent in eine Kriegswirtschaft umgewandelt (Vorrang der Produktion kriegswichtiger Stoffe und Güter vor denen des privaten Gebrauchs, Zentralisierung des Eisenbahnnetzes). Das „Vaterländische Gesetz“ (5.12.1916) schuf die Grundlage einer staatlichen Lenkung der Wirtschaft.

## 8.4 Die Revolutionen in Russland

Die desolate politische und militärische Führung des Zarenregimes wurde den innen- und außenpolitischen Problemen Russlands, das mit seiner mangelnden Industrialisierung, dem veralteten Agrarsystem und seiner feudalen Gesellschaftsstruktur die rückständigste Großmacht Europas darstellte, nicht mehr gerecht.

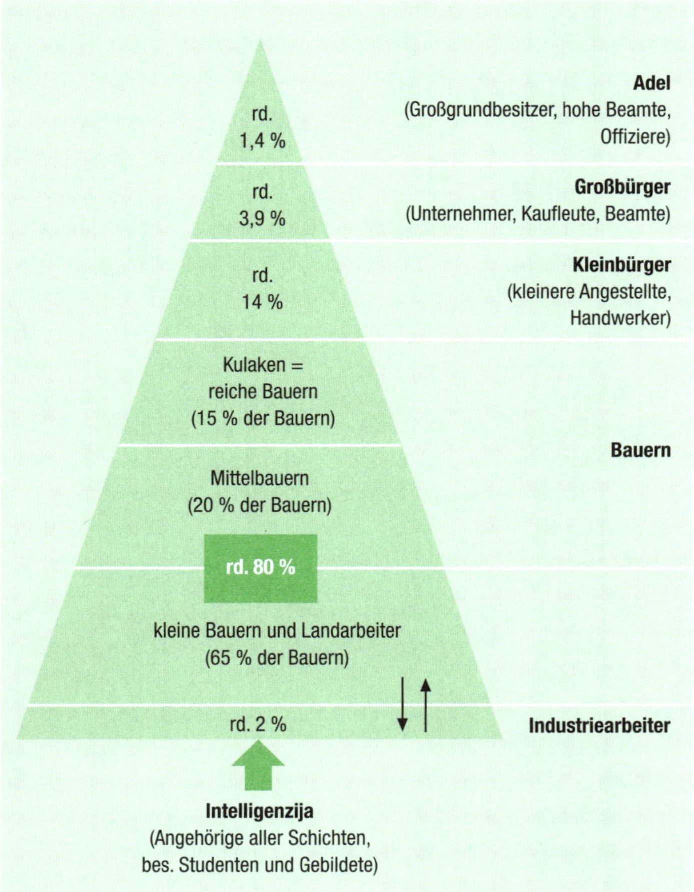


*Die Gesellschaft Russlands im Jahr 1913*

In der Revolution von 1905 entlud sich die Unzufriedenheit der Bevölkerung. Anlass gab vor allem die andauernde Hungersnot. Friedliche Demonstranten wurden am sogenannten Blutsonntag vor dem Winterpalais in St. Petersburg erschossen. Es kam zu Aufständen und zur Bildung von ***Sowjets*** (Arbeiterräte, die auch als Stadtparlament auftraten) in den großen Städten. Die Armee schlug die Aufstände nieder und löste die Sowjets gewaltsam auf. Der Zar machte das Zugeständnis, eine Duma einzurichten. Diese war eine weitgehend rechtlose Volksvertretung, die nach Zensuswahlrecht gewählt wurde. Die Mehrheit der

Abgeordneten stellten Konservative, Bürgerliche und Sozialrevolutionäre (Vertretung der Bauern), in der Minderheit waren die Vertreter der Arbeiterpartei, die seit 1903 in die gemäßigten ***Menschewiki*** und die radikalen ***Bolschewiki*** gespalten war.

## Februarrevolution 1917

Die militärische Führungslosigkeit bedingte eine uneffektive Kriegsführung und führte zu einem Zusammenbruch der Versorgung von Heer und Bevölkerung. Verbitterung und Unzufriedenheit der notleidenden Bevölkerung führten zur Verstärkung der sozialen Spannungen und zur allgemeinen Kriegsmüdigkeit. Weder hinter der Person des Zaren noch hinter seiner Regierung stand das Volk. Auch die Duma als Volksvertretung besaß wenig Rückhalt. Im Kriegswinter 1917 brach die Versorgung St. Petersburgs endgültig zusammen. ***Nikolaus II.*** beorderte Fronttruppen in die Stadt, um die Lage unter Kontrolle zu halten. Im Februar 1917 begann die Revolution.

**1917**

**23./25.2.** Friedliche Demonstrationen in St. Petersburg für Brot und Frieden; blutige Niederschlagung nach einem Schießbefehl von Zar Nikolaus II.

**27.2** Die St. Petersburger Garnison meuterte und lief zu den Demonstranten über. Sowohl Duma als auch sozialrevolutionäre Kräfte im Volk erkannten das entstandene Machtvakuum und strebten nach dessen Ausfüllung. Das provisorische Dumakomitee wurde von der Duma mit der Regierungsbildung beauftragt.
Der Sowjet der ***Arbeiter- und Soldatenräte*** wählte ein Exekutivkomitee. Damit gab es eine Doppelherrschaft der ***provisorischen Regierung*** und des Petersburger Sowjets. Das Exekutivkomitee weigerte sich, sich an der Regierung zu beteiligen, da der Sowjet seine machtpolitischen Interessen wahren wollte.

**3.3.** Ende der Monarchie mit der Abdankung ***Nikolaus II.*** und dem Thronverzicht seines Bruders Michail. Russland wird Republik.

## Die Zeit der provisorischen Regierung

Prägend war der Dualismus von provisorischer Regierung und Sowjet. Die Hoffnung auf eine freiheitlich-demokratische Neuordnung zerschlug sich aufgrund der Machtlosigkeit der Regierung.

**1917**

2.3. Amtsantritt der provisorischen Regierung

3.4 Ankunft ***Lenins*** in St. Petersburg

4.4. In den Aprilthesen der ***Bolschewiki*** forderte ***Lenin*** „Alle Macht den Sowjets“, eine Umverteilung des Bodens bei gleichzeitiger Nationalisierung des Grundbesitzes und der Banken sowie Frieden um jeden Preis.

3.7. Der Juliaufstand in St. Petersburg endete in einem Fiasko für Lenin und die bolschewistische Partei.

18./30.7. Die Offensive ***Kerenskijs*** (Ministerpräsident der provisorischen Regierung) schlug fehl. Die neue Regierung versäumte es, den Krieg zu beenden, eine Bodenreform durchzuführen und Wahlen zur verfassunggebenden Versammlung abzuhalten. Dies führte zu einem Meinungsumschwung zugunsten der Bolschewiki, die nun die Massen mobilisierten.

### Die Oktoberrevolution

**1917**

10.10. Das Zentralkomitee der bolschewistischen Partei beschloss in geheimer Sitzung mit Lenin die bewaffnete Machtergreifung.

22.10. Das Militärrevolutionäre Komitee des Sowjets übernahm unter der Leitung ***Trotzkijs*** die Befehlsgewalt über die St. Petersburger Garnison.

25.10. Besetzung der Schlüsselpositionen in St. Petersburg durch die Bolschewiki

27.10. Drei Dekrete verkündeten sofortige Friedensverhandlungen mit den Mittelmächten, Enteignung und Sozialisierung des Bodens, Verstaatlichung der Banken und Industrie, Fraktionsverbot innerhalb der Partei.

## 8.5 Friedensbemühungen

Gegen Ende des Jahres 1916 zeichnete sich in allen Staaten Kriegsmüdigkeit ab, die anfängliche Euphorie war verflogen. In Deutschland geriet der Burgfrieden in Gefahr, da sich die Sozialdemokraten spalteten und sich in der Bevölkerung Unmut über die Dauer des Krieges zeigte. Zudem war die Hoffnung auf einen raschen Sieg zerstört. Versuche, den Frieden wiederherzustellen, hatten keinen Erfolg.

**1916**

**April/Mai** Ein amerikanisches Vermittlungsangebot von Wilson an England, Frankreich und Deutschland scheiterte am Widerstand Englands und Frankreichs, die sich gegenüber Deutschland im Vorteil glaubten.

**Dezember** Nach der Eroberung Bukarests machte Bethmann Hollweg ein Angebot für Friedensverhandlungen, das die Alliierten als Schwäche Deutschlands interpretierten und ablehnten; Scheitern eines Angebots der USA, als „Clearing-Stelle“ zu vermitteln.

**31.1.** Abbruch der diplomatischen Beziehungen durch die USA, nachdem Deutschland die Aufnahme des uneingeschränkten U-Boot-Krieges angekündigt hatte.

**1917**

**19.7.** Friedensresolution des Reichstages, die aber zu viele Ungenauigkeiten aufwies.

**1.8.** Die Friedensbemühung des Vatikans scheiterte vor allem an der deutschen Weigerung, den Verzicht auf Belgien öffentlich zu erklären.

## 8.6 Vom Kriegseintritt der USA bis zum Ende des Krieges

Zu Beginn des Krieges erklärten die USA ihre Neutralität und boten sich als Vermittler an. Dennoch begünstigten sie die Entente vom Ausbruch des Krieges an durch Rüstungslieferungen und Kredite. Gründe dafür waren:

- Die Mittelmächte wurden als Bedrohung für die Demokratie gesehen.
- Angst vor der eigenen Isolierung
- Sprachliche und kulturelle Verbundenheit sowie wirtschaftliche Beziehungen mit England
- Abwendung einer drohenden Agrarkrise in den USA

**1915**

**7.5.** Die Torpedierung der „Lusitania“' stärkte die stark anti-deutsche Stimmung in den USA. Das Deutsche Reich stellte darauf den uneingeschränkten U-Boot-Krieg ein.

**1916** Verschiedene Friedensbemühungen scheitern (↗ S. 97 f.).

**1917**

**9.1.** Beschluss Deutschlands, den uneingeschränkten U-Boot-Krieg wiederaufzunehmen

**6.4.** Kriegserklärung der USA an Deutschland

Ab 1918 kämpften ca. 2 Mio. amerikanische Soldaten in Europa. Der Kriegseintritt der USA am 6.4.1917 stellte das kriegsentscheidende Ereignis dar. Für diesen Schritt gab es hauptsächlich drei Gründe:

- Die Kreditvergabe der USA an die britische Wirtschaft
- Die traditionell guten Beziehungen zwischen USA und Alliierten
- Der uneingeschränkte U-Boot-Krieg, den die deutsche Kriegsmarine führte

## Das Kriegsende an der Ostfront

Am 3.3.1918 wurde der ***Friedensvertrag von Brest-Litowsk*** abgeschlossen, kurz darauf folgte der Friede von Bukarest. Den Mittelmächten gelang damit der Abschluss eines Siegfriedens:

- Verzicht Russlands auf die nördlichen baltischen Provinzen (Livland, Kurland, Estland, Litauen) und Polen
- Anerkennung Finnlands und der Ukraine als selbstständige Staaten

## Zusammenbruch der Westfront und Waffenstillstand

Am 28.9.1918 wurde die Lage an der Westfront für das Deutsche Reich so katastrophal, dass die ***OHL*** die Reichsregierung aufforderte, ein Waffenstillstandsangebot an die Alliierten zu richten. Präsident ***Wilson*** weigerte sich jedoch, mit Vertretern des kaiserlichen Deutschlands zu verhandeln.

Der interfraktionelle Ausschuss der Reichstagsmehrheit schuf in den Oktoberreformen nun die Voraussetzung für eine parlamentarische Regierung. Als Reichskanzler schlug der Ausschuss den als liberal geltenden Prinz ***Max von Baden*** vor, der eine Regierung aus SPD, Zentrum und Fortschrittlicher Volkspartei bildete. Der Erfolg der Oktoberreformen blieb jedoch aus. Als die Flotte gegen England auslaufen sollte, kam es zur Meuterei der Matrosen, die zur Revolution anwuchs.

Am 9.11. musste der Kaiser abdanken. Prinz Max von Baden übergab das Kanzleramt an den Sozialdemokraten ***Friedrich Ebert***. Am 11.11.1918 wurde in Compiègne ein Waffenstillstandsabkommen, das einer Kapitulation glich, geschlossen. Am 28.6.1919 wurden die ***Friedensverträge von Versailles*** bzw. ***St. Germain*** unterzeichnet.

## 8.7 Dimensionen des Krieges und Kriegsschuldfrage

### Dimensionen des Krieges

Der 1. Weltkrieg zeigte die Dimensionen eines Krieges im Industriezeitalter auf: Millionenheere standen sich mit modernsten Waffen (u. a. Maschinengewehre, Artillerie, Panzer, Schlachtschiffe, Flugzeuge, U-Boote, Giftgas) gegenüber, deren Vernichtungspotenzial keine Grenzen mehr hatte: Millionen Menschen fanden den Tod, Millionen wurden verwundet, Millionen galten als vermisst, Landschaften wurden zerstört, Städte vernichtet. Von der Totalität der neuen Formen des Krieges mit seinen Materialschlachten, den Stellungskriegen, Blockaden und dem Einsatz des gesamten Wirtschaftsaufkommens waren Zivilisten ebenso betroffen wie die Soldaten.

### Kriegsschuldfrage

#### Fischerkontroverse

Unter Historikern lange umstritten war die Frage, ob das Deutsche Reich wirklich nach der Weltmacht greifen wollte, wie es in einem wegweisenden Buch des Historikers Fritz Fischer diskutiert wurde (***Fischerkontroverse***). Weltmacht war damals, im Zeitalter des Imperialismus, eine Großmacht, die sich am Wettlauf um die Aufteilung der Erde beteiligte und so zu einem über die eigene Hemisphäre hinausweisenden Gewicht wurde und die Großmachtstellung festigte. Nicht Weltherrschaft, sondern eine gleichberechtigte Stellung mit den Weltmächten Großbritannien, USA und Russland war das Ziel des Deutschen Reiches. Das Deutsche Reich war zu Beginn ohne das Ziel von Gebietserweiterungen in den von ihm forcierten Krieg gegangen; nach ersten Erfolgen der deutschen Truppen legte die Regierung Bethmann Hollweg am 9.9.1914 eine Liste von Kriegszielen vor. Darin wurden von Frankreich Gebietsabtretungen (Erzbecken von Briey), hohe Reparationen und ein vorteilhafter Handelsvertrag gefordert. Auch für Belgien, das deutscher Vasallenstaat werden sollte, waren Gebietsabtretungen vorgesehen. Luxemburg sollte dem Reich eingegliedert werden. Mit einem mitteleuropäischen Handelsvertrag wurde die Hegemonie in Europa angestrebt. Fischers Kritiker sahen anfangs in der Kriegszielplanung des Deutschen Reiches nur einen Wunschkatalog. Heute hat sich Fischers These bei Historikern weitgehend durchgesetzt.

## Das Verhalten der einzelnen Staaten

Zu berücksichtigen ist, dass die ***Julikrise*** von 1914, ausgelöst durch die Ermordung des österreichischen Thronfolgers, in einer Folge schwerer Krisen zu sehen ist, die Europa bereits vor 1911 mehrmals an den Rand eines großen Krieges gebracht hatten. Zum Zeitpunkt des Kriegsausbruchs gab es keine stabile Ordnung in Europa. Einerseits waren die Bündnisse defensiver Art, andererseits waren die am Ausbruch des Weltkrieges beteiligten Staaten zu wenig darauf bedacht, diesen zu verhindern und auf ihre jeweiligen Ziele zu verzichten.

- Serbien hing an der Verwirklichung seiner nationalen Idee.
- Russland versuchte einen weiteren Misserfolg seiner Balkanpolitik zu verhindern.
- Frankreich versuchte sein Bündnis mit Russland als Druckmittel gegen Deutschland zu benutzen.
- Die englische Regierung bemühte sich in mehreren Phasen um Vermittlung, die deutsche Regierung erst am Schluss der Julikrise, nachdem sie erkannt hatte, dass der Überraschungseffekt nach dem Schlieffenplan nicht mehr aufgehen konnte.
- Österreich beharrte auf seiner Vielvölkerstruktur, während Deutschland sein Bündnis mit Österreich bekräftigte und es anfangs zu einem raschen Kriegsbeginn gegen Serbien aufforderte.

Großen Anteil am Ausbruch des Krieges hatten zweifellos die Mittelmächte, die den Krieg billigend in Kauf nahmen.

# 9 Die Weimarer Republik (1918–33)

## 9.1 Rätebewegung und Nationalversammlung

### Meuterei und Dolchstoßlegende

Als die deutsche Flotte nach England auslaufen sollte, verweigerten am 3.11.1918 die Matrosen das von ihnen sinnlos geforderte Opfer; sie verlangten die Befreiung von inhaftierten Kameraden. Von Kiel aus breiteten sich Massenkundgebungen in vielen Städten aus. Es kam zur Bildung von Soldatenräten nach russischem Vorbild. Diese Ereignisse benutzte später Hindenburg, um die nicht haltbare ***Dolchstoßlegende*** ins Leben zu rufen: Der Krieg sei nicht durch die Niederlage des Heeres an der Front verloren worden, sondern durch den Dolchstoß von hinten, durch Revolution und Verrat der Linken in der Heimat.

### Novemberrevolution

**1918**

**7.11.** In Bayern muss König Ludwig III. abdanken.

**9.11.** Die Menschen in Berlin forderten das sofortige Kriegsende und die Abdankung des Kaisers. ***Max von Baden*** verkündete um 12 Uhr ohne Einverständnis des Kaisers dessen Abdankung und übergab sein Amt an ***Friedrich Ebert***, den Vorsitzenden der SPD. Ohne Ebert zu informieren, rief um 14 Uhr ***Philipp Scheidemann*** die „Deutsche Republik" aus, zwei Stunden, bevor der Spartakusführer ***Karl Liebknecht*** die „Sozialistische Republik Deutschland" ausrief. Die folgenden Tage entschieden über den Verlauf der Revolution.

**10.11.** Die linksradikalen Gruppierungen unter der Führung der Spartakisten ließen am 10.11. in Betrieben und Kasernen Arbeiter- und Soldatenräte wählen. Ebert bildete mit Unterstützung der USPD einen von SPD und USPD paritätisch gewählten ***Rat der Volksbeauftragten*** als provisorische Regierung unter seinem Vorsitz. Er wollte möglichst schnell eine Nationalversammlung wählen lassen.

11.11. Die Niederlage war, ohne dass die Front schon durch die Alliierten durchbrochen war, nicht mehr zu verhindern: Die Regierung unterzeichnete in ***Compiègne*** den Waffenstillstand.

16.–20.11. In Berlin trat ein Reichskongress der Arbeiter- und Soldatenräte zusammen, der die provisorische Regierung bestätigte, aber als Kontrollinstanz einen Arbeiter- und Soldatenrat ins Leben rief. Die Wahl einer Nationalversammlung wurde für den 19.1.1919 festgelegt. Als Unruhen in Berlin ausbrachen, wurden diese durch Truppen niedergeschlagen. Die USPD trat daraufhin aus der provisorischen Regierung aus.

**1919**

1.1. Der ***Spartakusbund*** und andere linksradikale Gruppierungen gründeten die Kommunistische Partei Deutschlands, die ***KPD***.

5.–12.1. Niederschlagung des Spartakusaufstandes, in dem die Forderung der linksradikalen Kräfte nach Übernahme der Macht zum Ausdruck kam, durch Regierungstruppen und ***Freikorps*** (national-konservativ gesinnte, freiwillige Truppen, die sich zeitweise auf die Seite der Regierung stellten). ***Rosa Luxemburg*** und ***Karl Liebknecht*** wurden ermordet. Gleichzeitig wurden Aufstände, vor allem in Mitteldeutschland, mithilfe der Freikorps niedergeschlagen.

Der Fortbestand der Regierung Ebert war zwar garantiert. Ihre Hypothek bestand jedoch in ihrem Angewiesensein auf Heer und Freikorps, ihrer blutigen Behauptung gegenüber den Linksradikalen und der mangelnden Gefolgschaft der Linken und Rechten. Die revolutionäre Bewegung hatte nun die Einheit verloren und bewegte sich in die zweite Phase, die der weiteren Radikalisierung und Zersplitterung.

## 9.2 Versailler Friedensvertrag und seine Wirkung in Deutschland

Am 18.1.1919 traten in Paris die Vertreter der Siegermächte ohne die Beteiligung der Besiegten zusammen. Der Rat der Vier, ***Thomas Woodrow Wilson*** (USA), ***David Lloyd George*** (England), ***Georges Clemenceau*** (Frankreich) und ***Vittorio Orlando*** (Italien), traf die wesentlichen Entscheidungen. Am 7.5. wurde das Vertragswerk den Deutschen in Versailles vorgelegt und am 28.6. vom deutschen Außenminister Müller unterzeichnet.

## Territoriale Veränderungen

- Abtretung von Oberschlesien, Posen, Westpreußen an Polen, des Memelgebiets an Litauen, Elsass-Lothringens an Frankreich, Eupen-Malmedys an Belgien, Nordschleswigs an Dänemark; Einrichtung der Freien Stadt Danzig. Insgesamt verlor das Deutsche Reich 13% des Staatsgebiets und 10% der Bevölkerung.
- Das Saarland wurde für 15 Jahre unter Verwaltung des Völkerbundes gestellt.
- Verzicht auf die Kolonien

### Entwaffnung

- Einrichtung einer entmilitarisierten Zone links und 50 Kilometer rechts des Rheins
- Verbot der allgemeinen Wehrpflicht; Reduzierung des Heeres auf 100 000 Mann

## Kriegsschuld und Wiedergutmachung

- Deutschland erkannte die alleinige Kriegsschuld an und erklärte sich zur Zahlung von Reparationen bereit (Art. 231).

Der ***Versailler Vertrag*** bedeutete für viele Deutsche eine schwere Demütigung, nachdem in der Wilhelminischen Ära ein übersteigertes nationales Selbstbewusstsein vermittelt worden war. Die Weimarer Republik hatte damit eine denkbar schlechte Ausgangssituation, da diplomatische Kontakte und die notwendige Akzeptanz des Vertrages durch die deutsche Regierung als Verrat und Schwäche diffamiert und mit der neuen Republik assoziiert wurden. Die Vertreter der ***Dolchstoßlegende*** versuchten damit ihre Vorwürfe zu erhärten.
Weitere Verträge wurden mit Österreich in ***St. Germain*** (10.9.1919), mit Bulgarien in ***Neuilly*** (27.11.1919), Ungarn in ***Trianon*** (4.6.1920) und der Türkei in ***Sèvres*** (10.8.1920) geschlossen. Die Mitte und der Südosten Europas erfuhren eine völlige Veränderung. Der Vielvölkerstaat Österreich-Ungarn wurde aufgeteilt in die selbstständigen Staaten Österreich, Ungarn und Tschechoslowakei. Neu entstanden der polnische Staat und ein großserbisches Reich, das Königreich der Serben, Kroaten und Slowenen (Jugoslawien). Italien erhielt Südtirol (bis zum Brenner), Triest, Istrien, Dalmatien und einen Teil Kärntens und der Krain. Österreich durfte sich nicht an Deutschland anschließen.

## Die Frage der Reparationen

Die Frage der Reparationen war eng mit dem Schicksal der Weimarer Republik verbunden. Sie bot fortwährend Anlass, die Republik anzugreifen und die deutsche Nation als Opfer des Auslandes darzustellen. Vor allem von Nationalisten und Nationalsozialisten kam diese Kritik. Sie diffamierten diese Politik, die Deutschland wieder gleichberechtigt in den Kreis der europäischen Mächte zurückführen wollte, als „Erfüllungspolitik".

**1919** Vorläufige Zahlung von 20 Mrd. Goldmark bis April 1921; Forderungen in unbestimmter Höhe auf unbestimmte Zeit (Sachleistungen, Geldzahlungen)

**1921, Januar** Konferenz von Paris; Reparationen von 269 Mrd. Goldmark in 42 Jahresraten zu zahlen

**1921, Mai** Londoner Ultimatum; Reparationen von 132 Mrd. Reichsmark in 37 Jahresraten (2 Mrd. plus 25 % Ausfuhr im Jahr). Rathenau versuchte den Forderungen nachzukommen.

**1922** Wegen des wirtschaftlichen Verfalls Deutschlands forderte der französische Außenminister Poincaré produktive Pfänder.

**1923, Januar** Einmarsch ins Ruhrgebiet

**1924, Juli** Londoner Konferenz. Annahme des ***Dawesplans*** zur Regelung der Reparationszahlungen. Deutschland sollte bis 1928 5,4 Mrd. Mark, ab 1929 jährlich 2,5 Mrd. Mark (zuzüglich Wohlstandsindex) auf noch unbestimmte Dauer zahlen. Es bekam einen Kredit von 800 Mio. Goldmark eingeräumt.

**1930, August** Haager Konferenz; Annahme des ***Youngplans*** zur Regelung der Reparationen; Zahlungen von durchschnittlich 2 Mrd. pro Jahr bis 1988, insgesamt 112 Mrd. Goldmark; Räumung des Rheinlandes durch die Alliierten

**1931** Einjähriger Aufschub der Reparationszahlungen im Hinblick auf die Wirtschaftskrise (***Hoover-Moratorium***)

**1932, Juli** Konferenz in Lausanne; Streichung der Schuldenlast bis auf 3 Mrd.

**1934** Einstellung der Zahlungen durch das Reich

Nach deutscher Berechnung sind ca. 67 Mrd., nach alliierter 20 Mrd. Goldmark bezahlt worden. Fest steht, dass Deutschland mehr ausländische, vornehmlich amerikanische Anleihen erhalten hat, als es an Reparationen bezahlt hat. Nach 1945 wurden die ausgesetzten Zahlungen wieder aufgenommen, die letzte Rate wurde 2010 überwiesen.

## 9.3 Die Weimarer Verfassung

Bei den Wahlen zur Nationalversammlung zeigte sich das Spektrum der Parteienlandschaft: Die Liberalen waren aufgespalten in die bürgerlich-liberale Deutsche Demokratische Partei (DDP) und die konservativ-liberale Deutsche Volkspartei. Auch der sozialistische Flügel war gespalten in die linksextreme ***KPD*** und die ***SPD***, die in der Wahl zur Nationalversammlung stärkste Partei wurde. Die ***USPD*** wurde zwischen Parteien aufgerieben. Das ***Zentrum*** blieb die Vertretung des Katholizismus in Deutschland. Die Konservativen wurden durch die Deutschnationale Volkspartei (DNVP) vertreten. SPD, Zentrum und Deutsche Demokratische Partei (DDP) bildeten mit über 76 % die sogenannte Weimarer Koalition.

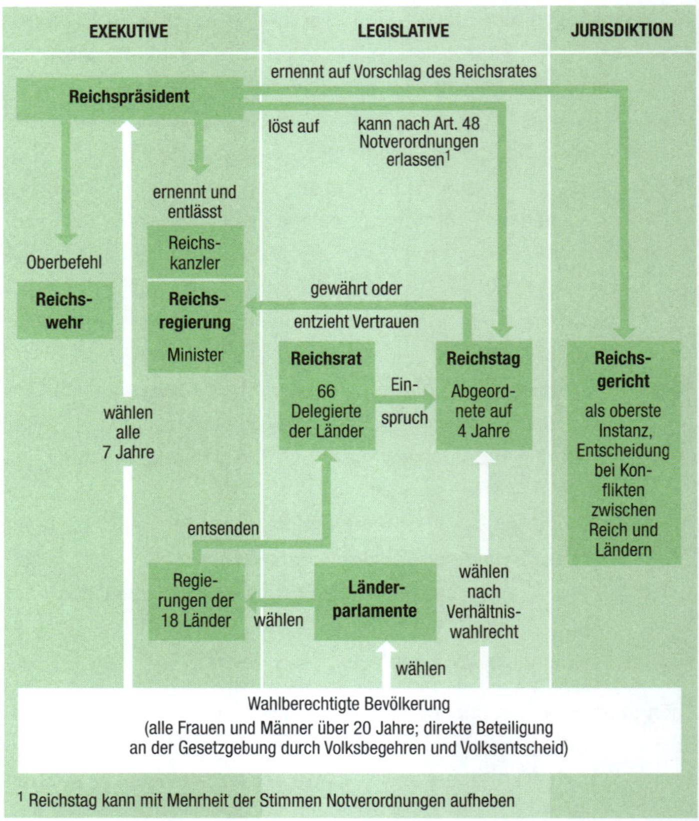


*Die Verfassung der Weimarer Republik*

Am 6.2.1919 trat in Weimar die verfassunggebende Versammlung zusammen. Sie wollte sich dem Druck der Massen in Berlin entziehen und mit der Wahl Weimars ein Signal für das Anknüpfen an das klassische Humanitätsideal setzen. Die Verfassungsberatungen endeten am 3.7.1919; am 31.7. wurde die Verfassung angenommen.
Die Weimarer Verfassung stellte eine Mischung von parlamentarischen, präsidialen und plebiszitären Elementen dar. Der Reichstag wurde in allgemeiner, gleicher, unmittelbarer und geheimer Wahl gewählt. Das Wahlalter wurde von 25 auf 20 Jahre herabgesetzt. Auch Frauen besaßen erstmals in der deutschen Geschichte das passive und aktive Wahlrecht.

## Parlamentarische Elemente

Der Reichstag sprach der Regierung sein Vertrauen aus, konnte aber auch Reichskanzler und Ministern das Misstrauen aussprechen und wirkte bei der Gesetzgebung mit.

## Präsidiale Elemente

Der Reichspräsident wurde direkt vom Volk auf sieben Jahre gewählt. Mit Art. 48 konnte er gegen ein Land, das sich gegen Gesetze oder die Verfassung stellte, mit Gewalt vorgehen und Grundrechte außer Kraft setzen. Außerdem stand dem Reichspräsidenten das Recht zu, den Reichstag aufzulösen (Art. 25). Da es ihm auch erlaubt war, Kanzler und Minister zu entlassen, und er darüber hinaus den Oberbefehl über das Heer innehatte, konnte die Stellung des Reichspräsidenten übermächtig und die durch die Verfassung intendierte gegenseitige Kontrolle der verschiedenen Verfassungsprinzipien zunichte gemacht werden (***Notverordnungen***).

## Plebiszitäre Elemente

In der Verfassung waren Volksbegehren und Volksentscheid (Art. 73, Abs. 3) verankert; die Wahlberechtigten verfügten damit über das Gesetzesinitiativrecht. Auch der Reichspräsident konnte ein Gesetz, mit dem er oder der Reichsrat nicht einverstanden waren, einem Volksentscheid stellen. Die plebiszitären Elemente und die mächtige Position des Reichspräsidenten zeigen das Misstrauen gegen Parlament, Parteien und Demokratie.

## 9.4 Krisen der Republik 1920–23: Putschversuche und Separatismus

Von 1919 bis 1923 kämpfte die Republik um ihr Überleben. Sie hatte Angriffe von rechts und links zu ertragen, wurde von Teilen der Bevölkerung nicht akzeptiert, musste die Inflation bekämpfen und verfügte über geringe finanzielle Mittel, sodass sie viele ihrer sozialen und wirtschaftlichen Pläne nicht umsetzen konnte. Politische Morde - Ermordung von ***Matthias Erzberger*** (Zentrum) und von Außenminister ***Walther Rathenau*** - überschatteten gleichfalls die Anfangsjahre der Republik.
Bei der Bestrafung der Schuldigen ging der Staat gegen die Linke wesentlich schärfer vor als gegen die Verbrechen der Rechten. Trotzdem überstand die Weimarer Republik die ersten Krisenjahre, ein Zeichen, dass die demokratischen und stabilisierenden Kräfte mit Entschlossenheit den neuen Staat verteidigten und den Fortbestand sichern wollten.

### Kapp-Putsch (1920)

Die Reduzierung der Reichswehr auf 100 000 Mann, wie im Versailler Vertrag festgelegt, führte zwangsläufig zu Massenentlassungen von Berufssoldaten und Offizieren, zu Arbeitslosigkeit und Prestigeverlust des Militärs. Die hohen Offiziere lehnten von Beginn an die Republik ab. Der militante deutsch-nationale Politiker Wolfgang Kapp plante gemeinsam mit General Lüttwitz und den Freikorpsleuten der ***Brigade Ehrhardt*** den Umsturz der Regierung. Als Ende Februar 1920 die Regierung die schwer bewaffnete Marinebrigade unter dem Kommando des Korvettenkapitäns Ehrhardt auflösen wollte, rückte am 13.3.1920 das Freikorps in Berlin ein und vertrieb die Regierung. Kapp ernannte sich zum Reichskanzler, Lüttwitz wurde Oberbefehlshaber der Truppen.
Die Reichswehr verweigerte der Regierung den Gehorsam. Dennoch scheiterten die Putschisten binnen weniger Tage, weil Arbeiter, Beamte und Angestellte ihren Anweisungen nicht Folge leisteten und die Gewerkschaften den Generalstreik ausriefen. Kapp floh nach Schweden.

### Hitler-Putsch (1923)

In München herrschte eine politisch brisante Mischung aus Separatismus, Nationalismus und Antisemitismus. Als im Herbst der passive Widerstand an der Ruhr (***Ruhrkampf***) eingestellt wurde, ernannte die bay-

erische Regierung Gustav Ritter von Kahr zum Generalstaatskommissar und verhängte den Ausnahmezustand. Das Reich wiederum reagierte, indem es ebenfalls den Ausnahmezustand verkündete. Damit lag die vollziehende Gewalt faktisch bei General Hans von Seeckt, der der Heeresleitung vorstand. General Lossow, beauftragt, den „Völkischen Beobachter", die Zeitung der NSDAP, zu verbieten, weigerte sich und wurde nach seiner Entlassung von der bayerischen Regierung zusammen mit seinen Soldaten auf die bayerische Verfassung vereidigt. Dies war ein Verfassungsbruch. Lossow plante mit Kahr, dem bayerischen Polizeichef Hans von Seisser und Hitler den ***Marsch auf Berlin***. Seeckt versuchte Kahr zum Einlenken zu bewegen. Hitler aber wollte nicht warten; nach dem Vorbild von Mussolinis Marsch auf Rom (1922) beabsichtigte er, die Reichsregierung in Berlin zu stürzen. Am 9.11. wurde der nationalsozialistische Putschversuch vor der Feldherrenhalle von der Polizei gewaltsam gestoppt.
Der anschließende Prozess brachte Hitler eine neunmonatige Haftstrafe, aber auch große Popularität ein.

### Separatistische und revolutionäre Bewegungen

1920 kam es zu kommunistisch geprägten Aufständen in Sachsen und Thüringen, auch im Ruhrgebiet formierte sich eine Armee von 50 000 Mann. Ihre Niederschlagung dauerte bis zum Mai 1920. Verstärkt durch die schlechte wirtschaftliche Situation, die der ***Ruhrkampf*** mit sich brachte, gewannen die separatistischen Bewegungen mit Unterstützung französischer Besatzungstruppen im Rheinland 1923 wieder an Bedeutung. Im Oktober 1923 riefen bewaffnete Separatisten ohne Erfolg die Rheinische Republik und die Autonome Pfalz aus. In Sachsen und Thüringen war 1923 die KPD an den Regierungen beteiligt.

## 9.5 Inflation, Ruhrkampf und Neuordnung der Währung

Eine der größten Herausforderungen für die neue Republik war die galoppierende ***Inflation*** seit 1921. Sie wurde u. a. durch die Geldmengenvermehrung während des Weltkriegs verursacht, die nicht durch einen entsprechenden Anstieg der volkswirtschaftlichen Leistung abgedeckt war. Auch die Aufhebung der Zwangsbewirtschaftung nach dem Ersten Weltkrieg förderte die inflationären Tendenzen. Die neue Regierung

hatte hohe Staatsschulden übernommen und musste zudem die Reparationen zahlen und Demontagen hinnehmen.
Als Deutschland im Dezember 1922 mit seinen Holz- und Kohlelieferungen geringfügig in Rückstand geriet, marschierten französische und belgische Truppen ins Ruhrgebiet ein, um die Lieferverpflichtungen Deutschlands sicherzustellen. Die Bevölkerung reagierte mit Empörung, die Regierung rief zum passiven Widerstand auf, die Reparationsleistungen wurden eingestellt. Die Regierung konnte den Ruhrkampf wirtschaftlich nicht durchhalten. Da sie die Finanznöte mit der Notendruckpresse auszugleichen versuchte, verfiel die Währung völlig, sodass der Tauschhandel die Geldwirtschaft zum Teil ablöste. Ende November wurde eine ***Währungsreform*** durchgeführt, die durch Industrie- und Grundstückswerte abgesichert wurde. Die Mittelschicht verlor ihre Ersparnisse, da die früheren Rücklagen entwertet waren. Der Erfolg der Währungsreform stand jedoch außer Zweifel: Die neue Währung wurde akzeptiert.

## 9.6 Stabilisierung von Wirtschaft und Staat

In den folgenden Jahren kam es, bedingt auch durch die Stabilisierung der Währung, zu einer innen- und außenpolitischen Konsolidierung. Die deutsche Industrie errang bald wieder eine Spitzenposition. Verantwortlich dafür waren Kredite, die aus Amerika nach Deutschland flossen.
Die Außenpolitik von 1922 bis 1929 war durch ***Gustav Stresemann*** geprägt. Ziel der deutschen Außenpolitik war eine Revision des ***Versailler Vertrages*** hinsichtlich der Reparationsforderungen, der Räumung der besetzten Gebiete und der Gebietsverluste im Osten. Dies war aber nur durchführbar, wenn die Forderungen der ausländischen Staaten erfüllt wurden. Zunächst stand die außenpolitische Isolation einer erfolgreichen Außenpolitik im Wege. Lediglich die ebenfalls isolierte, kommunistische Sowjetunion bot sich als Bündnispartner an.

**1922**

**16.4.** ***Vertrag von Rapallo*** (Vorort von Genua). Deutschland und die Sowjetunion verzichteten auf gegenseitige Wiedergutmachungen und Reparationsleistungen. Sie beschlossen den Ausbau der wirtschaftlichen Zusammenarbeit und die Aufnahme diplomatischer Beziehungen.

**1922**

**April** Mit dem ***Dawesplan*** wird erstmals die Summe der Reparationszahlungen fixiert (↗ S. 105).

**1925**

In Locarno durchbrach Deutschland seine Isolierung. Deutschland, England und Belgien erklärten sich bereit, die Westgrenzen Deutschlands endgültig anzuerkennen und auf Kriege zu verzichten. Italien und England traten als Garantiemächte auf. Gleichzeitig wurde Deutschlands Aufnahme in den ***Völkerbund*** beschlossen, die am 8.9.1926 erfolgte. Am Zustandekommen der ***Locarno-Verträge*** waren maßgeblich der französische Außenminister ***Aristide Briand*** und sein deutscher Kollege Stresemann beteiligt.

**1928**

**27.8.** Mit dem Beitritt zum ***Briand-Kellogg-Pakt*** (benannt nach dem französischen und amerikanischen Außenminister), der eine Ächtung des Krieges beinhaltete, zeigte sich die von Deutschland errungene Anerkennung.

Mit der Annahme des ***Youngplans***, des ***Hoover-Moratoriums*** und dem Beschluss der Konferenz von Lausanne wurden die Reparationsleistungen schrittweise reduziert (↗ S. 105).

Weder der ***Dawesplan*** noch der ***Locarno-Pakt*** oder Youngplan wurden in ihrer insgesamt vorteilhaften Bedeutung für die deutsche Politik von der deutschen Öffentlichkeit richtig bewertet. Das Bild von einem unterdrückten, ungerecht behandelten Deutschland hatte sich festgesetzt. Dass der deutsche Staat nur auf dem Wege der Erfüllung der Verträge seine Handlungsfähigkeit und politische Glaubwürdigkeit zurückgewinnen konnte, wurde von vielen nicht verstanden oder akzeptiert. Die politische Agitation verfügte über ein gern gehörtes Argument.

## 9.7 Niedergang der Republik

Dass es sich im Zeitraum von 1923 bis 1929 nur um eine Scheinblüte gehandelt hatte, zeigte sich im raschen Verfall der Republik, als die Weltwirtschaftskrise einsetzte. Aber auch der Tod zentraler Persönlichkeiten, die bisher die Geschichte der Republik stark beeinflusst hatten, bedeutete einen großen Verlust für das demokratische System. 1925 starb ***Friedrich Ebert***, 1929 ***Gustav Stresemann***. Nach dem Tod von

Stresemann war die nach dem Wahlsieg mühsam errichtete Große Koalition zwischen SPD, Zentrum, DDP, DVP und BVP auseinandergebrochen.

## Die Weltwirtschaftskrise

Die positive wirtschaftliche Lage änderte sich 1929 abrupt. Am 25.10.1929 (Schwarzer Freitag) fielen in New York dramatisch die Börsenkurse. Bis dahin hatte ein Spekulationsfieber geherrscht, das die Aktienkurse weit überbewertete. Die Sparer und Anleger forderten von den Banken das Geld zurück, sodass diese in Liquiditätsschwierigkeiten kamen. Die amerikanischen Banken zogen daraufhin Kredite aus Europa zurück und gingen zu einer Schutzzollpolitik über.
Für die deutsche Wirtschaft bedeutete dies das Ende des Aufschwungs, da nun Investitionskapital und Absatzmärkte wegfielen. Die Zahl der Arbeitslosen stieg dramatisch an (1931: 1,9 Mio., 1932: 6,12 Mio.).

## Aufschwung der extremistischen Parteien

Radikale Parteien und Kräfte waren die Nutznießer der Staats- und Wirtschaftskrise von 1929. Die ***NSDAP***, die nach der Festungshaft Hitlers zerfallen war, erlebte nach der Septemberwahl 1930 einen Aufschwung (von 800 000 Stimmen im Jahr 1928 auf 6,4 Mio. 1930). Auch die Kommunisten gewannen Wähler dazu. Verlierer waren SPD und DNVP. Grund für den Zulauf war die Enttäuschung über die parlamentarischen Kräfte, denen man eine Bewältigung der Wirtschaftskrise nicht zutraute. Die NSDAP gewann ihre Wähler aus fast allen sozialen Schichten, wobei der Zustrom junger Wähler besonders auffällig war.

## Die Präsidialregierungen – Zerstörung des Parlamentarismus

Nach dem Bruch der Großen Koalition (1930) bildete sich eine neue Regierungsform heraus: die sogenannten Präsidialregierungen. Auf Betreiben von ***General Schleicher***, Reichswehrminister, ernannte Reichspräsident ***Hindenburg*** den Zentrumspolitiker ***Heinrich Brüning*** zum Reichskanzler. Brüning regierte mit ***Notverordnungen*** (Art. 48), der Reichstag ließ sich auf eine Tolerierungspolitik ein. Brüning betrieb eine strikte Deflationspolitik und beschränkte die Staatsausgaben. Dieser unpopuläre Kurs scheiterte, der Reichspräsident entließ Brüning.

Der Zentrumspolitiker ***Franz von Papen*** wurde der nächste Reichskanzler und bildete am 1.6.1932 das „Kabinett der Barone". Entgegen der Verfassung ließ Papen die Regierung in Preußen absetzen und sich selbst zum Reichskommissar in Preußen ernennen. Der Zerfall demokratischer Werte wurde mit dem Staatsstreich deutlich.
Im Wahlkampf der Neuwahlen (Juli 1932) trat die NSDAP nach der Aufhebung des Verbots ihrer Kampfverbände noch rücksichtsloser auf. Insgesamt war der Wahlkampf durch Gewalt und Terror geprägt. Die NSDAP wurde stärkste Fraktion im Reichstag. Hitler forderte das Amt des Reichskanzlers, konnte sich aber bei Hindenburg nicht durchsetzen. In der zweiten Wahl des Jahres im November verlor die NSDAP Stimmen. Hindenburg entließ Franz von Papen und ernannte am 3.12.1932 ***Schleicher*** zum Reichskanzler. Dieser versuchte mit einem sozialen Programm die wirtschaftliche Not zu lindern. Inzwischen intrigierte Papen bei Hindenburg und versuchte ihn davon zu überzeugen, Hitler zum Reichskanzler zu ernennen. Papen wollte das Amt des Vizekanzlers. Acht konservative Politiker und drei nationalsozialistische Minister sollten Hitler politisch kontrollieren. Schleicher bat am 28.1. Hindenburg darum, den Reichstag auflösen zu lassen (Art. 25). Als dieser ablehnte, trat Schleicher zurück. Hindenburg ernannte ***Hitler*** am 30.1.1933 zum Reichskanzler.

## 9.8 Das Scheitern der Weimarer Republik

Für das Scheitern der Weimarer Republik spielen mehrere Gründe eine Rolle:
1. Die ökonomische Deutung sieht in der Wirtschaftskrise (einschließlich Landwirtschaftskrise) und der Massenarbeitslosigkeit die Ausgangsbasis für Hitlers Erfolg. Ihr ist entgegenzuhalten, dass es in England und den USA zur gleichen Zeit eine nicht weniger schlimme Arbeitslosigkeit gab als in Deutschland, ohne dass dort eine starke faschistische Bewegung gegen die „versagenden" demokratisch-parlamentarischen Institutionen aufkam.
2. Die verheerende Erfahrung mit der Inflation von 1923 und die Angst vor einer Wiederholung dieser Katastrophe.
3. Die Schwäche der Verfassung mit dem Dualismus von parlamentarischer Reichsregierung und plebiszitär gewählten starken Reichspräsidenten sowie die Verantwortungsscheu der demokratischen Parteien.

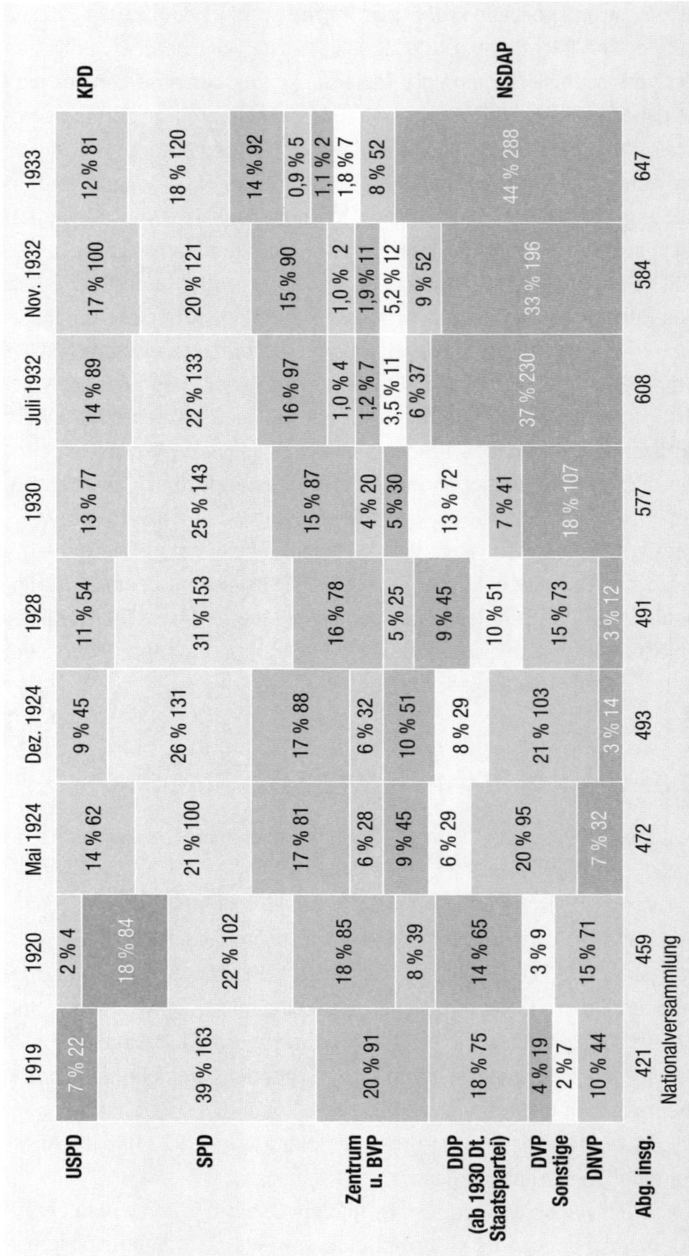


*Ergebnisse der Reichstagswahlen 1919–33*

4. Die wirtschaftlichen sowie innen- und außenpolitischen Belastungen infolge des Versailler Vertrages.
5. Die autoritäre Tradition des deutschen Staatsdenkens und der Antiliberalismus (von links und von rechts) sowie der rassistische Antisemitismus. Ferner die antikapitalistische Argumentation von links und rechts sowie die antiwestliche Haltung.
6. Die Nicht-Akzeptanz der Republik, so wie sie aus der Revolution von 1918/19 hervorgegangen war (von rechts und von links).
7. Die Spaltung des linken Flügels der Parteienlandschaft; die Feindschaft der von Moskau gesteuerten KPD gegenüber der SPD.
8. Die Bürgerkriegsstimmung zwischen Links- und Rechtsradikalen.
9. Die neue Rolle der Propaganda in der Massendemokratie, die angesichts der sozialen Entwurzelung großen Ausmaßes nach dem 1. Weltkrieg und während der Weltwirtschaftskrise große Wirkung entfalten konnte; die Faszination, die von Hitler als Demagoge, als „Trommler" ausging.
10. Die Rolle der intrigierenden und entscheidenden Personen in der Krise von 1930 bis 1933.

# 10 Der Nationalsozialismus (1933–45)

## 10.1 Die nationalsozialistische Ideologie

Die nationalsozialistische Ideologie basierte auf Ideen des 19. Jh.s, entwickelte sich aber auch als Reaktion auf die liberalen und parlamentarischen Errungenschaften des 20. Jh.s weiter. Ebenso spielte die als nationale Schmach empfundene Niederlage im 1. Weltkrieg eine Rolle.

### Ideengeschichtliche Wurzeln

- ***Sozialdarwinismus***: Der Sozialdarwinismus war eine falsche Schlussfolgerung aus der Theorie von Charles Darwin über die Weiterentwicklung der Arten durch Anpassung. Die sozialdarwinistische Spekulation ging davon aus, dass sich die jeweils stärkere menschliche Rasse im Kampf durchsetzen würde. Moralische Kategorien spielten eine untergeordnete Rolle.
- ***Rassismus***: Graf Gobineau stellte 1853 die nicht haltbare These von der Hierarchie der verschiedenen menschlichen Rassen auf.
- ***Arierkult***: Houston Stewart Chamberlain versuchte die Arier, eine indoeuropäische Volksgruppe, zu einem höherwertigen Volk zu stilisieren. So erhielt der deutsche Nationalismus eine rassische Begründung.
- ***Antisemitismus***: Der Antijudaismus als Denk- und Verhaltensmuster war seit dem Mittelalter in Europa zu beobachten und durch ein Bündel von zum Teil sich gegenseitig bedingenden wirtschaftlichen, religiösen und psychologischen Gründen bestimmt. Im 19. Jh. wurde der traditionelle Antijudaismus durch das wirtschaftliche Konkurrenzdenken und durch die aufkommende Rassenlehre zum gefährlichen Antisemitismus, der in den Juden „Untermenschen“ und „Schädlinge“ sah.
- ***Nationalismus***: Der Nationalismus steigerte sich in Abgrenzung zum marxistischen Internationalismus und liberalen Nationenbegriff zum Chauvinismus, der nach der Vorherrschaft in Europa und der Welt strebte.

- ***Lebensraumideologie***: Die angebliche Knappheit des deutschen Lebensraums sollte durch Siedlungsgebiet im Osten kompensiert werden.

### Bestandteile der nationalsozialistischen Ideologie

Die Ideologie des Nationalsozialismus verband Antisemitismus, Rassismus, Nationalismus, Imperialismus, Weltmachtstreben, Führerprinzip mit Antimarxismus, Antiparlamentarismus und oberflächlichen Elementen des Sozialismus zu einer keinesfalls geschlossenen, aber aggressiven und wirkungsvollen Ideologie. Diese verknüpfte zwar die verschiedenen Elemente, machte aber keine genauen Aussagen über ihre Umsetzung und die Organisation der Ziele.

## 10.2 Die Entwicklung der NS-Bewegung

### Der Aufstieg Hitlers

Die Entwicklung der nationalsozialistischen Bewegung ist mit dem Aufstieg ***Hitlers*** und seinem zunehmenden politischen Einfluss verbunden. Adolf Hitler kam nach einem Lazarettaufenthalt im November 1918 nach München und stieß in seiner Tätigkeit als Propagandabeauftragter des Heeres 1919 zur Deutschen Arbeiterpartei (DAP), die in Nationalsozialistische Deutsche Arbeiterpartei (***NSDAP***) umbenannt wurde. 1921 übernahm er den Vorsitz der Partei. Seine rhetorischen Fähigkeiten, sein nationaler Radikalismus, der ehemalige Soldaten ebenso ansprach wie große Teile einer durch die Niederlage im Weltkrieg enttäuschten Bevölkerung, machten ihn im süddeutschen Raum rasch bekannt. Hinzu kam, dass Hitler Massenveranstaltungen mithilfe der von ihm 1921 gegründeten Sturmabteilung (***SA***) spektakulär und publikumswirksam inszenieren ließ. Der gescheiterte Putschversuch in München und der folgende Prozess machten Hitler in ganz Deutschland bekannt, wenn auch die NSDAP in den nächsten Jahren zerfiel.

### Wiedererstarken der NSDAP und der Weg zur Macht

Mit den Auswirkungen der Weltwirtschaftskrise von 1929 erstarkten die nationalsozialistische und die kommunistische Bewegung. Die NSDAP erzielte im September 1930 einen sensationellen Wahlerfolg, der ihr den Durchbruch zu einer Massenpartei sicherte. In der sogenannten ***Harzburger Front*** gelang es der NSDAP, mit der DNVP und dem ***Stahlhelm*** (Bund der Frontsoldaten, später in die SA eingegliedert) ein Bündnis gegen die Weimarer Republik zu schließen. Zwar unterlag Hitler 1932 bei der Wahl zum Reichspräsidenten dem amtierenden ***Hindenburg***, doch gelang der NSDAP bei der Reichstagwahl im Juli 1932 die Verdoppelung ihrer Mandate und der Aufstieg zur stärksten Fraktion im Reichstag. Eine Regierungsbeteiligung, die Hitler angeboten wurde, lehnte er aber ab. Im November verlor die NSDAP bei erneuten Reichstagswahlen 2 Mio. Stimmen. Dies stürzte die Partei in eine schwere Krise. Die glücklose Politik des neuen Reichskanzlers ***Schleicher*** brachte schließlich Hitler auf Betreiben des Konservativen ***von Papen*** die Ernennung zum Reichskanzler. Papens Versprechen, Hitler als Vizekanzler kontrollieren zu können, erwies sich jedoch in der Folge als verhängnisvolle politische Fehleinschätzung.

## Anhängerschaft

Der Nationalsozialismus konnte vor 1929 auf keine homogene Wählerschicht zurückgreifen, fand aber mit der Weltwirtschaftskrise verstärkt Anhänger im alten und neuen Mittelstand, vorrangig im Kleinbürgertum, bei den Angestellten, den Händlern, Kaufleuten und Handwerkern. Nach 1930 stießen zudem Teile der Arbeiter- und Bauernschaft, aber auch Industrielle und Aristokraten zu den Nationalsozialisten. Ab 1933 konnte die NSDAP verstärkt Frauen als Wählerinnen gewinnen. Zudem rekrutierte sich aus der Jugend, unabhängig von sozialer Herkunft und gesellschaftlicher Stellung, eine wichtige Anhängerschaft Hitlers. Die Wirtschaftskrise ab 1929, die über 5 Mio. Arbeitslose zur Folge hatte, trieb Hitler die Wähler zu. Hinter der Unterstützung Hitlers verbarg sich tiefes Misstrauen weiter Teile der Bevölkerung gegenüber Demokratie und Parlamentarismus sowie die Suche nach einem starken Mann.

## Programm und Konzeption

Schon 1920 hatte die NSDAP ein Programm vorgelegt, das neben nationalen und imperialistischen Zielen auch antisemitische Maximen enthielt, aber auch sozialistische Forderungen aufgriff.

- „Brechung der Zinsknechtschaft" (gemeint waren damit nicht näher genannte Großbanken, denen die Ausnutzung ihrer wirtschaftlichen Position unterstellt wurde)
- „Land und Boden" (gemeint waren Kolonien)

- „Einziehung aller Kriegsgewinne“ (gemeint war ein ebenfalls nicht definierter Kreis von Kriegsspekulanten)
- „Kommunalisierung der Großwarenhäuser“ (gemeint waren die Warenhäuser, die sich vorrangig in jüdischem Besitz befanden)
- „Bodenreform“ (gemeint war die Enteignung von Großgrundbesitzern, denen ein Missbrauch ihres Besitzes unterstellt wurde)

Allerdings hatte der sozialistische Teil des Programms nie große Bedeutung gewonnen. Aufgrund der Allgemeinheit seiner Aussagen und seiner Unverbindlichkeit hinsichtlich der Umsetzung wurde das Programm nie geändert. Der Programmpunkt zur nationalen Revolution wurde im Juli 1933 für erreicht und verwirklicht erklärt.

## 10.3 Stationen der Machterringung

In den folgenden zwei Jahren sicherte Hitler sich und seiner Partei stufenweise die totale Macht im Staat. Dazu wurden u. a. folgende Gesetze und Verordnungen erlassen:

1. *Notverordnung zum Schutz von Volk und Staat* (28.2.1933; sogenannte Reichstagsbrand-Verordnung): Beschränkungen der persönlichen Freiheit, des Rechts auf Meinungsäußerung einschließlich der Pressefreiheit, des Vereins- und Versammlungsrechts
2. *Gesetz zur Behebung der Not von Volk und Staat* (Ermächtigungsgesetz vom 24.3.1933): Ausschaltung des Reichstags (Parlaments) und Reichsrates (Vertretung der Länder) von der Mitwirkung an der Gesetzgebung. Gesetze können durch die Reichsregierung beschlossen werden und von der Verfassung abweichen. Mit diesem Gesetz, das in Abwesenheit der schon verfolgten KPD-Abgeordneten und unter militanten Drohgebärden des nationalsozialistischen Machtapparates verabschiedet wurde, erlangte Hitler diktatorische Kompetenzen. Darin sahen zum Teil aber auch Anhänger der Demokratie den einzigen Weg aus der wirtschaftlichen und gesellschaftlichen Krise.
3. *Zerschlagung der Gewerkschaften* (2.5.1933)
4. *Verbot der Sozialdemokratischen Partei* (22.6.1933): Diesem Gesetz war schon die Verfolgung der KPD vorausgegangen. Nur im Untergrund konnten Rudimente der Parteistruktur erhalten bleiben.
5. *Gesetz gegen die Neubildung von Parteien* (14.7.1933): Etablierung der NSDAP als einziger Partei; Verbot bestehender Parteien bzw. Verbot von Parteineugründungen. Damit war das Mehrparteiensystem,

eine wesentliche Grundlage jeglicher demokratischer Ordnung, endgültig beseitigt. Die bürgerlichen Parteien kamen der nationalsozialistischen Politik zuvor, indem sie sich selbst auflösten.

6. *Gesetz zur Sicherung der Einheit von Partei und Staat* (1.12.1933): Etablierung der NSDAP als Staatspartei mit Rechtsanspruch. Dieses Gesetz schloss den Prozess zur Bildung des Einparteienstaates ab.

7. *Gesetz über den Neuaufbau des Reiches* (30.1.1934): Entmachtung der Länderparlamente; Gleichschaltung der Länder

8. *Gesetz über die Aufhebung des Reichsrates* (30.1.1934): Die beiden Gesetze beseitigten die föderalistische Struktur des Staates und schalteten die Länder gleich. Die vertikale Gewaltenteilung war damit aufgehoben. Schon am 7.4.1933 wurden die Reichskommissare zu Reichsstatthaltern ernannt, die die Länderregierungen ernennen und entlassen konnten.

9. Die Morde an Röhm und anderen SA-Führern sowie an oppositionellen Gegnern wurden als „Staatsnotwehr" für rechtens erklärt (3.7.1934). Damit ordnete sich die Judikative dem Willen der NSDAP unter.

10. *Gesetz über das Staatsoberhaupt des Deutschen Reiches* (1.8.1934): Nach dem Tod ***Hindenburgs*** (2.8.1931) ließ Hitler die Kompetenzen des Reichspräsidenten auf den Kanzler übertragen und nannte sich fortan „Führer und Reichskanzler".

11. Am 2.8.1934 vereidigte Hitler die Wehrmacht auf sich. Die Soldaten schworen unbedingten Gehorsam auf den „Führer und Reichskanzler Adolf Hitler". Eineinhalb Jahre nach seiner Ernennung zum Reichskanzler hatte Hitler die maßgeblichen legislativen, exekutiven und judikativen Kompetenzen auf sich vereinigt.

## 10.4 Machtinstrumente des NS-Staates

Die wesentlichen Machtinstrumente des NS-Staates waren:

- die diktatorisch zentrierten staatlichen Institutionen, vor allem die Exekutivorgane (Polizei und Heer) und Justizorgane, z. B. ***Volksgerichtshof***,
- Mittel des Terrors wie ***SS*** (Schutzstaffel), ***SA*** (Sturmabteilung), ***Gestapo*** (geheime Staatspolizei), Konzentrationslager,
- die Verfügung über den Propagandaapparat: der Einsatz moderner Massenmedien, Kontrolle über Rundfunk, Wochenschau; preisgünstige Rundfunkgeräte für die Bevölkerung (Volksempfänger).

## Der SS-Staat

Die SS war gegründet worden, um Hitler und andere hohe Funktionäre der NSDAP zu schützen. Die SS betrachtete sich als Elite des NS-Staates. Ihr Sicherheitsdienst (SD) sammelte geheime Nachrichten über politische Gegner und oppositionelle NSDAP-Mitglieder. Nach dem sogenannten Röhmputsch baute sie ihren Überwachungs- und Terrorapparat systematisch aus – und übertraf somit alle anderen staatlichen und militärischen Institutionen an Macht (SS-Staat). SS-Angehörige saßen an allen wichtigen Stellen des Reiches. Die SS war in fünf Abteilungen gegliedert:

1. Allgemeine SS: Mitglieder mit zivilen Berufen
2. Verfügungstruppe: kasernierte Truppen, die für den Kriegsfall ausgebildet wurden
3. Totenkopfverbände: Wachmannschaften der Konzentrationslager
4. Sicherheitsdienst: Nachrichtendienste von Partei und Staat
5. Rasse- und Siedlungshauptamt: Durchführung von nationalsozialistischen Züchtungs- und Siedlungsprojekten

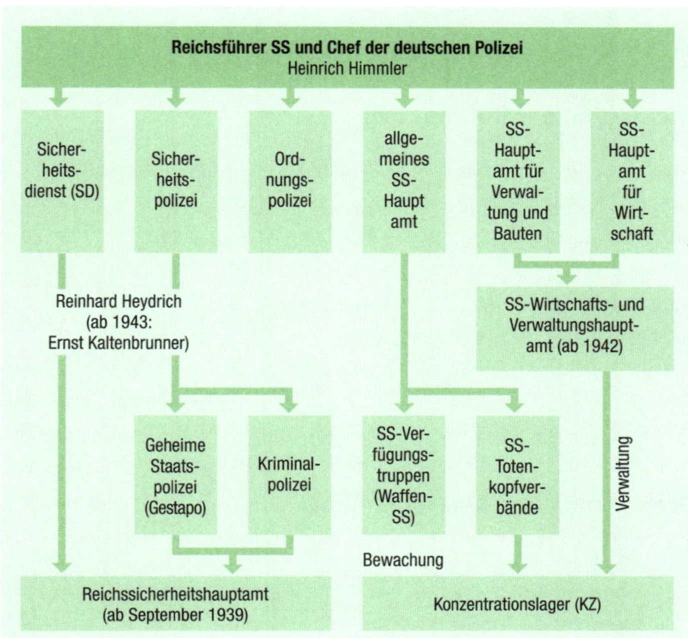


*Die Organisation der SS*

Die SS zeichnete sich durch sektiererische Hingabe an die NS-Ideologie und fanatischen Eifer aus, der vor allem bei der Durchsetzung der nationalsozialistischen Rassenpolitik und der Verfolgung von Gegnern deutlich wurde. Die SS war wesentlicher Bestandteil der nationalsozialistischen Terrorherrschaft.

## Konzentrationslager

Die Konzentrationslager stellten eines der wesentlichen Mittel des NS-Staates dar, um Gegner auszuschalten und zu vernichten. Auf der Grundlage der „Schutzhaft", die nach der Reichstags-Brandverordnung ohne richterliche Anordnung verhängt werden konnte, wurden mutmaßliche Gegner inhaftiert (↗ S. 119 f.). Das erste Konzentrationslager entstand 1933 in Dachau. Die Häftlinge wurden nach verschiedenen Kategorien unterteilt: Neben „Asozialen" und „Arbeitsscheuen" inhaftierte man Homosexuelle, Bibelforscher (Zeugen Jehovas), herkömmliche Straftäter und politische Gegner. Die Inhaftierten wurden mit Zwangsarbeit, Drill, schlechter Ernährung, aber auch Schikanen des Personals unterdrückt. Durch die unmenschliche Behandlung, willkürliche Ermordungen und Exekutionen errichteten die Nationalsozialisten ein beispielloses Terrorsystem.

## Die SA und der Röhmputsch

Die ***SA*** stellte mit ihren 3 Mio. Mitgliedern für Hitler eine Gefährdung dar, weil sie sich gemäß den sozialistischen Vorstellungen des Parteiprogramms mit den gesellschaftlichen Umwälzungen bis zum Jahr 1934 nicht zufrieden zeigte. Die Wehrmacht befürchtete ihre Entmachtung durch die SA. Am 30.7.1934 ließ Hitler ***Ernst Röhm*** und andere SA-Leute unter dem Vorwand, die SA habe einen Putsch geplant, hinrichten; weitere Gegner wie der ehemalige Reichskanzler ***Kurt von Schleicher*** wurden hingerichtet, die SA entmachtet. Entsprechend loyal zeigte sich die Wehrmacht gegenüber Hitler.

## Propaganda und Massenlenkung

Mit spektakulären, unter dem Einsatz moderner Kommunikationstechnik (Rundfunk, Wochenschau) bis ins Kleinste organisierten und dramatisch inszenierten Großveranstaltungen erreichte die NSDAP die Bevölkerung. Der Nationalsozialismus trat auch mit dem Anspruch an, das

deutsche Volk im Sinne der nationalsozialistischen Ideen umzuerziehen. So zog das Reich die legislativen Kompetenzen von den Ländern ab und zentralisierte das Erziehungssystem. Rassenkunde und Vererbungslehre wurden nun unterrichtet, Lehrpläne und Lehrerschaft auf die nationalsozialistische Ideologie ausgerichtet. Diese Ausrichtung galt auch für die Hochschulen.
Kunst, Literatur und Massenmedien dienten der Propagierung der nationalsozialistischen Ideologie. Im März 1933 wurde das „Reichsministerium für Volksaufklärung und Propaganda" unter ***Josef Goebbels*** geschaffen. Das Ministerium schaltete das Kulturleben und die Medien gleich. Durch eine tägliche Reichspressekonferenz, Repressalien gegenüber Unbotsamen und die Gleichschaltung der Medien erzwang Goebbels eine gemeinsame Sprachregelung und Angleichung von Themen. Das Schriftleitergesetz machte die Chefredakteure für den Inhalt ihrer Zeitungen haftbar. Die ***Reichskulturkammer*** schloss alle Bereiche künstlerischen Schaffens zusammen: Film, Literatur, Musik, Presse, Rundfunk.

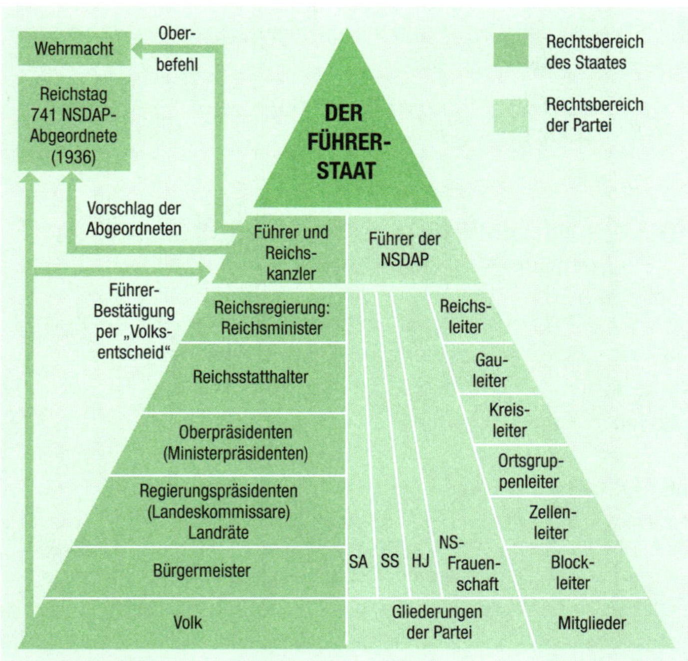


*Das nationalsozialistische Herrschaftssystem*

## 10.5 Die Gleichschaltung von Staat und Gesellschaft

Mit der Beseitigung der Gewaltenteilung und der Besetzung der staatlichen Machtpositionen schaltete Hitler staatliche Institutionen und Gesellschaft gleich. Die bislang demokratischen staatlichen Institutionen wurden in die Hierarchie des NS-Staates und ihre zentralistische Diktatur eingebunden. Mit dem „Gesetz zur Sicherung von Partei und Staat" (1.12.1933) wurde die ***NSDAP*** zur einzigen und herrschenden Partei. Alle leitenden Funktionen des Staates waren von Mitgliedern der Partei besetzt. In den Ländern wurden Reichskommissare eingesetzt. Die Reichsstatthalter ernannten und entließen die Länderregierungen; damit waren die Länder faktisch beseitigt. Auf allen Ebenen existierten Staats- und Parteiorganisation parallel nebeneinander.
Mit der Einbindung aller gesellschaftlichen Gruppen in die NSDAP, die die weibliche und männliche Bevölkerung ab dem zehnten Lebensjahr erfasste und berufsständisch gliederte, war die gesellschaftliche Gleichschaltung abgeschlossen.
Mit dem „Gesetz zur Wiederherstellung des Berufsbeamtentums" (7.4.1933) wurden jüdische, aber auch politisch anders gesinnte Beamte aus dem Staatsdienst entfernt. Der Auflösung der Gewerkschaften (abgeschlossen am 15.5.1933) stand die Gründung der Deutschen Arbeitsfront (***DAF***) gegenüber.

## 10.6 NS-Wirtschaftspolitik: Arbeitsbeschaffung und Kriegsvorbereitung

Die Ziele der NS-Wirtschaftspolitik bestanden vorrangig in Aufrüstung der Wehrmacht, Vollbeschäftigung und Autarkie der Wirtschaft. Als Mittel dienten Wirtschaftslenkung, Marktkontrollen und die Errichtung von Betriebsgemeinschaften.

### Wirtschaftslenkung

Hitler konnte sich seit 1932 auf wichtige Vertreter der Großindustrie stützen, weil sich diese seiner Machtübernahme nicht mehr entgegenstellten. Die Lenkung der Wirtschaft diente der Aufrüstung und dem angestrebten Autarkieziel. Allerdings ließ Hitler der Industrie große Freiräume und kam dieser in vielem entgegen, wurde der wirtschaftli-

che Aufschwung ab 1933 doch auf der Grundlage von Niedriglöhnen erzielt. Riesige staatliche Rüstungsaufträge, aufwendige Bauvorhaben wie die nationalsozialistischen Großbauten und das Reichsparteitagsgelände in Nürnberg oder die Autobahnen stellten Konjunkturprogramme dar, die ihre Wirkung als Arbeitsbeschaffungsprojekte nicht verfehlten. Diese wurden mit dem Reichsarbeitsdienst (***RAD***), der ab 1935 eine Dienstpflicht für alle erhob, und der Erhöhung der Wehrpflicht auf zwei Jahre noch unterstützt.
Der Vierjahresplan von 1936 legte den Schwerpunkt der wirtschaftlichen Anstrengungen auf das Erreichen der Autarkie und sollte dem Staat zur Kriegsfähigkeit verhelfen.

## Der Mefo-Wechsel als Mittel der Kapitalbeschaffung

Die erforderlichen Summen waren auf dem Weg über Steuern und Anleihen nicht zu beschaffen. Reichsbankpräsident ***Hjalmar Schacht***, ein international anerkannter Wirtschaftsfachmann, schuf mit dem Mefo-Wechsel (Abkürzung für Metallforschungs-GmbH) eine Möglichkeit der Finanzierung. Die Wechsel stellten eine Form von Krediten dar, die von der Reichsbank garantiert wurden. Der Mefo-Wechsel wurde somit von den Banken anstelle von Bargeld akzeptiert, das Bargeld selbst konnte in voller Höhe in Umlauf gebracht werden; eine Finanzierung durch Erhöhung der Geldmenge und eine daraus resultierende Inflation wurde vermieden. Eine Rückzahlung, die nach fünf Jahren geplant war, fand nicht statt, da der Staat keine Rücklagen gebildet hatte. Der Geldmengenumlauf und die Staatsverschuldung stiegen maßlos an. Der Kriegsausbruch von 1939 verschob das Problem der Rückzahlung der Staatsschulden auf den versprochenen Endsieg.

## Wirtschaftspolitik als Propagandamittel

Die Wirtschaftspolitik war aus Sicht der Bevölkerung erfolgreich. Ab 1937 herrschte faktisch Vollbeschäftigung, das Niveau der Reallöhne von 1928 wurde 1937 erstmals leicht überschritten. Jedoch wurde der wirtschaftliche Aufschwung in der Folgezeit mit niedrigen Reallöhnen finanziert. Auch die Sozialpolitik des NS-Staates wurde als propagandistisches Instrument benutzt, um die wirtschaftlichen Erfolge des NS-Staates und Hitler als Beseitiger der wirtschaftlichen und gesellschaftlichen Not zu mythisieren. Eigentliches Ziel der NS-Sozialpolitik war jedoch, die Bevölkerung in Kriegsbereitschaft zu versetzen.

## 10.7 NS-Rassenpolitik

### „Zuchtprogramm“ und Euthanasie

Unhistorisch und pseudowissenschaftlich verherrlichte der Nationalsozialismus die nordeuropäischen Völker. Die „indoeuropäische Herrenrasse“ stand angeblich der „asiatischen Dienerrasse“ und der „jüdischen Schmarotzerrasse“ gegenüber.
Auf der Grundlage der Idealisierung des Kampfes und der Vorstellung von einer jüdischen Weltverschwörung propagierte die NS-Ideologie den Kampf des Antisemitisch-Bösen gegen das Nordisch-Gute, das als eschatologisch konstruierten geschichtlichen Auftrag im Kampf zu bestehen habe und diesen gewinnen müsse.
In der Aktion Lebensborn sollte die Züchtung des „rassereinen“ nordischen Menschen vorangetrieben werden. Gleichzeitig betrieb man die Zwangssterilisation von Erbkranken und die als Gnadentötung (***Euthanasie*** = Gnadentod) bezeichnete Ermordung von geistig und körperlich Kranken und Behinderten. Dies sollte der „Rassenreinheit“ dienen. Bis August 1941 wurden in besonderen Tötungsanstalten 60 000 bis 80 000 Menschen umgebracht.

### Antijüdischer Terror bis Kriegsbeginn

Die sogenannten ***Nürnberger Gesetze*** (15.9.1935) mit dem Reichsbürgergesetz und dem „Gesetz zum Schutz des deutschen Volkes und der deutschen Ehre“ bildeten einen gravierenden Einschnitt in die Rechtsstellung der Juden. Die jüdische Bevölkerung wurde juristisch aus der deutschen ausgegrenzt. Sie verlor die Rechte der deutschen Reichsbürger. Mischehen wurden verboten, bestehende Mischehen konnten aufgelöst werden. Auf den Nürnberger Gesetzen basierte die weitere Politik des Ausschlusses, der Entrechtung und Verfolgung. Den Gesetzen vorangegangen war der Aufruf zum Boykott jüdischer Geschäfte vom 1.4.1933, der den Juden die Existenzgrundlage entziehen sollte.
Am 9./10.11.1938 wurden in der ***Reichspogromnacht*** (die verharmlosend „Reichskristallnacht“ genannt wurde) 7 500 jüdische Geschäfte und 250 Synagogen zerstört. Damit suchten die Nationalsozialisten die Fundamente jüdischen Lebens in Deutschland zu vernichten.

**1938**

- Anwälten und Ärzten wird die Ausübung ihres Berufes untersagt.
- Zwang für alle Juden, den Beinamen Israel oder Sarah anzunehmen.

- Juden ist der Zutritt zu Theatern, Kinos, Konzerten, Vorträgen, Tanzvorführungen usw. nicht gestattet.
- Schulverbot für jüdische Kinder (an nicht jüdischen Schulen).

**1939**

- Juden ist es verboten, Gold, Platin, Silber, Edelsteine und Perlen zu erwerben oder zu verkaufen.
- Juden ist der Betrieb von Einzelhandelsgeschäften sowie die Führung eines selbstständigen Handwerks untersagt.
- Juden dürfen keine Betriebsführer sein.
- Juden kann die Wohnung fristlos gekündigt werden.
- Juden müssen um 20 Uhr zu Hause sein.

**1941**

- Jeder Jude muss auf der linken Brustseite einen gelben Stern (Davidsstern) mit schwarzer Aufschrift „Jude“ tragen.
- Juden dürfen keine Verkehrsmittel benutzen, keine Fernsprecher und Fahrkartenautomaten benutzen, keine Grünanlagen betreten, keine Gaststätten aufsuchen, sich nicht auf Bahnhöfen aufhalten, zu keinem „arischen“ Friseur gehen.

**ab 1942**

- Juden dürfen keine Zeitungen und Zeitschriften beziehen, keine Bücher kaufen.
- Juden dürfen keine Haustiere halten.
- Nach und nach waren abzuliefern: Rundfunkgeräte, Schallplatten, Schreibmaschinen, Kameras, elektrische und optische Geräte, Fahrräder, Pelz- und Wollsachen.
- Verbot des Besitzes von Autos und Motorrädern. Juden erhalten keine Fleisch- und Fischwaren, keine Weizenerzeugnisse, keine Vollmilch und keine Obstkonserven, keine Süßwaren und Rasierseifen.

## Verfolgung und Vernichtung der europäischen Juden

Mit dem Ausbruch des Krieges fielen die letzten durch internationale Beobachtung und internationales Recht gesetzten Hemmschwellen, die den Nationalsozialisten bisher bei der Umsetzung ihrer Vernichtungspolitik im Wege gestanden hatten. Zudem beherrschte das NS-Regime bis 1942 einen Großteil des europäischen Kontinents, sodass der Verwirklichung ihrer Vernichtungspolitik kaum geografische Grenzen entgegenstanden. Parallel zur Besetzung der eroberten Länder wurden diese nach Juden durchkämmt.

Der Errichtung von Ghettos in Polen (Lodz, Lublin und Warschau) folgten nie verwirklichte Deportationspläne, die Madagaskar und später Sibirien als neue „Siedlungsräume" in die Überlegungen einbezogen. In einer Rede am 30.1.1939 hatte Hitler vor dem Reichstag für den Fall eines Krieges mit der „Vernichtung der jüdischen Rasse" gedroht. Am 31.7.1941 beauftragte Göring den Stellvertreter Himmlers, ***Reinhard Heydrich***, mit einer Planung für die „Gesamtlösung der Judenfrage im deutschen Einflussgebiet in Europa". Im September 1941 wurde das Giftgas Zyklon B an 900 sowjetischen Kriegsgefangenen erprobt. Im polnischen Chelmno begann 1939 die systematische Vernichtung der Juden. Auf der ***„Wannsee-Konferenz"*** vom 20.1.1942 wurde unter der Leitung Heydrichs die Ausrottung des europäischen Judentums organisatorisch vorbereitet.
Allein in den ***Vernichtungslagern*** Auschwitz, Birkenau, Sobibor, Belzek, Majdanek, Treblinka und Chelmno fielen etwa 4 Mio. Juden den Nationalsozialisten zum Opfer. Insgesamt wurden etwa 6 Mio. Juden ermordet. Hinter den Zahlen verbirgt sich ein Vernichtungsprogramm, das neben der sofortigen Vergasung als arbeitsunfähig eingestufter Menschen die „Vernichtung durch Arbeit" sowie unmenschliche Behandlung und medizinische Versuche mit den Methoden eines modernen Industriestaates zum Ziel hatte und das einzigartig in der Geschichte der Menschheit dasteht.

### Ausrottung von Minderheiten

Neben Juden wurden auch ***Sinti*** und ***Roma*** und sowjetische Kriegsgefangene in den Konzentrations- und Vernichtungslagern durch Massenmorde vernichtet; ehemalige Emigranten, Regimegegner, Kritiker, Widerstandskämpfer, oppositionelle Angehörige beider Konfessionen, Zeugen Jehovas usw. zählten ebenfalls zu den Opfern der Nationalsozialisten.

## 10.8 Der NS-Staat und die Kirchen

Der NS-Staat und die Kirchen standen sich anfangs zurückhaltend gegenüber. Gegenseitige Provokationen sollten vermieden werden. Vor allem Hitlers Garantieerklärung für die Kirchen in seiner Regierungserklärung vom 23.3.1933 schien den Kirchen eine gewisse Zukunftsperspektive zu geben.

## Nationalsozialistische Politik gegenüber der katholischen Kirche

Trotz gewaltsamer Übergriffe auf katholische Gläubige schlossen die ***katholische Kirche*** und der NS-Staat ein Konkordat (20.7.1933). Darin wurden der katholischen Kirche wichtige Rechte garantiert (z. B. Freiheit des Bekenntnisses, staatlicher Schutz für Geistliche, freies Besetzungsrecht für alle Kirchenämter, Recht auf kirchliche Vereine), denen jedoch wenige Zugeständnisse der Kirche gegenüberstanden (Verzicht auf politische Tätigkeiten). Bald aber zeigte sich, dass Hitler entgegen den Vereinbarungen des Konkordats häufig gegen systemkritische Priester und Laien vorging. In seiner Enzyklika „Mit brennender Sorge" (1937) verlieh Papst Pius XII. dem Misstrauen der Kirche Ausdruck und warf dem NS-Staat den Bruch des Konkordats vor. Zugleich wurden die Gläubigen aufgerufen, für ihre Überzeugung einzustehen. Obwohl Hitler die katholische Kirche letztlich vernichten wollte, ließ er dieses Vorhaben nicht mit allem Nachdruck in Angriff nehmen. Die kirchlichen Vereine aber wurden aufgelöst, Tausende von Priestern und Gläubigen verfolgt und in Konzentrationslager gebracht.
Die katholische Kirche übte insgesamt Zurückhaltung, um nicht den eigenen Bestand und ihre Gläubigen zu gefährden. Offener Widerstand wurde im Wesentlichen von einzelnen Priestern wie beispielsweise dem Münchner Jesuitenpater Rupert Maier oder dem Münsteraner Bischof Clemens Graf von Galen geleistet. Dass die katholische Kirche und ihre Mitglieder durch aktive Hilfe (z. B. gegenüber Bedrohten, Flüchtigen, Verfolgten) insgesamt das Leben von Millionen Menschen gerettet haben, ist unbestritten.

## Nationalsozialistische Politik gegenüber der evangelischen Kirche

Innerhalb der evangelischen Kirche bestand zunächst ein geringerer Vorbehalt gegenüber der Herrschaft der Nationalsozialisten. Die evangelische Kirche war 1933 in 28 Landeskirchen organisiert, die sich im ***Deutschen Evangelischen Kirchenbund*** locker zusammengeschlossen hatten. Innerhalb der NSDAP existierten seit 1932 die Deutschen Christen als Organisation. Als sich nach 1933 ein Machtkampf zwischen dem Kirchenbund und den Deutschen Christen um die Neuorganisation der evangelischen Kirche anbahnte, ernannte Hitler den Königsberger Militärpfarrer Ludwig Müller zum Reichsbischof.

Nach internen Kämpfen entstand unter Druck der Partei eine neu organisierte Deutsche Evangelische Kirche. Obwohl die Landeskirchen innerhalb der neuen Reichskirche selbstständig blieben, sahen viele Gläubige die Eigenständigkeit nicht mehr gegeben. Pastor Niemöller rief 1933 den Pfarrernotbund ins Leben, der 1934 zwei Synoden einberief. Im Mai 1934 verabschiedeten Vertreter lutherischer, reformierter und unierter, freier Synoden, von Kirchentagen und Gemeindekreisen eine Erklärung zur ***Bekennenden Kirche***, die sich bewusst gegen die Reichskirche abgrenzte und sich als die rechtmäßige Kirche bezeichnete. Damit war die Gleichschaltung der evangelischen Kirche unterbunden. Die Bekennende Kirche spaltete sich zwei Jahre später. 1936 sprach sich ein Teil der Bekennenden Kirche in einer Denkschrift an Hitler nachdrücklich gegen Antisemitismus, Konzentrationslager und „Naziwahlmethoden" aus. Ein Mitverfasser der Denkschrift, Dr. Friedrich Weißler, wurde im Konzentrationslager ermordet, Martin Niemöller 1937 verhaftet und bis 1945 inhaftiert. Ab 1939 bot Hitler der evangelischen Kirche einen Burgfrieden an, den diese weitgehend annahm.

## 10.9 Der deutsche Widerstand

Abweichende politische Standpunkte, Kritik an staatlichen Maßnahmen und jede Form von Widerstand gegen den nationalsozialistischen Staat wurden mit Repression und Verfolgung der auf Machterhalt bedachten totalitären Diktatur geahndet. Grundsätzlich musste schon bei einem Witz über das Regime mit Haftstrafe gerechnet werden. Demonstrationen, Treffen von Gleichgesinnten, um Aktionen oder Demonstrationen zu organisieren, Flugblätter und kritische Karikaturen wurden von den Nationalsozialisten nicht einmal ansatzweise geduldet. Formen des passiven Widerstands (Kritik verkleidet in Witz und Zynismus, Protest, Dienst nach Vorschrift, Nichtbefolgen von Anweisungen, Eides- und Kriegsdienstverweigerung, Streik, Desertion) konnten ebenso lebensbedrohliche Folgen haben wie aktive Formen (Aufrufe zum Umsturz, Hilfe für Regimegegner, Streik, Konspiration, Sabotage, Attentat).

Der Begriff „Widerstand" suggeriert eine organisatorische und weltanschauliche Geschlossenheit, die nicht existieren konnte, da weder die technische Möglichkeit zu einer gemeinsamen Konspiration gegeben war noch eine einheitliche Motivlage. So umfasste die Widerstandsbewegung verschiedene gesellschaftliche Gruppierungen, wie Jugendliche, Schüler, Studenten, aber auch Teile der Kirchen, konservatives Bürgertum, Militär und die Linke.

## Gruppierungen des Widerstands

### Studentischer Widerstand

In München bildete sich 1941 ein Kreis von Studenten, die ***Weiße Rose***. Die Studenten um Hans und Sophie Scholl, Willi Graf, Christoph Probst und den Professor Kurt Huber wandten sich gegen die Inhumanität und die Kriegspolitik des Nationalsozialismus. Die Gruppe agierte aus idealistischen Motiven, sie begriff sich als Teil der europäischen Zivilisation und griff auf sozialistische Ideen zurück. Sie wurde entdeckt, als sie Flugblätter in den Lichthof der Universität in München warf. Der ***Volksgerichtshof*** verurteilte die Mitglieder zum Tode. Der Widerstand der Jugend hatte für die folgenden Generationen Vorbildcharakter.

### Widerstand der Kirchen

In beiden Konfessionen gab es Widerstand gegen das NS-Regime. Motiv war christlich-humanes Denken, das unvereinbar mit Verfolgungspolitik, Euthanasie, Rassenpolitik und Massenvernichtung war. In der evangelischen Kirche setzten Martin Niemöller und Dietrich Bonhoeffer Zeichen des Widerstands, ebenso die Katholiken Augustin Rösch, Theophil Wurm und Clemens Graf von Galen.

### Militärischer Widerstand

Die spektakulärste und am umfassendsten geplante militärische Widerstandsaktion war der Anschlag vom 20.7.1944 auf Hitler, der von Graf ***Schenk von Stauffenberg*** ausgeführt und vom ***Kreisauer Kreis*** um ***Beck*** und ***Goerdeler*** mitgetragen wurde. Der misslungene Bombenanschlag hatte das Scheitern der weiteren Umsturzpläne zur Folge. Insgesamt wurden mehrere Tausend Verschwörer verhaftet und hingerichtet.

### Widerstand der Linken

***SPD*** und ***KPD*** konnten ihre Parteiorganisationen im Untergrund zumindest so rudimentär erhalten, dass ein Widerstandsnetz aufgebaut werden konnte. Marxistischer Widerstand äußerte sich in der Spionagetätigkeit des Agentennetzes Rote Kapelle, das von Moskau aus gesteuert wurde.

## 10.10 Schuld und Verantwortung

Für die Generationen nach dem Krieg stellte die Auseinandersetzung und Akzeptanz der eigenen Geschichte eine der größten Aufgaben dar.

- Unmittelbare Nachkriegszeit: Die Frage nach der Allgemeinschuld des deutschen Volkes an den nationalsozialistischen Verbrechen und die Frage, wie ein Volk zu entnazifizieren sei, standen einem in Teilen der Bevölkerung verbreiteten Denken gegenüber, das die eigene Schuld mit der der Alliierten aufzurechnen versuchte, die Niederlage als nationale und persönliche Schmach empfand und sich in Selbstmitleid flüchtete. Dabei suchte man sich der Verantwortung, die sich aus dem historischen Ausmaß der nationalsozialistischen Verbrechen ergab, zu entziehen.
- ***Auschwitzprozesse*** 1963–65: In den Prozessen wurde versucht, das Aufsichtspersonal der Konzentrationslager zur Rechenschaft zu ziehen. Dies gelang nur begrenzt. Da im Zuge der Prozesse Material über die Massenvernichtung des Dritten Reiches in bisher nicht bekannter Deutlichkeit und Genauigkeit über die Medien publiziert wurde, wurden jedoch die Ausmaße nationalsozialistischer Unmenschlichkeit der gesamten deutschen Bevölkerung, gerade auch den jüngeren Deutschen, vor Augen geführt und bewusst gemacht.
- ***Historikerstreit***: Ende der 80er-Jahre brach ein Streit in der Geschichtswissenschaft und Teilen der Presse darüber aus, inwieweit die nationalsozialistische Judenvernichtung in der Geschichte ein einzigartiges Phänomen darstelle. Im Zuge der Diskussion setzte sich die Unhaltbarkeit der Relativierungstheorie durch.
- ***Goldhagen-Debatte***: 1996 stellte der Soziologe Goldhagen in seinem Buch „Hitlers willige Vollstrecker“ die keineswegs neue, schon überholt geglaubte These von der Allgemeinschuld der Deutschen am NS-Terror auf. Auch wenn Goldhagens Behauptung relativiert wurde, löste sie doch eine neue und intensive Auseinandersetzung über die Mitwisserschaft und Mittäterschaft der Deutschen aus.
- Diskussion um die Errichtung eines Denkmals der Opfer des Nationalsozialismus in Berlin: Die Frage, ob in der Mitte Berlins ein Denkmal für die Opfer des Nationalsozialismus in der Größe eines Fußballfeldes entstehen solle, war sehr umstritten. Der Schriftsteller Martin Walser ging in seiner Rede anlässlich des Friedenspreises des deutschen Buchhandels (1998) auf das Denkmal ein und bezeichnete Befürworter als Vertreter der „Banalität des Guten“.

- Alle ernsthaften Diskussionsbeiträge, die die Schrecken des Nationalsozialismus in Anbetracht anderer Untaten zu relativieren und zur „historischen Normalität“ überzugehen versuchten, sind gescheitert. Die Deutschen können die historische Verantwortung für ihre Geschichte nicht zurückweisen. Die persönliche Schuldfrage tritt in den Hintergrund gegenüber den aus der geschichtlichen Schuld erwachsenen Konsequenzen. Diese immer wieder begreiflich zu machen, ist die Aufgabe der folgenden Generationen.

# 11 Der 2. Weltkrieg und seine Vorgeschichte (1938–45)

## 11.1 Revision des Versailler Vertrags

Nach der „Machtergreifung" verfolgte Hitler zunächst eine Politik der Revision des ***Versailler Vertrages***. Sie wurde nach außen als Friedenspolitik deklariert, diente aber dazu, im Geheimen die Expansion Deutschlands vorzubereiten. Dass Hitler nicht nur eine Revision des Versailler Vertrages, sondern eine Expansion des Deutschen Reiches anstrebte, wird aus seinen Äußerungen ersichtlich.
1934 schloss Hitler einen Nichtangriffspakt mit Polen und erschütterte damit das französische Bündnissystem. Doch schon im Oktober 1933 war Deutschland aus dem ***Völkerbund*** ausgetreten, als Frankreich einen britischen Abrüstungsplan nicht unterzeichnete. Misslang es Hitler 1934, nach dem gescheiterten Putschversuch der Nationalsozialisten in Österreich gegen die Diktatur von ***Dollfuß***, die Macht in Österreich zu erringen, so wurde 1935 die Volksabstimmung der Saarländer für die nationale Zugehörigkeit zu Deutschland gefeiert. Anschließend wurde die allgemeine eineinhalbjährige Wehrpflicht gegen die Bestimmungen des Versailler Vertrages eingeführt. Trotz internationaler Proteste schlossen Deutschland und Großbritannien 1935 ein Flottenabkommen. Am 7.3.1936 rückten deutsche Truppen in die entmilitarisierte Zone des Rheinlands ein. Mit der erfolgreichen Besetzung des Rheinlands kündigte Deutschland den ***Locarno-Pakt*** auf. Die Westmächte protestierten, dabei blieb es aber auch. Die Olympischen Sommerspiele in Berlin 1936 zeigten die Anerkennung, die Deutschland international wieder genoss.

### Antikommunistische Bündnisse und Politik

Ab 1936 schlossen sich die Diktaturen in Europa enger zusammen. Zeitweilig schien es so, als wenn die demokratischen Systeme abgewirtschaftet hätten und die Zukunft den Diktaturen gehörte. Nach anfänglichen Verstimmungen zwischen Italien und Deutschland verkündeten im Herbst 1936 Hitler und Mussolini die ***Achse Berlin–Rom***.

Mit Japan schloss Deutschland im November des gleichen Jahres den ***Antikominternpakt***, dem im Januar 1937 Italien, im März 1939 Spanien beitraten. Den italienischen Krieg gegen Abessinien unterstützte Deutschland durch Waffenlieferungen ebenso wie den faschistischen General Franco im ***spanischen Bürgerkrieg*** (1936–39) durch aktive Beteiligung deutscher Truppen. Der Bürgerkrieg spiegelte die ideologischen Konflikte Europas wider.

## 11.2 Besetzung Österreichs und Zerschlagung der Tschechoslowakei

Das „Hoßbach-Protokoll" ist eine Gedächtnisniederschrift des Oberst Hoßbach anlässlich einer Besprechung Hitlers mit wichtigen militärischen Oberbefehlshabern am 5.11.1937. Aus ihm wird deutlich, wie zielstrebig Hitler Expansionsziele entwarf. Die Armee sollte möglichst rasch zur Kriegsbereitschaft aufgerüstet werden. Erste Ziele der Aggression waren Österreich und die Tschechoslowakei. Mit aller Deutlichkeit verfolgte Hitler nationalistische und imperialistische Zielsetzungen.

### „Anschluss" Österreichs

**1934**

**25.7.** Putschversuch der NSDAP in Österreich scheiterte; Ermordung des österreichischen Bundeskanzlers Dollfuß.

**1936**

**11.7.** Abkommen zwischen Deutschland und Österreich: Souveränität Österreichs bleibt gewahrt, Nichteinmischung Deutschlands wird garantiert.

**1938**

**12.2.** Zusammenkunft Hitlers mit dem österreichischen Bundeskanzler ***Schuschnigg*** in Berchtesgaden und Abschluss des ***Berchtesgadener Abkommens*** (Unterstützung der deutschen Politik durch Österreich, Forderung, den Nationalsozialisten ***Seyß-Inquart*** ins Kabinett aufzunehmen, Verbot der Diskriminierung der österreichischen Nationalsozialisten)

**9.3.** Schuschnigg richtete einen Aufruf an das österreichische Volk, sich in einer für den 13.3. anberaumten Volksabstimmung für Österreichs Selbstständigkeit auszusprechen.

**11.3.** Rücktritt Schuschniggs, Übernahme der Regierung durch Seyß-Inquart. Ein angebliches Telegramm Seyß-Inquarts an die deutsche Regierung mit der Bitte um Truppenentsendung zur Wiederherstellung von Ruhe und Ordnung (in Berlin verfasst) wurde Anlass für das Eingreifen in Österreich.

**12.3.** Einmarsch deutscher Truppen in Österreich

**13.3.** „Wiedervereinigung Österreichs mit dem Deutschen Reich"

**10.4.** Bei einer Volksabstimmung in Österreich und Deutschland stimmten 97% aller Wähler für den Anschluss Österreichs.

## Sudetenkrise und Zerschlagung der Tschechoslowakei

Unmittelbar nach dem „Anschluss" Österreichs verfolgte Hitler das Ziel, die Tschechoslowakei zu zerschlagen.

**1938**

**28.3.** Hitler konferierte mit dem Führer der nationalsozialistischen Sudetendeutschen Partei Konrad Henlein.

**24.4.** Das ***Karlsbader Programm*** der Sudetendeutschen Partei forderte die Gleichberechtigung mit den Tschechen, Autonomie und Wiedergutmachung der seit 1918 erlittenen Benachteiligung. Die innenpolitischen Auseinandersetzungen zwischen Deutschen und Tschechen verschärften sich.

**20.5.** Teilmobilmachung in der Tschechoslowakei

**30.5.** Hitler gab die geheime Anweisung an die Wehrmacht, „die Tschechei durch eine militärische Aktion zu zerschlagen". Lord Runciman besuchte als britischer Beobachter und Vermittler die Tschechoslowakei.

**12.9.** Hitler drohte auf dem Nürnberger Parteitag mit Krieg. Im September 1938 besuchte der britische Premierminister Chamberlain Deutschland. Druck Englands und Frankreichs auf die Tschechoslowakei, die sudetendeutschen Randgebiete abzutreten.

**26.9.** Rede Hitlers, dass die Abtretung des Sudetenlandes seine letzte Forderung gewesen sei

**29.9.** Beginn der deutschen Mobilmachung, Münchner Abkommen zwischen ***Hitler***, ***Mussolini***, ***Chamberlain*** und ***Daladier***

Das ***Münchner Abkommen*** beinhaltete:

- Abtretung der sudetendeutschen Randgebiete an Deutschland
- Befriedigung der ungarischen und polnischen Ansprüche

- Garantie der Unabhängigkeit der Rest-Tschechei durch Frankreich und England
- Versicherung von Deutschland und Italien, nach Erfüllung der ungarischen und polnischen Ansprüche die gleiche Garantie abgeben zu wollen
- Gebietsabtretungen an die Slowakei und Ungarn

Mit dem Münchner Abkommen erreichte die ***Appeasementpolitik*** (= Beschwichtigung, Beruhigung; Beschreibung und Beurteilung des britischen Nachgebens gegenüber deutscher Revisionspolitik, vor allem durch den britischen Premierminister Chamberlain, 1937–40) ihren Höhepunkt. Die Kriegsgefahr war mit dem Münchner Abkommen nicht beseitigt, wie sich bald zeigte. Sein Bruch durch Hitler schockierte das übrige Europa und führte zu einem Ende der Appeasementpolitik.

**1.10.** Einmarsch deutscher Truppen in die Tschechoslowakei
**21.10.** Entschluss Hitlers zur Zerschlagung der Rest-Tschechei
**1939**
**14.3.** Die Slowakei erklärte sich für unabhängig und stellte sich unter deutschen Schutz. Ungarn besetzte die Karpato-Ukraine.
**15./16.3.** Besetzung der Rest-Tschechei durch Deutschland. Errichtung des ***Reichsprotektorats Böhmen und Mähren***.

## 11.3 Überfall auf Polen und „Blitzkriege“

### Überfall auf Polen (1939)

Nach dem Abschluss des Münchner Abkommens hatte Hitler das Äußerste erreicht, was die Alliierten an territorialen Erwerbungen zu tolerieren bereit waren. Der Bruch des Münchner Abkommens zerstörte jede Glaubwürdigkeit der Beteuerungen Hitlers, dass Deutschlands Gebietsansprüche mit den sudetendeutschen Gebieten befriedigt seien. England wich von seiner Appeasementpolitik zugunsten einer Eindämmungspolitik ab: Die britische Regierung gab nun eine Garantieerklärung für Polen ab. Am 3.4.1939 entschloss sich Hitler zum Angriffskrieg. Er kündigte den ***deutsch-polnischen Nichtangriffspakt*** und das ***deutsch-englische Flottenabkommen***. Mit der Sowjetunion schloss Hitler einen ***Nichtangriffspakt*** (23.8.1939), der in einem geheimen Zusatzabkommen die Abgrenzung von deutschen und russischen Interessensphären beinhaltete.

Hitler forderte seit März 1939 einen Korridor durch die polnischen Gebiete sowie die Rückgabe von Danzig. Die polnische Regierung lehnte dies ab. Nach einem gescheiterten Ultimatum der deutschen Regierung befahl Hitler für den 1.9. den Angriff auf Polen. Mit der Hoffnung auf einen Separatkrieg hatte er sich getäuscht. England, das bis zuletzt zu vermitteln versucht hatte, und Frankreich erklärten nach ultimativer Aufforderung, die Truppen zurückzuziehen, dem Deutschen Reich am 3.9.1939 den Krieg. Da beide Staaten jedoch nicht gerüstet waren, griffen sie noch nicht militärisch ein.

## Die Blitzkriege (1939/40)

In der ersten Phase des Krieges erzielte Hitler große Erfolge. Polen und Frankreich waren schnell besiegt, aber bereits 1940 zeigte sich, dass England nicht zu besiegen war. Die Luftschlacht über England ging verloren, der Invasionsplan wurde aufgegeben.

### 1939

- Angriff Deutschlands auf Polen
- England und Frankreich erklären Deutschland den Krieg.
- Die Sowjetunion besetzt, gemäß den Vereinbarungen des Hitler-Stalin-Pakts, den östlichen Teil Polens.
- Polen kapituliert.
- Die Sowjetunion greift Finnland an, Winterkrieg.

### 1940

- Dreimächtepakt zwischen Deutschland, Italien und Japan, der allerdings nicht die von Hitler erwartete militärische Überlegenheit bringt
- Finnland und die Sowjetunion schließen Frieden.
- Finnland tritt Grenzgebiete an die Sowjetunion ab.
- Dänemark und Norwegen werden von deutschen Truppen besetzt (sogenannte Weserübung); deutsche Truppen kommen dadurch der englischen Landung in Narvik zuvor.
- Angriff Deutschlands auf Frankreich, Belgien, die Niederlande und Luxemburg
- Evakuierung von 340 000 englischen und französischen Soldaten aus Dünkirchen
- Kriegseintritt Italiens, da Mussolini befürchtet, dass Italien bei dem bald erwarteten deutschen Sieg „leer“ ausgehen könnte

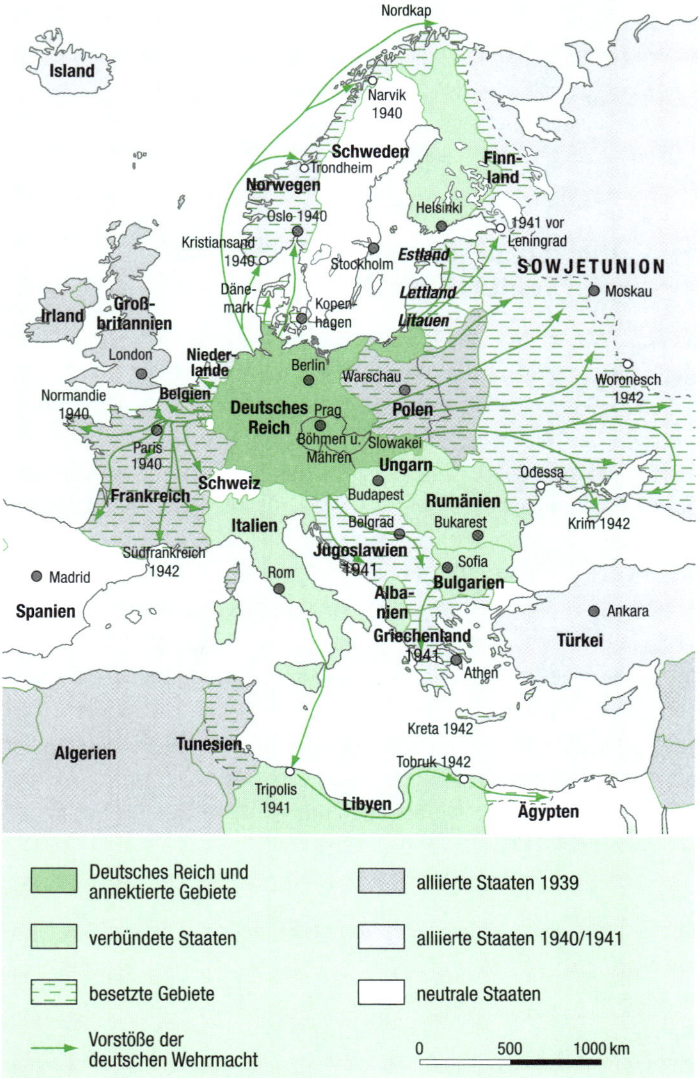


*Die Expansion des Deutschen Reiches, 1935–42*

- Kapitulation Frankreichs; Besetzung Nordfrankreichs durch deutsche Truppen, Gründung der ***Vichy-Regierung*** in Südfrankreich
- Die Sowjetunion besetzt die baltischen Staaten (Litauen, Lettland, Estland).
- Luftkrieg gegen England zur Vorbereitung einer Invasion (geplantes „Unternehmen Seelöwe“)
- Hitler gibt nach dem Scheitern der Luftschlacht den Invasionsplan auf und entscheidet sich für den Angriff auf die Sowjetunion.
- Italienische Offensiven von Libyen aus gegen Ägypten und von Albanien aus gegen Griechenland

## 11.4 Überfall auf die Sowjetunion und Kriegseintritt der USA

Bereits 1940 fasste Hitler den Entschluss, Krieg gegen die Sowjetunion zu führen. Sein Plan, Asien zwischen der Sowjetunion und Japan in Interessensphären aufzuteilen, scheiterte. Stalins Politik zielte auf die Annexion der baltischen Staaten und des Südostens Finnlands, auf Bessarabien, die Bukowina und auf die Dardanellen. Hitler sah die Erdölreserven Rumäniens, die von Deutschland dringend für den Krieg benötigt wurden, gefährdet und beschloss am 6.4.1941 zur Vorbereitung des Russlandfeldzugs die Eroberung Jugoslawiens und Griechenlands. Am 22.6.1941 befahl er den Angriff auf die Sowjetunion. Als der schnelle Vorstoß der drei deutschen Heeresgruppen im Herbst 1941 gestoppt wurde, war Hitlers Strategie, den Krieg in schnelle einzelne Blitzkriege aufzuteilen, endgültig gescheitert. Nachdem Japan am 7.12.1941 den US-Marinestützpunkt Pearl Harbour angegriffen hatte, erklärte Hitler am 11.12. den USA den Krieg. Er bezweckte vermutlich eine Aufsplitterung der amerikanischen Kräfte, den Krieg mit den USA hielt er zu diesem Zeitpunkt für unvermeidbar.

### 1941

- Unterstützung der Italiener in Nordafrika durch ein deutsches Afrikakorps
- Japan schließt Neutralitätsabkommen mit der Sowjetunion.
- Angriff auf Jugoslawien und Griechenland
- Kapitulation des jugoslawischen (17.4.) und des griechischen Heeres (21.4. deutsche Luftlandung in Kreta)
- Angriff auf die Sowjetunion („Unternehmen Barbarossa“)

- Die deutsche Offensive kommt vor Moskau nach einem frühen Wintereinbruch zum Erliegen.
- Hitler übernimmt den Oberbefehl über das Heer.
- Überfall Japans auf die US-Flotte in Pearl Harbour
- Deutschland und Italien erklären den USA den Krieg.

**1942**

- Japanische Truppen erobern Singapur, besetzen Burma, Indonesien, die Philippinen und die Aleuten.
- Beginn der amerikanischen Gegenoffensive gegen Japan im Pazifik
- Sieg der amerikanischen Flotte in der Seeschlacht bei den Midway-Inseln
- Vorstoß deutscher Truppen bis zum Kaukasus

## 11.5 Die militärische Wende

Mit der Niederlage der Japaner in der Seeschlacht bei den Midway-Inseln, der Niederlage der 6. Deutschen Armee bei Stalingrad und der Kapitulation des italienisch-deutschen Afrikakorps wurde die Wende im Kriegsgeschehen bereits 1943 offensichtlich und die Niederlage Deutschlands und seiner Verbündeten unvermeidbar. Die Mobilisierung aller deutschen Kräfte durch Goebbels' Totalisierung des Krieges verlängerte diesen bis in das Jahr 1945, die Zahl der Kriegsopfer erhöhte sich in der letzten Phase des Krieges um mehr als das Doppelte. Hitlers Stellung als unangefochtener Diktator war trotz des Attentates vom 20.7.1944 nicht zu erschüttern.

**1943**

- Die 6. Armee erobert Stalingrad, wird aber im Zuge der sowjetischen Gegenoffensive dort eingeschlossen.
- Landung alliierter Truppen in Marokko und Algerien
- Kapitulation der 6. Armee in Stalingrad
- Goebbels verkündet in einer Rede im Berliner Sportpalast den „totalen Krieg“.
- Abberufung von Generalfeldmarschall Erwin Rommel, Kapitulation des Afrikakorps; 275 000 Mann gehen in Gefangenschaft.
- Sturz ***Mussolinis*** in Italien
- Kapitulation Italiens im September
- Offensive der Sowjetunion: Beginn des deutschen Rückzugs

### 1944

- Alle deutschen Truppen auf dem Rückzug
- Beginn der alliierten Invasion in Nordfrankreich
- Beginn des Beschusses von London durch „V(ergeltungs)“-Waffen
- Bombenattentat Graf ***Stauffenbergs*** auf Hitler in dessen Hauptquartier „Wolfsschanze“ in Ostpreußen
- Zusammenbruch und Kapitulation der deutschen Bundesgenossen Rumänien, Finnland, Bulgarien, Ungarn; Räumung Griechenlands und Jugoslawiens durch die deutschen Truppen
- Sowjetische Truppen stehen vor Budapest, Warschau und in Ostpreußen; amerikanisch-englische Truppen an der deutschen Westgrenze.

### 1945

- Sowjetische Truppen erreichen die Oder, amerikanische den Mittelrhein.
- Höhepunkt der Flucht von Millionen Deutscher nach Westen
- Sowjetische Truppen besetzen Wien und dringen in Berlin ein.
- Amerikanische und sowjetische Truppen treffen in Torgau an der Elbe zusammen.
- Amerikanische Truppen besetzen ganz Süddeutschland.
- Selbstmord ***Hitlers*** in Berlin am 30.4.; neue Regierung unter Admiral ***Dönitz*** in Schleswig-Holstein
- Gesamtkapitulation Deutschlands am 7./8.5.
- Abwurf der ersten Atombombe auf Hiroshima am 6.8.
- Die Sowjetunion erklärt Japan am 8.8. den Krieg.
- Abwurf der zweiten Atombombe auf Nagasaki am 9.8.
- Bedingungslose Kapitulation Japans am 2.9.

## 11.6 Politische und militärische Strategien der Anti-Hitler-Koalition

Die Gegner des nationalsozialistischen Deutschlands England, Frankreich, Russland und die USA führten den Krieg aus unterschiedlichen Gründen. Frankreich und England wollten zuerst die expandierende Kriegspolitik Deutschlands gegen dessen östlichen Nachbarn verhindern, die USA unterstützten zuerst England indirekt durch Rüstungslieferungen, später auch Russland, das einen Großteil der Last des Krieges gegen Deutschland zu tragen hatte. Aufgrund des Leih- und

Pachtgesetzes erhielt England seit März 1941 amerikanische Hilfe ohne Gegenleistungen, dann auch Russland. Auch nach dem Kriegseintritt der USA wurde Deutschland als Hauptgegner betrachtet. Russland kämpfte auf eigenem Territorium um das Überleben seines Staates. Mit dem Bekanntwerden der nationalsozialistischen Verbrechen wurde der Kampf der Alliierten auch zu einem Krieg für die Werte der Zivilisation. In mehreren Konferenzen während des Krieges wurden Kriegsführung, Strategien und Ziele der militärischen Gegner des Deutschen Reiches aufeinander abgestimmt.

## Beschlüsse der Kriegskonferenzen

***Roosevelt*** hatte vor dem Kriegseintritt der USA im Januar 1941 die Rede- und Religionsfreiheit sowie die Freiheit von Angst und Not für alle Nationen verkündet.

**Atlantikcharta (14.8.1941)**

Von ***Churchill*** und Roosevelt formuliert, später von allen gegen die Achsenmächte Krieg führenden Mächten unterzeichnet:

- Verzicht auf Annexionen
- Selbstbestimmungsrecht der Völker
- Sicherung des Friedens durch politische und wirtschaftliche Zusammenarbeit der Völker

Am 1.1.1942 schlossen sich weitere 24 Staaten zu einem „Pakt der Vereinten Nationen" zusammen. Dieser Pakt stellte das Fundament für die Gründung der UN am 26.6.1945 dar.

**Konferenz von Casablanca (14.–24.1.1943)**

Roosevelt und Churchill trafen sich in Casablanca zu einer Unterredung, in der die Forderung

- nach der bedingungslosen Kapitulation Deutschlands, Italiens und Japans im Mittelpunkt stand.
- Den feindlichen Mächten wurde das Selbstbestimmungsrecht abgesprochen,
- der Zerstörung des Kriegspotenzials und der Beseitigung der Weltanschauung wurde Vorrang eingeräumt.
- Der Forderung der UdSSR nach einer zweiten Front in Europa wurde nicht entsprochen, aber die Landung alliierter Streitkräfte in Sizilien vereinbart.

**Außenministerkonferenz in Moskau (19.–30.10.1943)**

Im Herbst 1943 wurde zwischen den Alliierten

- die Besetzung Deutschlands durch die drei Siegermächte,
- die Beseitigung des Nationalsozialismus und
- die Veränderung der politischen Struktur Deutschlands beschlossen.

**Konferenz von Teheran (28.11.–1.12.1943)**

Auf der Grundlage der Außenministerkonferenz in Moskau beschlossen ***Roosevelt***, ***Churchill*** und ***Stalin***

- eine staatliche Zerstückelung Deutschlands,
- die Westverschiebung Polens bis zur Oder,
- die Errichtung einer zweiten Front in Frankreich,
- die Invasion in Nordfrankreich.

**Londoner Abkommen (14.11.1944)**

Im Londoner Protokoll legte man fest:

- die Aufteilung Deutschlands in Besatzungszonen,
- die Aufteilung Berlins in drei Sektoren.

## 11.7 Die Bilanz des Krieges

In der deutschen Geschichte hat es wohl keine so einschneidende Zäsur gegeben wie die durch den zwölf Jahre andauernden Nationalsozialismus: Der Nationalsozialismus hatte die in über 2000 Jahren entwickelten Vorstellungen von der Bedeutung der Menschenrechte völlig negiert und die Welt mit Verbrechen und einem Krieg nie gekannten Ausmaßes überzogen. Er hinterließ ein in weiten Teilen verwüstetes Europa und ein in seinen wirtschaftlichen, kulturellen, staatlichen und, schlimmer noch, in seinen sittlichen Grundlagen zerstörtes Deutschland, das schwerste Schuld auf sich geladen hatte. Etwa 55 Mio. Tote waren nach dem Krieg weltweit zu beklagen, darunter ca. 6 Mio. ermordete Juden. Es gab Millionen Kriegsversehrter und allein in Deutschland 11 Mio. Flüchtlinge. 8 bis 10 Mio. ***Displaced Persons*** (zur Zwangsarbeit Verschleppte) hofften auf ihre Rückkehr in die Heimat. Die Infrastruktur war fast völlig zerstört. Es fehlte an Nahrungsmitteln, Wohnraum und Energie. Familien waren auseinandergerissen worden, rückkehrende Soldaten suchten nach ihren Angehörigen. Es existierte keine deutsche

Regierung, die Militärverwaltungen der Alliierten waren im Besitz der staatlichen Hoheitsrechte. Deutschlands politische und staatliche Zukunft war ungewiss. Ungeklärt war auch die Zukunft der Werte, noch prägte nationalsozialistisches Gedankengut weite Teile der Gesellschaft. Weder die Kriegsschuld der einzelnen Deutschen war geklärt noch waren die wahren Schuldigen bestraft. Wie sollte die politische Zukunft aussehen? Wie sollte man eine glaubhafte Ethik und eine geistige Wiederbelebung in der Tradition des europäischen Humanismus finden angesichts des zerstörten Landes?

# 12 Weltpolitik zwischen Konflikt und Kooperation

## 12.1 Blockbildung und Kalter Krieg

### One-World-Vision

Auf den Kriegskonferenzen verständigte sich die Anti-Hitler-Koalition auf eine gemeinsame Politik nach dem Krieg. Auch nach Kriegsende hielt man an ***Roosevelts*** Vorstellung der ***One-World-Politik*** fest. Dahinter stand die Vorstellung, internationale Probleme künftig auf dem Verhandlungsweg im Rahmen einer internationalen Institution, der UN, zu lösen. Regelmäßige Außenministerkonferenzen sollten einer gemeinsamen Politik dienen. Die Amerikaner wollten nach dem Krieg ihre Präsenz in Europa weitgehend aufgeben. Auf dieser Grundlage wurde auch der Vertrag von Potsdam geschlossen (↗ S. 166 f.).

### Interessengegensätze zwischen USA und Sowjetunion

Jedoch verschlechterte sich das Verhältnis zwischen den USA und der Sowjetunion bald. Zurückzuführen war dies auf die Expansion der Sowjetunion (baltische Staaten seit 1940, Ostpolen 1941, Moldawien, Karpato-Ukraine), den Aufbau von kommunistischen Satellitenstaaten (Rumänien, Bulgarien, Ungarn, ČSSR) und die Bildung russlandfreundlicher Regierungen (Lubliner Komitee in Polen). Außerdem beanspruchte die Sowjetunion (erfolglos) die Dardanellen und unterstützte die Kommunisten im griechischen Bürgerkrieg ebenso wie die chinesischen Kommunisten unter der Führung Mao Zedongs. Bereits am 5.3.1946 sprach ***Churchill*** von einem ***Eisernen Vorhang***, der Europa trenne. Nachdem der Kommunismus in allen Regionen der Welt expandierte, begannen die Amerikaner ihre Politik zu überdenken. In Japan und Italien war die Sowjetunion als Besatzungsmacht bereits ausgeschlossen.

### Scheitern der Außenministerkonferenzen (1947)

Als es im Frühjahr 1946 wegen der Wirtschaftspolitik im besetzten Deutschland zu Auseinandersetzungen mit der Sowjetunion kam, ließ

General *Clay* die Reparationslieferungen aus dem Ruhrgebiet an die Sowjetunion einstellen. Auf der Außenministerkonferenz von 1946 konnten noch Friedensverträge mit Italien, Rumänien, Ungarn, Bulgarien und Finnland geschlossen werden. Friedensverträge mit Deutschland und Österreich scheiterten jedoch 1947 auf den Außenministerkonferenzen von Moskau und London an der Uneinigkeit der Siegermächte.

## Übergang zur Containmentpolitik und Spaltung

Die englische Regierung teilte zu Beginn des Jahres 1947 mit, sie könne dem Druck der Sowjetunion in Griechenland und der Türkei nicht mehr standhalten. Daraufhin versprach Truman in der Doktrin vom 12.3.1947 allen Staaten, in denen die Freiheit bedroht sei, finanzielle und personelle Hilfe. Damit definierten sich die USA als Führungsmacht in der freien Welt und gingen zur Eindämmungspolitik (***Containment***) gegenüber den sowjetischen Ausweitungsbestrebungen über. Fortan ging die Sowjetunion von der ***Zwei-Lager-Theorie*** aus, die die Welt in ein imperialistisches, antidemokratisches Lager unter der Herrschaft Amerikas und in ein demokratisches, antiimperialistisches unter der Führung der Sowjetunion aufteilte. Eine Folge dieser Politik war die Gründung des westlichen Militärbündnisses NATO (1949) und des östlichen Bündnisses Warschauer Pakt (1953). Die Polarisierung der Welt wurde offenkundig:

- 12.3.1947 ***Truman-Doktrin***
- 1948/49 ***Berlinblockade***
- 1949 Gründung zweier deutscher Staaten (BRD und DDR)
- Gründung des Rates für gegenseitige Wirtschaftshilfe (RGW) durch die Sowjetunion, um die Satellitenstaaten auch wirtschaftlich dominieren zu können (und als Antwort auf den Marshall-Plan)
- Chinesischer Bürgerkrieg (bis 1949)
- 1950–53 Koreakrieg

## Der Kalte Krieg

Die Welt war in zwei Lager gespalten, die sich im ***Kalten Krieg*** bekämpften. Darunter versteht man alle Varianten der außen- und innenpolitischen Auseinandersetzung mit Ausnahme des direkten Krieges. Seine Mittel umfassten ein großes Spektrum: ideologische Auseinandersetzungen, Aufbau von Feindbildern, Unterstützung von verbündeten Staaten, Versuch der Einflussnahme auf Drittländer, territoriale Abschirmung, Fehlen von diplomatischen Beziehungen bzw. Auseinandersetzungen auf der Ebene der Diplomatie, Wettrüsten, Spionage, Wirtschaftskrieg, Boykottmaßnahmen, Wettbewerbsbeschränkungen, Stellvertreterkriege. Der Kalte Krieg, bald von „Tauwetterperiode" und Abrüstungsphasen abgemildert, dauerte bis zum Zerfall der Sowjetunion 1991.

## 12.2 Die Supermächte zwischen Konfrontation, Kooperation und Entspannung (1947–75)

### Polarisierung der Lager (1948–55)

In den 50er-Jahren verschärften sich zunächst die Gegensätze. Nach dem Tod Stalins 1953 zeigten sich dann erste Anzeichen von Entspannung. Mit der ***Roll-Back-Politik*** des amerikanischen Präsidenten ***Eisenhower*** sollte jedoch der Kommunismus zurückgedrängt werden, de facto stellte sie eine Fortsetzung der ***Containmentpolitik*** dar. Im Untersuchungsausschuss des Senators ***McCarthy*** nahm die Verfolgung von Kommunisten in Amerika fanatische Züge an.

### Konfrontationen und „Tauwetterperioden" (1955–64)

Stalins Nachfolger, ***Nikita Chruschtschow***, veranlasste Reformen in der Sowjetunion und übte Kritik an der Stalinära. Gleichzeitig setzte er aber die aggressive Politik seines Vorgängers fort, wie sich bei der Niederschlagung des sowjetfeindlichen ***Aufstandes in Ungarn*** (1956) durch sowjetische Truppen sowie anlässlich der ***Berlin-*** und ***Kubakrise*** (1958 bzw. 1962) zeigte. In den letzten beiden Krisen zog sich die Sowjetunion kurz vor der letzten Eskalation zurück. Die Stationierung von sowjetischen Atomsprengköpfen im sozialistischen Kuba wurde nach der entschlossenen Intervention des amerikanischen Präsidenten ***John F. Kennedy*** ebenso aufgegeben wie der Versuch, Gesamt-Berlin zu einem dritten deutschen Staat zu erklären.

#### These der „friedlichen Koexistenz"

Unter ***Chruschtschow*** wurde die These der ***friedlichen Koexistenz*** beider Blöcke aufgestellt, die jedoch keine Aufgabe des Sozialismus bedeutete. Die Sowjetunion unterstützte weltweit kommunistische Parteien, trieb das Wettrüsten voran und zeigte 1957 mit dem Bau eines Satelliten, dass sie die USA im Technologiewettlauf zumindest in einem Bereich überholt hatte (***Sputnikschock*** 1957).

### NATO-Strategien

Die Kubakrise, die fast zum Weltkrieg geführt hätte, war für die USA der Anlass, die NATO-Strategie der „massiven Vergeltung" durch die der „angemessenen Reaktion" (***flexible response***) zu ersetzen. Letztere bedeutete auch die Abkehr von einer Politik, die den atomaren Erstschlag im Fall eines bewaffneten Konflikts zugrunde legte. Allerdings stellte die Sowjetunion bald das atomare Patt her. Das „Gleichgewicht des Schreckens", die Möglichkeit, dass beide Supermächte einander und die übrige Welt mehrfach zerstören konnten, führte allmählich zur Einsicht, dass nur gegenseitige Kontrolle und Abrüstungsverhandlungen auf Dauer einen Krieg verhindern konnten.

**1956** Niederschlagung des Aufstandes in Ungarn durch sowjetische Truppen

**1961** *Mauerbau* in Berlin

**1961/62** *Kubakrise*: Die sowjetischen Raketenbasen werden nach einem Ultimatum der USA abgebaut.

## Der Kampf um die Positionen: Vietnamkrieg (1963–75) und Invasion in der ČSSR (1968)

### Vietnamkrieg

Südvietnam wurde seit der Teilung Vietnams (nach Abzug der französischen Kolonialmacht) im Jahr 1954 von den USA unterstützt. Eine gesamtvietnamesische Wahl scheiterte am Widerstand Südvietnams. Im Norden regierte der kommunistische Revolutionär Ho Chi Minh. Das korrupte, prowestliche Südvietnam stand unter dem Einfluss Ngo Dinh Diems, gegen den sich die kommunistische Widerstandsbewegung Vietcong formierte. Nach Diems Tod wollte Nordvietnam das Land wieder einen. Im folgenden Bürgerkrieg wurde Südvietnam durch den offensiven Einsatz von US-Einheiten unterstützt. Die USA wollten gemäß der ***Dominotheorie*** das Land nicht den Kommunisten überlassen. Ab 1965 eskalierte der Bürgerkrieg. Die Amerikaner, die ihre Truppenpräsenz laufend verstärkten (500 000 Soldaten), konnten trotz des Einsatzes von modernsten Waffen und chemischen Kampfstoffen gegen die Guerillataktik der Vietcong nicht gewinnen. Der Druck der weltweiten Friedensbewegung zwang die amerikanische Regierung 1973 zum Rückzug aus Vietnam. 1975, nach dem Sieg der Vietcong über Südvietnam, wurde das Land wieder geeint. Für die USA bedeutete die Niederlage einen Schock, aber sie zeigte auch die Wichtigkeit von Abrüstung auf.

## Sowjetische Invasion in die ČSSR

Während die USA sich in den Vietnamkrieg verstrickten, geriet auch die Sowjetunion zunehmend unter Handlungsdruck. Zum einen schlug das kommunistische China unter Mao Zedong einen unabhängigen Weg ein, zum anderen wandte sich Rumänien dem Westen zu, indem es mit der Bundesrepublik diplomatische Beziehungen aufnahm. In der ČSSR entstand eine Oppositionsbewegung mit Intellektuellen wie Pavel Kohout und Vaclav Havel an der Spitze, die sich gegen den zentralistischen Kommunismus sowjetischer Prägung wandten. Als 1968 ***Alexander Dubček*** an die Spitze der kommunistischen Partei der ČSSR gewählt wurde und Reformen in Angriff nahm, sah sich die Sowjetunion zum Handeln gezwungen. ***Leonid Breschnew***, seit dem Sturz von ***Chruschtschow*** neuer Staats- und Parteichef der Sowjetunion, veranlasste 1968 den Einmarsch von Truppen des Warschauer Pakts in die ČSSR. Die führenden Köpfe des ***Prager Frühlings*** wurden verhaftet, der Widerstand gegen die Truppen blutig niedergeschlagen. Der Westen griff nicht ein, da die Gefahr für einen Krieg als zu groß eingeschätzt und der Einflussbereich der Sowjetunion geachtet wurde.

## Breschnew-Doktrin

Die ***Breschnew-Doktrin*** (November 1968) verkündete die Einschränkung der Souveränität der sozialistischen Länder; sie beanspruchte, auch mit Gewalt in die Entwicklung von sozialistischen Staaten einzugreifen, falls der Sozialismus bedroht sei.

**21.8.1968** Einmarsch von Truppen des Warschauer Pakts in die ČSSR
**November 1968** Breschnew-Doktrin
**1975** Rückzug der USA aus Vietnam

## Rüstungsbegrenzung (1965–75/1992/2010)

Das die Menschheit bedrohende militärische Zerstörungspotenzial und die Gefährlichkeit vorangegangener Konflikte veranlasste USA und UdSSR, Verhandlungen über Rüstungsbegrenzungen aufzunehmen.

**1968** Der Atomwaffensperrvertrag verhindert die unkontrollierte Verbreitung von Atomwaffen.

**1971** Die Vereinbarung über die Einrichtung eines „heißen Drahtes" ergänzt das Abkommen von 1963 zwischen den USA und der UdSSR, um einen durch Fehlinformationen ausgelösten Atomkrieg zu vermeiden.

**1972** Das SALT-I-Abkommen („Strategic Arms Limitation Talks") begrenzt die Bereitstellung der Systeme zur Abwehr ballistischer Flugkörper (ABM-Vertrag, „Anti Ballistic Missile") auf zwei Standorte je Land.

Das SALT-I-Interimsabkommen begrenzt die Gesamtzahl bestimmter strategischer Angriffswaffen beider Vertragspartner (ICBM und SLBM).

**1973** Das Abkommen zur Verhinderung eines Atomkrieges sorgt für Zurückhaltung und Konsultationen, um die Gefahr eines Atomkrieges abzuwenden.

Das MBFR-Abkommen („Mutual Balanced Force Reductions") regelt den beiderseitigen Truppenaufbau der NATO und der Warschauer-Pakt-Staaten.

***KSZE***-Konferenz über Sicherheit und Zusammenarbeit in Europa: Die Schlussakte wurde 1975 von den Außenministern Europas, Kanadas und der USA unterzeichnet. Zu drei Bereichen, den sogenannten Körben, wurden Absichtserklärungen unterzeichnet:

1. Fragen der Sicherheit
2. Zusammenarbeit in den Bereichen Wirtschaft, Technik, Wissenschaft, Umweltschutz
3. Humanitäre und andere Bereiche (menschliche Kontakte, Informations- und Kulturaustausch)

Folgekonferenzen fanden 1977 in Belgrad, 1990 in Paris, 1992 in Helsinki und Wien statt; seit 1995 umgewandelt in die OSZE (Organisation über Sicherheit und Zusammenarbeit in Europa).

**1976** Atomteststoppvertrag (PNE-Vertrag) begrenzt unterirdische Atomtests zu friedlichen Zwecken.

**1979** Der SALT-II-Vertrag begrenzt die Zahl der nuklearstrategischen Angriffswaffen. Das SALT-II-Protokoll begrenzt die Dislozierung und/oder Erprobung von mobilen Interkontinentalraketen sowie bestimmter Marschflugkörper bis zum 31.12.1982 (unterzeichnet 1991).

Alle diese Verträge waren Ergebnis von Rüstungsbegrenzungsverhandlungen. Die folgenden Verträge waren die ersten, die zu wirklicher Abrüstung führten.

**1981/1987** Die INF-Verträge („Intermediate Range Nuclear Forces") beinhalten Abbau und Vernichtung der nuklearen Mittelstreckenraketen in Europa.

**1991** Der START-Vertrag („Strategic Arms Reduction Talks") regelt die Reduzierung der strategischen Offensivwaffen; START-I-Vertrag (1991), START-II-Vertrag (1993).

**2010** New-START-Vertrag zur Reduzierung der atomaren Sprengköpfe von 2 200 auf 1 500, der Trägersysteme von 1 600 auf 800

## 12.3 Von Entspannungspolitik zur Politik der Stärke (1975–85)

Sowohl die amerikanische als auch die sowjetische Führung zeigten in den 70er-Jahren ein hohes Maß an Verhandlungsbereitschaft, auch wenn die Rüstungsbeschränkungsabkommen von SALT II in Amerika nicht ratifiziert wurden. Ab 1975 geriet jedoch die Entspannungspolitik der USA immer mehr in die Krise. Nachdem Präsident ***Richard Nixon*** den Vietnamkrieg beendet hatte, setzte ***Jimmy Carter*** zunächst den Entspannungskurs seiner Vorgänger fort. Jedoch schien die Stellung der USA gefährdet. Ursachen hierfür waren:

- Die Niederlage der USA im Vietnamkrieg 1975
- Der Sieg des Kommunismus in Angola 1976
- Der Sturz des Schahs von Persien und die Gründung der fundamental-islamischen Republik Iran durch Ajatollah Chomeini 1979
- Die linksrevolutionäre Regierung in Nicaragua 1979
- Die Guerillabewegung in San Salvador 1979

***Carter*** gelang es 1978 in ***Camp David***, ein bilaterales Abkommen zwischen Israel und Ägypten zu vermitteln. Als in Osteuropa Mittelstreckenraketen aufgestellt wurden, wurde mit dem ***NATO-Doppelbeschluss*** (1979) die Möglichkeit zur Nachrüstung bei gleichzeitiger Entspannungspolitik festgelegt. Die sowjetische Intervention in ***Afghanistan*** (1979–89) führte zu einer weiteren Verschärfung der Spannungen zwischen Ost und West. Nach raschen Anfangserfolgen und der Einrichtung einer kommunistischen Regierung erlitt die Sowjetunion hohe Verluste im Guerillakampf. Ein militärischer Sieg war nicht zu erringen, sodass die Sowjetunion den Krieg 1989 abbrechen musste. Die Niederlage wirkte sich auf die sowjetische Gesellschaft ähnlich aus wie die Niederlage der USA in Vietnam. Der republikanische Präsident ***Ronald Reagan*** betrieb eine Politik der Stärke, die die Sowjetunion in einen Rüstungswettbewerb unter Beibehaltung der Abrüstungsverhandlungen zwang.

## 12.4 Das Ende des Kalten Krieges (1985-91) und Russland nach 2000

### Reformversuche in der Sowjetunion unter Gorbatschow

1985 befand sich die Sowjetunion in einer schweren Krise. Zwar war sie eine militärische Supermacht, aber wirtschaftlich und gesellschaftlich gegenüber dem Westen weit im Rückstand. 1985 wurde ***Michail Gorbatschow*** zum Generalsekretär der KPdSU gewählt. Mit einer Politik der Offenheit (***Neues Denken***) schaffte er außenpolitisch Vertrauen. Die wirtschaftliche Krise der Sowjetunion zwang zur Einschränkung der Rüstung und zur Zusammenarbeit mit dem Westen. Innenpolitisch versuchte Gorbatschow mit ***Glasnost*** (Transparenz, Öffentlichkeit) und ***Perestroika*** (Umbau) die marode Wirtschaft und Gesellschaft zu reformieren, Privatbetriebe wurden zugelassen. Gorbatschow nahm die INF- und START-Verhandlungen wieder auf und brach den Krieg in Afghanistan ab. Er überraschte den Westen mit dem Angebot von einseitigen Truppenreduzierungen. Die kommunistischen Regierungen der Ostblockstaaten kamen zusehends unter den Druck von Reformkräften. Gorbatschow versuchte seine Macht nach innen abzusichern. 1988 übernahm er das Amt des Präsidenten im Obersten Sowjet, 1989 das des Staatspräsidenten. Da aber die Reformen für die Bevölkerung keine Verbesserung brachten und die Sowjetunion ihre Position als Supermacht zu verlieren drohte, verfiel auch Gorbatschows Autorität.

### Auflösung der Sowjetunion

Am 19.8.1991 kam es zum Putsch der beharrenden Kräfte, kurz vor einem neuen Unionsvertrag, der den Republiken weitgehende Autonomie einräumen sollte. Der Putsch scheiterte am Widerstand der Bevölkerung und am Eingreifen des Reformers ***Boris Jelzin***. ***Gorbatschow*** konnte an die Spitze des Staates zurückkehren, nicht aber die Auflösung der UdSSR verhindern. Schon im November 1990 hatten 22 KSZE-Staaten das Ende des Ost-West-Gegensatzes ausgerufen. Am 21.12.1991 bildeten elf ehemalige Sowjetrepubliken eine Gemeinschaft unabhängiger Staaten. Gorbatschow trat zurück, Boris Jelzin wurde im Dezember 1991 Präsident Russlands und erneut 1996.

## Russland nach 2000 – Stabilisierung und Restauration der Weltmacht

Im Frühjahr 2000 folgte ihm ***Wladimir Putin***. Er sorgte für eine Stabilisierung und Modernisierung des russischen Staates. Putin versuchte, die Vormachtstellung der Sowjetunion wiederherzustellen. Dabei kam ihm auch der Ansehensverlust zugute, den die USA wegen ihrer Irakpolitik erlitten. Im Irakkrieg, im Atomkonflikt der USA mit dem Iran und Nordkorea - beide Staaten streben offensichtlich eine eigene atomare Bewaffnung an - agiert Russland als ausgleichende Macht.
Gaslieferungen an die EU und die Bundesrepublik sollen diese an Russland binden - eine Energiepolitik, die in Westeuropa nicht unumstritten ist und mit den russischen Partnern schon zu heftigen Konflikten geführt hat. Gegenüber den Nachbarstaaten wird die Energiepolitik als Druckmittel eingesetzt.
Putin selbst bezeichnete seine Regierungsform als „gelenkte Demokratie“. Sie war gekennzeichnet durch Kontrolle und Ausschaltung der Meinungs- und Pressefreiheit in Russland sowie die Förderung von Großkonzernen. Mit der Verstaatlichung von Ölkonzernen und Banken festigte Putin seine Macht nach innen. 2008 konnte Putin, nach zwei Amtszeiten, gemäß Verfassung nicht mehr als Staatspräsident kandidieren. Sein Nachfolger im Amt des Staatspräsidenten ist sein Vertrauter Dmitri Medwedew. Putin übernahm das Amt des Ministerpräsidenten.

**1990** Litauen, Estland, Lettland erklärten sich für unabhängig.

**25.2.1991** Auflösung des Warschauer Paktes

**Dezember 1991** Ausrufung der Gemeinschaft Unabhängiger Staaten (GUS), Ende der Sowjetunion

**1991–92** Hinwendung und Öffnung Russlands zum Westen unter Jelzin: Streben nach Mitgliedschaft in der Europäischen Gemeinschaft; Eintritt in den „Nordatlantischen Kooperationsrat“; Mitglied des Internationalen Währungsfonds (IWF); schrittweise Einbindung in die G7

**1993–95** Priorität des nahen Auslands: Vorrang der Politik gegenüber den Nachfolgestaaten der früheren Sowjetunion

**ab 2000** Errichtung autoritärer, unideologischer Machtstrukturen im Inneren; Machtstabilisierung nach außen, Ausbau der Rohstoffförderung und des Rohstoffexports

## 12.5 USA – die Supermacht im 21. Jh.

### 1990–2000 – USA als einzig verbleibende Supermacht

Nach dem Zerfall und der Auflösung der Sowjetunion sind die USA die letzte verbleibende Supermacht. Nach 1990 mussten sie wiederholt ihren Status als Supermacht unter Beweis stellen.

- Als im August 1990 Truppen auf Befehl des irakischen Diktators Saddam Hussein das souveräne Kuwait besetzten, befreite eine Gemeinschaft aus 26 Staaten unter Führung der USA Kuwait im ersten Irakkrieg.
- Beim Zerfall des Vielvölkerstaates Jugoslawien, der 1991 mit Vertreibung, Massenvergewaltigung und kriegerischen Auseinandersetzungen zwischen den verschiedenen Gruppierungen seinen Anfang nahm, war es letztlich dem Eingreifen der USA zu verdanken, dass diese Konflikte beendet und Lösungen gefunden wurden. Durch einen zeitlich befristeten Einsatz im Bosnienkrieg 1995 erzielten die USA einen Teilerfolg. Eine Militäraktion im NATO-Rahmen konnte die Vertreibung von Albanern aus dem Kosovo durch die serbische Regierung unter Präsident Milosevič beenden. In den Kosovo marschierte eine internationale Friedenstruppe (KFOR) ein.

### Der 11. September 2001 und die Folgen für die Weltpolitik

Am 11.9.2001 erfolgte ein terroristischer Angriff der antiamerikanisch-islamischen Terrororganisation ***Al Quaida*** von Osama Bin Laden auf das World Trade Center und das Pentagon. Dieser Tag hatte weitreichende Folgen für die nationale und internationale Politik, aber auch für das Bewusstsein der Weltbevölkerung und der Staaten.

- Die Verletzbarkeit der Supermacht USA steht repräsentativ für die Verwundbarkeit der Demokratien, die sich unter der Führung der USA zum „war on terror“ zusammenschließen.

- Auf die Anschläge vom 11.9. reagierte die US-Regierung unter ***George Bush jun.*** mit einem Krieg in Afghanistan (Beginn Oktober/November 2001) gegen das islamistisch-fundamentalistische Talibanregime. Dieses hatte den Al-Quaida-Führer Osama Bin Laden, der den Terrorismus gegen die USA und die westliche Welt initiiert und global organisiert hatte, nicht ausgeliefert. Die Talibanregierung wird im Rahmen einer militärischen Intervention beseitigt.
- Russland orientierte sich zugunsten der europäisch-atlantischen Gemeinschaft und unterstützte die USA.
- Präsident George Bush sah seine vorrangige Aufgabe im Kampf gegen den internationalen Terrorismus. Die im September 2002 verabschiedete „Sicherheitsstrategie“ erlaubte einen Angriff auf Staaten, von denen sich die USA bedroht fühlten. Auf dieser Grundlage griffen die USA im März/April 2003 den Irak an, dessen Diktator Saddam Hussein wegen des unterstellten Besitzes von Massenvernichtungswaffen als Bedrohung für die westliche Welt empfunden wurde. Eine „Koalition der Willigen“ (u. a. USA, Großbritannien, Spanien) beseitigte in einem völkerrechtlich umstrittenen Krieg das totalitäre Regime Saddam Husseins.
- Die amerikanische Einschätzung der internationalen Bedrohung unter der Präsidentschaft Bush forderte neue Formen der Kriegsführung und der Konfliktbewältigung. So sollte das global einsetzbare militärische Potenzial der USA im internationalen Verbund mit anderen Staaten benutzt werden, um den Terrorismus und die „Schurkenstaaten“ global bekämpfen zu können.
- Um bei der Bekämpfung des Terrors möglichst unabhängig vorgehen zu können, versuchen die USA internationale Bindungen möglichst zu lockern oder zu lösen. So vermeiden sie die Einbindung in internationale Abkommen und Verpflichtungen (wie den ABM-Vertrag zur Begrenzung von Raketenabwehrsystemen oder den International Criminal Court als übergeordnete juristische Instanz bei internationalen Strafverfolgungen). Als legitimes Mittel der Kriegsführung werden unter gewissen Umständen vorbeugende Kriege sowie die Bedeutung der atomaren Abschreckung in einem Konfliktfall (amerikanische Militärdoktrin 2005) erachtet. Gewissen Formen der Folter werden im Rahmen der Terrorismusbekämpfung akzeptiert.
- Nach der zweiten Amtszeit von Georg W. Bush zeichnete sich deutliche inneramerikanische und internationale Kritik hinsichtlich der Außenpolitik unter seiner Präsidentschaft ab.

### Grenzen einer Supermacht

- Der Aufbau Afghanistans mit demokratischen Vorgaben und dem Ziel, die internationalen Hilfstruppen (ISAF-Mandat) abziehen zu können, erweist sich als schwierig, da die Taliban von Pakistan aus gegen die afghanischen Sicherheitskräfte und die internationalen Hilfstruppen vorgehen. Seit 2004 ist Afghanistan eine islamische Republik und verfügt mit Hamid Karsei über einen Präsidenten, der 2009 wiedergewählt wurde.
- Es ist weder gelungen, den Irak nachhaltig zu befrieden, noch konnte der Iran von seinen als bedrohlich empfundenen Atomplänen abgebracht werden.
- Im Nahen Osten glückte es nicht, einen Ausgleich zwischen dem Staat Israel und den Palästinensern herzustellen.
- Der Umgang der USA mit Gefangenen in zum Teil geheim gehaltenen Lagern und massive Verstöße gegen die Menschenrechte haben den völkerrechtlichen und moralischen Führungsanspruch der USA vermutlich auf Jahrzehnte beschädigt. So fehlt es der Supermacht USA auf internationalen Podien an Autorität, sich wirkungsvoll für Menschenrechte einzusetzen.
- Dem ***Kyoto-Protokoll*** (1997 beschlossen; 2012 auslaufend), einem internationalen Klimaabkommen, blieben die USA ebenso fern wie internationalen Vereinbarungen zum Verbot von Landminen (***Ottawa-Konvention*** von 1997).

## Politik des „Change" durch Barack Obama

Insofern ruhten die Hoffnungen vieler Amerikaner auf dem demokratischen Präsidentschaftskandidaten, dem afroamerikanischen Juristen und Senator ***Barack Obama***, der „Change", den Wandel in Innen- und Außenpolitik, zu seinem Motto erhoben hatte. 2008 errang Barack Obama in einer historischen Wahl das amerikanische Präsidentenamt: Zum ersten Mal in der Geschichte der USA wurde ein Amerikaner mit afrikanischen Wurzeln Staatsoberhaupt der Supermacht. Obama versucht von Beginn seiner Regierungszeit an, sich von der Politik seines Vorgängers abzusetzen: Transparenz des Tuns, Gesundheitsreform, Wiederbesinnung auf Verpflichtung der USA als Wahrer der Menschenrechte, Abzug der Truppen aus dem Irak, Neuorganisation der Präsenz in Afghanistan. Eine ebenfalls historische Aufgabe stellt sich Obama durch die schlimmste Weltwirtschaftskrise seit den 1930er-Jahren.

**Schwierigkeiten und erste Erfolge der Kursänderung**

Obamas Politik verfolgt das Ziel, der Supermacht Amerika neue Glaubwürdigkeit in der Welt zu verschaffen und sie somit wieder als global akzeptierte Ordnungsmacht zu etablieren. Trotz wichtiger Erfolge hat Obama dabei erheblich gegen den Widerstand von Konservativen und Republikanern zu kämpfen, viele angestrebte Ziele sind erst zum Teil erreicht:

- Trotz der neuen Politik Obamas und seiner Sympathiewerbung gegenüber den Muslimen haben die USA einen Großteil der islamischen Staaten und der Bevölkerung gegen sich.
- Weder gegenüber Nordkorea noch gegenüber dem Irak können die USA ihre Atompolitik durchsetzen und Entwicklung sowie Besitz von Kernwaffen durch neue Staaten überzeugend verhindern.
- Als Vermittler zwischen Israel und den verschiedenen palästinensischen Gruppierungen im Nahost-Friedensprozess erweisen sich die USA nur sehr bedingt als erfolgreich.
- Bei der Bekämpfung der Weltwirtschaftskrise ist die Politik Obamas jedoch sehr erfolgreich, auch wenn die Krise noch Nachwirkungen zeigt.
- Der Abzug der US-Truppen aus dem Irak ist für das Jahr 2011 geplant.
- Nach einer Truppenaufstockung in Afghanistan soll auch dort 2011 der amerikanische Truppenabzug erfolgen.
- Ohne sich im Rahmen der Weltpolitik an die Spitze des Klimaschutzes zu stellen, zeigt Obama deutliche personalpolitische Signale, den Umweltschutz voranzubringen.
- Der globale Abrüstungsprozess wird mit der Unterzeichnung des New-START-Abkommens (Reduzierung der atomaren Sprengköpfe von 2 200 auf 1 500, der Trägersysteme von 1 600 auf 800) durch den US-Präsidenten Obama und den russischen Präsidenten Medwedew wieder aufgegriffen und vorangetrieben.

Es ist offensichtlich, dass globale wirtschaftliche und politische Verbesserungen ohne die USA nicht zustande kommen können.

# 13 Der Nahostkonflikt

## 13.1 Historische Ursachen des Konflikts

Der Nahostkonflikt zwischen Israel und seinen Nachbarstaaten stellt eine permanente Gefährdung des Weltfriedens dar und droht die islamische und die westliche Welt auf Dauer zu spalten. Da die Gründe des Konflikts weit zurück in die Vergangenheit reichen, ist der Friedensprozess langwierig und bedarf erheblicher Anstrengungen aller Beteiligten. Dazu gehören nicht nur Israel, die Palästinenser und Staaten der Region, sondern auch die EU und USA.

### Die Diaspora

Nach der Eroberung und Zerstörung des selbstständigen jüdischen Staates durch die Römer (70. n. Chr.) begann für die Juden die Diaspora (Zerstreuung). Zum Symbol hierfür wurde die Festung Masada. Die jüdische Besatzung widerstand den Römern, bis die Festung als letzter Rückzugsort 74 n. Chr. von den Römern nach dem kollektiven Selbstmord der Verteidiger eingenommen wurde. Die Juden siedelten im gesamten Mittelmeerraum, in Vorderasien und Afrika. Eine Minderheit blieb im eigenen Land. Im 7. Jh. eroberten die Araber die römische Provinz Judäa. Die Juden gaben in der Diaspora nie den Wunsch nach Rückkehr in das eigene Land und der Wiedererrichtung eines eigenen Staates auf.

### Islam und Zeitalter der Kreuzzüge

Mit dem Sieg des Propheten ***Mohammed*** über seine Gegner begann der Siegeszug des Islam von der arabischen Halbinsel über Nordafrika bis nach Spanien und in Asien bis nach Indien. Zwischen Islam und Christentum kam es an einigen geografischen Punkten (Spanien; Byzantinisches Reich gegen Seldschuken in Kleinasien; Normannen gegen Muslime in Sizilien) zu Konflikten. 638 eroberten Muslime Palästina einschließlich Jerusalem und errichteten dort eine 450 Jahre dauernde Herrschaft. Jerusalem wurde von drei Religionen als religiöses Zentrum angesehen. Jüdische Gemeinden gab es sowohl in den christlichen wie auch in den islamisch regierten Städten und Ländern. Mit dem Sieg der Seldschuken über das Byzantinische Reich und der Einnahme von Palästina und Syrien (1076–78) wurde es für die Christen immer schwieriger, die Pilgerfahrt nach Jerusalem zu unternehmen. Dies nahm Papst Urban II. zum Anlass, 1095 zu einem Kreuzzug ins Heilige Land aufzurufen. Dem Ruf folgten vor allem französische und lothringische Ritter. Die Kreuzzugsbewegung dauerte als wichtiger Bestandteil einer europäisch-christlichen Politik etwa 200 Jahre an (1095–1291).

**Gründe und Verlauf der Kreuzzugsbewegung**

- Demografie: Seit dem 10. Jh. wuchs die europäische Bevölkerung deutlich an, die herkömmlichen Siedlungsräume wurden knapp.
- Sozialstruktur und wirtschaftliche Situation: Viele Adelige konnten nicht auf herrschaftliche Positionen hoffen und suchten nach neuen sozialen Aufstiegsmöglichkeiten. Vor allem die nachgeborenen, in der Erbfolge zunächst nicht berücksichtigten Adeligen (Erstgeburtsrecht) erhofften sich eine materielle und soziale Perspektive.
- Religiosität: Ein religiöses Sendungsbewusstsein, im Auftrag Gottes die bekannte Welt zu verchristlichen, existierte seit Langem und verdichtete sich in der wirtschaftlichen und kulturellen Blütezeit des 11. Jh.s.

Im ersten und aus Sicht der Christen erfolgreichsten Kreuzzug (1096–99) wurden im Heiligen Land Kreuzfahrerstaaten errichtet, darunter das Königreich Jerusalem, das Fürstentum Antiochien sowie die Grafschaften Edessa und Tripolis.

Die Begegnung zwischen dem christlichen Abendland und dem Islam in Kleinasien bewirkte einen kulturellen und wirtschaftlichen Austausch, förderte diplomatische Beziehungen und erweiterte damit auch die politischen Dimensionen der beiden Welten. Andererseits blieben die religiösen Gegensätze letztendlich unüberwindlich, militärische Auseinandersetzungen überwogen, ein friedliches Neben- und Miteinander der Religionen war nicht möglich. In den folgenden Jahrhunderten unterstand die Region verschiedenen Machthabern.

Bis in die heutige Zeit werden die Kreuzzüge durch die islamische Welt kritisiert. Es wird behauptet, sie dienten weiterhin als Muster für politische Handlungen. Die Lösung des Konflikts zwischen christlich-industrialisierter und islamischer Welt ist eine der dringlichsten Aufgaben.

## Zionismus im 19. Jh.

Der Journalist und Schriftsteller ***Theodor Herzl*** gab der zionistischen Bewegung wichtige Impulse. Er forderte in seinem Buch „Der Judenstaat" (1896) einen modernen jüdischen Staat. 1897 organisierte Herzl den ersten Zionistischen Weltkongress in Basel.

## Einwanderung in Palästina und Staatsgründung

Mit dem zunehmenden Antisemitismus in Europa seit Ende des 19. Jh.s wanderten viele Juden in mehreren Einwanderungsbewegungen (Alija = hebr.: Aufstieg nach Zion) nach Palästina aus, z. B.:

**1882–1904** 1. ***Alija***, hauptsächlich aus Russland: Errichtung einer eigenständigen Landwirtschaft in Palästina

**1904–14** 2. Alija, hauptsächlich aus Russland: Basis für die Kibbuz- und Stadtgründungen (Tel Aviv)

**1932–38** 5. Alija, aus Deutschland, Polen, Tschechoslowakei, Rumänien, Ungarn

Auch die arabische Bevölkerung gewann an Selbstbewusstsein. Von 1517 bis 1917 stand Palästina unter dem Einfluss der türkischen Besatzung. Die Araber hatten sich unter der Führung des britischen Obersts Thomas E. Lawrence (Lawrence of Arabia) mit den Briten gegen die türkische Herrschaft gewandt (1916). Bereits 1915 hatte der britische Hochkommissar den Arabern ein Großarabisches Reich mit Palästina unter der Führung des Großscherifs Hussein Ibn Alsi von Mekka versprochen. Nach dem Zusammenbruch der türkischen Herrschaft errichteten Frankreich und England im Nahen Osten eine nach Interessensphären abgegrenzte neue Fremdherrschaft. Am 2.11.1917 versprach die britische Regierung in der ***Balfour-Erklärung*** (nach dem Außenminister Artus James Balfour) den Vertretern der zionistischen Juden die Errichtung einer „nationalen Heimstätte" in Palästina. Die Grundlagen des heutigen Nahostkonflikts liegen so auch in dem widersprüchlichen Verhalten der beteiligten kolonialen Mächte.

Nach dem 1. Weltkrieg kam Palästina unter britisches Völkerbundmandat, Libanon und Syrien unter französisches Mandat. Zwischen 1920 und 1948 wurde Palästina von den Engländern verwaltet. Schon in den 20er- und 30er-Jahren gab es schwere Auseinandersetzungen zwischen der arabischen und jüdischen Bevölkerung. 1929 kam es in Hebron zu einem Massaker an der jüdischen Bevölkerung. Der Große Ara-

bische Aufstand des Großmuftis von Jerusalem wurde 1939 von den Briten niedergeschlagen, den Vorschlag zur Teilung des Landes in einen arabischen und einen jüdischen Teil lehnte die arabische Bevölkerung ab. 1939 änderten die Briten ihre Politik zugunsten der Araber. Sie senkten die Zahl der jüdischen Einwanderer auf 75 000.
Als Reaktion darauf entstand eine jüdische Untergrundorganisation, die eine illegale Einwanderung organisierte. Die ***Haganah*** (hebr.: Verteidigung) hatte es sich zur Aufgabe gemacht, den Schutz der jüdischen Siedlungen vor den Arabern zu gewährleisten. Nach dem 2. Weltkrieg versuchten die Briten, die Einwanderung – 100 000 Juden war die illegale Einwanderung gelungen – zu unterbinden. Am 29.11.1947 (Resolution 181) stimmte die UN-Vollversammlung einer Teilung Palästinas in einen jüdischen und einen arabischen Staat zu. Die britische Regierung sollte ihr Mandat bis zum 15.5.1948 beenden und ihre Truppen abziehen. Bei der Durchführung des Teilungsplans kooperierte die britische Regierung nicht und verzichtete auf die Einsetzung einer provisorischen Regierung. Am 14.5.1948 endete das britische Mandat über Palästina. Einen Tag später proklamierte David Ben-Gurion den Staat Israel. Noch in der Gründungsnacht wurde Israel von den Armeen Ägyptens, Transjordaniens, Syriens, des Libanons und des Iraks angegriffen. Unmittelbar nach Ablauf des britischen Mandats kam es zu arabischen Angriffen auf die Städte Jerusalem, Jaffa und Tel Aviv sowie auf das Straßennetz des jungen neuen Staates.

## 13.2 Kriege zwischen Israel und angrenzenden Staaten

Die Kriege zwischen Israel und den arabischen Staaten betreffen vor allem das Existenzrecht Israels, das nicht von allen arabischen Staaten anerkannt wird, und das Recht der Palästinenser auf einen eigenen Staat.

**1948/49** ***Israelischer Unabhängigkeitskrieg***: Teilung Jerusalems in einen West- und einen Ostsektor; Gazastreifen unter ägyptischer Verwaltung; Waffenstillstand, kein Friedensvertrag

**1956** ***Suezkrise***: Blockade der Straße von Tiran durch Ägypten; Bündnis zwischen Ägypten, Syrien und Jordanien gegen Israel; Besetzung der Sinaihalbinsel und des Gazastreifens durch Israel; Rückzug Israels nach Ultimaten der USA und der SU

**1967** ***Sechs-Tage-Krieg***: Präventivschlag Israels gegen Ägypten und Syrien; Besetzung der Sinaihalbinsel, des Gazastreifens und des Westjordanlandes

**1973** ***Jom-Kippur-Krieg***: Ägypten und Syrien greifen Israel einen Tag nach dem israelischen Unabhängigkeitstag an. Israel kann die Angreifer zurückdrängen.

**1982** ***Libanonfeldzug***: Zerschlagung der PLO im Libanon

### Aufstände (Intifada) der Palästinenser und militanter Widerstand

**1987–93** Erste ***Intifada*** (Erhebung, Abschüttelung)

**2000–05** Scheitern von Verhandlungen zwischen Israel und PLO; zweite Intifada

#### Organisationen der Palästinenser

Selbstmordattentate, Beschießung der Grenzen und Terrorangriffe gehören zum Repertoire der palästinensischen Befreiungsorganisationen. Die wichtigsten Palästinenserorganisationen sind:

- ***PLO*** (Palästinensische Befreiungsorganisation, gegründet 1964); 1969–2004 durch ***Jassir Arafat*** geführt, Nachfolger ist ***Mahmud Abbas***.
- Fatahbewegung: Bewegung zur nationalen Befreiung Palästinas; Fraktion innerhalb der PLO
- Hamas (Eifer) verübt seit 1987 Selbstmordattentate; islamistisch-fundamentalistisch ausgerichtet; gesteht Israel kein Existenzrecht zu.
- Islamischer Dschihad verübt seit den 80er-Jahren Selbstmordattentate; gesteht Israel kein Existenzrecht zu.

## 13.3 Ringen um den Frieden – Erfolge und Rückschläge

Die Gefährdung des Weltfriedens durch den permanenten Konfliktherd im Nahen Osten führte zu Friedensverhandlungen, die seit drei Jahrzehnten andauern und immer wieder gefährdet sind.

**1978** Frieden von ***Camp David*** zwischen Ägypten und Israel

**1979** Friedensvertrag zwischen Ägypten und Israel

**1982** Rückzug Israels aus dem Sinai

**1993** Gewaltverzicht der PLO; Akzeptanz eines palästinensischen Staates durch Israel

**1994** Friedensvertrag zwischen Israel und Jordanien

**2000** Verhandlungen zwischen Israel und PLO; Rückgabe des südlichen Libanons

**2002** ***Roadmap*** (Friedensplan); Errichtung eines palästinensischen Staates für das Jahr 2005 geplant; Bau von Sperranlagen zwischen Israelis und Palästinensern

**2005** Räumung der jüdischen Siedlungen im Gazastreifen auf Betreiben des israelischen Ministerpräsidenten ***Ariel Sharon***

**2006** Etablierung einer internationalen Friedenstruppe im Südlibanon; kurzfristige Besetzung des Libanons durch Israel; militärische Aktionen im Gazastreifen

**2007** Übernahme des Gazastreifens durch die Hamas; Blockade des Gazastreifens durch Israel

**2008** Schließung der Grenzübergänge in den Gazastreifen

**2008–09** Erneute Offensiven Israels im Gazastreifen

## Rolle und Interessen der am Konflikt beteiligten Staaten

### Arabische Welt

- Ägypten: Schloss 1979 einen Friedensvertrag mit Israel und verfolgt eine Verhandlungspolitik. Es tritt auch als Vermittler zwischen den Palästinensern und Israel auf.
- Jordanien: Vereinbarte 1994 mit Israel einen Friedensvertrag und sieht ein zentrales Ziel im Erhalt des eigenen Staates.
- Syrien: Betreibt eine antiisraelische Politik, weil es seine Existenz bedroht sieht.
- Iran: Betreibt eine Politik des Antisemitismus und der offenen Provokation.

### Groß- und Supermächte

- EU: Verfolgt als Ziel den Interessenausgleich zwischen Israel und Palästina.
- Sowjetunion: Erkannte die Existenz Israels an, unterstützte Palästina, ab den 70er-Jahren die PLO und die arabischen Staaten, verlor im Lauf der Zeit an Bedeutung.
- Russland: Ist als Nachfolger der SU an einer möglichst konfliktfreien Zone interessiert.

- USA: Unterstützen als einzig verbleibende Supermacht grundsätzlich Israel und verfolgen Friedensziele. Versuchen die Kontrolle über den Persischen Golf und den Zugang zum Indischen Ozean über den Suezkanal zu sichern.

### Der Konflikt zwischen Israel und Palästinensern im 21. Jh.

Trotz der Roadmap existieren ungeklärte Streitpunkte, vor allem:

- Der Status von Jerusalem, das seit 1967 durch Israel annektiert ist, aber auch von den Palästinensern als Hauptstadt angesehen wird
- Die Siedlungspolitik Israels in den besetzten Gebieten
- Das Rückkehrrecht für palästinensische Flüchtlinge
- Die Bildung und Gestaltung eines palästinensischen Staates

Die Beschießung israelischen Gebiets durch palästinensische Raketen, Anschläge auf israelische Staatsbürger und Siedler, die fehlende Anerkennung Israels durch die Hamas, die permanenten Auseinandersetzungen an den Grenzen Israels mit den palästinensischen Gruppierungen, die Siedlungspolitik Israels in der Westbank, die Abriegelung des Gazastreifens, die Frage nach der Stellung Jerusalems als Hauptstadt Israels oder, im Ostteil, als Hauptstadt Palästinas erschweren eine dauerhafte Lösung.

# 14 Deutschland seit 1945

## 14.1 Von der Viermächteverwaltung zur Blockintegration

### Das Potsdamer Abkommen und seine Folgen

In der Nacht vom 8. auf den 9.5.1945 unterzeichneten Vertreter der deutschen Wehrmacht im Auftrag von Reichspräsident ***Dönitz*** die bedingungslose Kapitulation Deutschlands. Die Hoheitsgewalt lag nach der Berliner Erklärung vom 5.6.1945 bei den Alliierten. Deutschland war zwar in Besatzungszonen aufgeteilt, sollte aber von den Besatzungsmächten durch den ***Alliierten Kontrollrat*** als Gesamtheit verwaltet werden.

An der ***Konferenz von Potsdam*** (17.7.-2.8.1945) nahmen der amerikanische Präsident ***Truman*** (für den verstorbenen Roosevelt), ***Stalin*** und ***Churchill***, nach dessen Abwahl als Premierminister sein Nachfolger Attlee teil. Im Potsdamer Abkommen einigten sich die „großen Drei" auf die Prinzipien der

- Demilitarisierung,
- Entnazifizierung,
- Dezentralisierung,
- Demontagen,
- Demokratie.

Deutschland wurde als politische und wirtschaftliche Einheit betrachtet und zentral verwaltet. Die unter polnischer Verwaltung stehenden deutschen Gebiete östlich der Oder und Neiße sollten allerdings unter Vorbehalt in einem späteren Friedensvertrag endgültig polnisch werden, wie auch das russisch verwaltete nördliche Ostpreußen sowjetisch werden sollte. Die Umsiedlung der in diesen Gebieten wohnenden Deutschen wurde beschlossen. Kriegsverbrecher sollten zur Verantwortung gezogen, die Grundlagen des Nationalsozialismus vollständig beseitigt und eine demokratische Ordnung eingeführt werden. Auch die Zahlung von Reparationen wurde festgelegt. Insgesamt jedoch waren die Abmachungen vage, die Begriffe „Demokratisierung" und „Entnazifizierung" waren nicht definiert.

Berlin kam als Hauptstadt eine Sonderrolle zu; es wurde von den Großmächten gemeinsam besetzt und in Sektoren eingeteilt. Aus der amerikanischen und englischen Besatzungszone wurde gemäß dem Beschluss von Jalta eine französische Besatzungszone in Berlin und im ehemaligen Reichsgebiet ausgegliedert.

## Flucht und Vertreibung 1944–48

Seit dem Sommer 1944 setzte mit dem Vordringen der sowjetischen Truppen im Baltikum und im Memelgebiet eine erste Fluchtbewegung ein, im Herbst in Ostpreußen. Millionen Deutsche versuchten im Winter mit Flüchtlingstrecks oder Schiffsevakuierungen ins Innere des Deutschen Reiches zu fliehen. Über 2 Mio. Menschen verloren insgesamt (bis 1947) ihr Leben auf der Flucht. In Potsdam wurden nachdrücklich humane und geregelte Umsiedlungen gefordert. Zur Gewährleistung dieser Bedingungen verlangten die Westmächte einen Aufschub der Deportationen. Trotzdem gab es im Dezember 1945 unter katastropha-

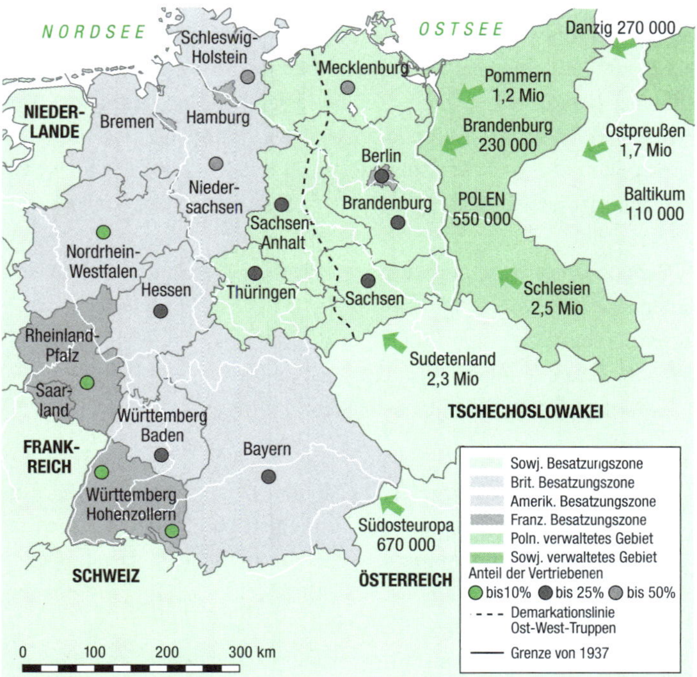


*Flüchtlinge und Vertriebene aus den Ostgebieten und Osteuropa*

len Bedingungen eine zweite Fluchtwelle. Umsiedlungen Deutscher gab es auch aus Ungarn, Jugoslawien, Rumänien und anderen Staaten (Gesamtzahl der Umgesiedelten ca. 17 Mio., davon ungefähr 2 Mio. umgekommen; 11 Mio. in die Zonen vertrieben, 3,5 Mio. in die SBZ, 0,5 Mio. nach Österreich ausgewiesen). Eine dritte Fluchtwelle setzte 1946 aus der SBZ ein. Die Hauptprobleme bei der Ankunft der Flüchtlinge bestanden

- im Konflikt mit der alteingesessenen Bevölkerung,
- in der Lebensmittelrationierung,
- in Wohnungs- und Arbeitsplatzknappheit,
- in Krankheiten und Seuchen,
- in hoffnungsloser Überforderung der Militärregierungen
- und dem Verlust der Heimat.

Eine der größten Leistungen der Bundesrepublik bestand in der erfolgreichen Integration der Flüchtlinge.

## Nürnberger Prozesse und Entnazifizierung

In der ***Londoner Erklärung*** (1942) wurden ein Gerichtsverfahren und die Bestrafung der Hauptverantwortlichen für die begangenen Verbrechen als zwei der wichtigsten Kriegsziele der Alliierten bezeichnet. Der Prozess wurde bereits während des Krieges vorbereitet (Verfahren vor einem internationalen Gerichtshof). Am 8.8.1945 erging ein Statut für den internationalen Militärgerichtshof, der vier Hauptanklagepunkte prüfen sollte:

1. Gemeinsamer Plan oder Verschwörung (zur Begehung der im Folgenden genannten Verbrechen)
2. Verbrechen gegen den Frieden
3. Kriegsverbrechen
4. Verbrechen gegen die Menschlichkeit

**1945**

**18.10.** Eröffnung des Verfahrens gegen die Hauptkriegsverbrecher Göring, Hess, von Ribbentrop und weitere 23 Einzelpersonen (u. a. Ley, Keitel, Kaltenbrunner, Rosenberg, Schacht, Dönitz) sowie alle politischen Leiter der NSDAP, SS, SD, Gestapo, SA, des Generalstabs und des Oberkommandos der Wehrmacht. Neben Personen wurden auch Organisationen wie die SS unter Anklage gestellt.

**1946**

**1.10.** Verkündung der Urteile: zwölf Todesurteile, sieben bis zu lebenslange Freiheitsstrafen, drei Freisprüche; Leiter der NSDAP, Gestapo, SS, SD wurden verurteilt, die Mitgliedschaft in diesen Organisationen allein war jedoch noch kein Verbrechen.

**16.10.** Vollstreckung der Todesurteile

Auf der Grundlage eines im Dezember 1945 erlassenen Gesetzes zur Bestrafung deutscher Kriegsverbrechen fanden zahlreiche weitere Prozesse in den Besatzungszonen vor Gerichten der Siegermächte statt. Prozesse wurden auch in ehemals von Deutschland besetzten Ländern geführt. Vor deutschen Gerichten kamen in den 50er- bis 70er-Jahren vor allem Verbrechen in Konzentrations- und Vernichtungslagern in aufsehenerregenden Prozessen zur Anklage (↗ S. 132).

## Entnazifizierung

***Entnazifizierung*** ist die Sammelbezeichnung für alle Maßnahmen der Besatzungsmächte in Deutschland nach 1945, die darauf abzielten, die NS-Herrschaft und ihre Grundlagen zu beseitigen und Vorsorge gegen ihre Wiederbelebung zu treffen.

Dabei übernahmen die Amerikaner eine Vorreiterrolle. Mit einem enormen bürokratischen Aufwand kam es zu einer radikalen Säuberung des politischen Lebens und zu Massenentlassungen (10 000 Lehrer allein in Bayern) aus dem öffentlichen Dienst. Im März 1946 wurde der Vollzug der Entnazifizierung in deutsche Hände gelegt. Jeder Deutsche über 18 Jahre musste einen Fragebogen über seine berufliche und politische Vergangenheit ausfüllen. Dann wurde er einer von fünf möglichen Kategorien der nationalsozialistischen Belastung zugeteilt: Hauptschuldige, Belastete (Aktivisten, Nutznießer), Minderbelastete (Bewährungsgruppe), Mitläufer, Entlastete. Nur 1 % von den 13 Mio., die den Fragebogen ausgefüllt hatten, wurden bestraft.

In der sowjetischen Zone wurden die nachgeordneten Parteigenossen häufig geschont. Radikal gesäubert wurden hingegen Polizei und Justiz, die die Kommunisten unter ihre Kontrolle bringen wollten. 150 000 Personen (von denen 70 000 unter den schweren Haftbedingungen ums Leben kamen) wurden in die UdSSR oder in Internierungslager deportiert. Die SMAD (Sowjetische Militäradministration) nutzte die Entnazifizierung auch, um Gegner des Kommunismus – nicht notwendigerweise ehemalige Nationalsozialisten – „auszuschalten“.

## 14.2 Von der alliierten Kontrolle zur deutschen Selbstverwaltung

### Unterschiedliche Zielsetzungen der Besatzungsmächte

Die Alliierten versuchten, in Deutschland die Verwaltung wieder aufzubauen. Dazu setzten sie Bürgermeister und Landräte ein, die jedoch der Kontrolle durch die Besatzungsoffiziere unterlagen. Zentrale Positionen wurden an Personen vergeben, die sich durch eine demokratische Gesinnung auszeichneten. Das Pressewesen unterlag der Lizenzpflicht. Die Alliierten verfolgten in ihren Zonen unterschiedliche Ziele:

**USA**
Die Amerikaner gingen von einer Bestrafungs- und Umerziehungspolitik aus, schwenkten aber auch immer wieder rasch auf eine pragmatische Politik ein.

**Großbritannien**
Die Briten waren durch den Krieg hoch verschuldet und wollten rasch die durch die Besatzung verursachten Kosten senken: Dazu sollte die deutsche Wirtschaft wieder zu einer gewissen Stabilisierung geführt werden. Tiefes Misstrauen hegte die britische Regierung gegen die Sowjetunion, wobei man in einem künftigen deutschen Staat einen potenziellen Verbündeten sah.

**Frankreich**
Frankreich war an einer dauerhaften politischen und wirtschaftlichen Schwächung und Kontrolle Deutschlands gelegen, sodass es eine gemeinsame Politik der westlichen Zonen häufig behinderte und in der Sowjetunion einen Bündnispartner fand.

**Sowjetunion**
Die Sowjetunion zielte auf eine Hegemoniepolitik ab. Ihr war an einer Kontrolle des gesamten Deutschlands oder zumindest der Ostzone gelegen.

### Westliche Besatzungszonen

In den westlichen Besatzungszonen wurden relativ rasch streng kontrollierte Verwaltungen auf Länderebene errichtet. Zur Demokratisierung bedurfte es der Wiedergründung von Parteien, die in den Westzonen zunächst nur auf regionaler Ebene zugelassen wurden.

- Sozialdemokratische Partei Deutschlands (***SPD***): Wichtige Führungsperson der Nachkriegszeit blieb bis zu seinem Tod 1952 ***Kurt Schumacher***.
- Christlich Demokratische Union (***CDU***) als Neugründung für konservativ-bürgerliche Schichten. Im März 1946 wurde in der britischen Zone der frühere Zentrumspolitiker ***Konrad Adenauer*** zum Vorsitzenden gewählt.
- Christlich-Soziale Union (CSU) als Neugründung und auf Bayern beschränkte Partei aus klerikalen, liberalen und konservativen Strömungen
- Freie Liberale Partei (FDP), gegründet Ende 1948, als Zusammenschluss verschiedener liberaler Gruppierungen. Erster Vorsitzender wurde ***Theodor Heuss***.

Schon am 17.10.1945 bildete General ***Clay*** aus ernannten Ministerpräsidenten einen Länderrat in der amerikanischen Zone. Seine Aufgabe war die Koordinierung von Gesetzgebung, Verkehrs- und Postverbindungen sowie die Wirtschaftsentwicklung auf überregionaler Ebene. Die ersten Wahlen für die Gemeindeparlamente folgten in der amerikanischen Zone im Januar 1946, in der britischen und französischen Zone im September 1946. Ab Juni 1946 erarbeiteten verfassunggebende Versammlungen der Länder Verfassungen, die durch Volksabstimmungen parallel zu den Wahlen bestätigt wurden.

## Sowjetische Besatzungszone

Schon Anfang Mai 1945 hatte die sowjetische Regierung die „Gruppe Ulbricht", deutsche Exilkommunisten unter der Führung des ehemaligen KPD-Reichstagsabgeordneten ***Walter Ulbricht***, in die SBZ eingeflogen. Die Gruppe hatte den Auftrag, in wirtschaftlichen und politischen Spitzenpositionen möglichst schnell Einfluss und Macht zu gewinnen, ohne jedoch die anderen Parteien anfangs völlig zu verdrängen.
In der sowjetischen Besatzungszone verlief der Prozess der Parteiengründung anders als in den Westzonen. Schon am 10.6.1945 wurden Gewerkschaften und Parteien zugelassen. Die ***KPD*** konstituierte sich am 11.6., ***SPD***, ***CDU***, ***LDPD*** (Liberaldemokratische Partei) folgten.
Als Massenorganisationen entstanden der ***FDGB*** (Freier Deutscher Gewerkschaftsbund) und der ***DK*** (Deutscher Kulturbund). Bald schlossen

sich die Parteien zum „Block antifaschistisch-demokratischer Parteien" (14.7.) unter Führung der KPD zusammen. Nach Wahlniederlagen der Kommunisten in Österreich und Ungarn drängte die KPD auf die Vereinigung mit der SPD. Dies verhinderte zunächst ***Kurt Schumacher***. Durch Druck wurde die SPD aber unter ***Otto Grotewohl*** zum Nachgeben gezwungen und am 21./22.4.1946 wurden in Berlin SPD und KPD zur Sozialistischen Einheitspartei Deutschlands (***SED***) zusammengefasst. In der Folgezeit „säuberte" man CDU und LDPD in der sowjetischen Zone nach Wahlerfolgen von oppositionellen Kräften. Auch die SED unterwarf man „Säuberungen" und wandelte sie nach dem Vorbild der KPdSU in eine kommunistische Partei um.

## 14.3 Die Entstehung der Bundesrepublik und deren Integration in das westliche Bündnis

### Reparationen im besetzten Deutschland

Über Höhe und Art der Reparationsleistungen kam es zwischen den Siegerstaaten bald zum Konflikt. Die Sowjetunion hatte im Krieg die größte Last und die größten Verluste zu tragen gehabt. Die deutschen Reparationen sollten helfen, die Schäden zu beseitigen und der wirtschaftlichen Not abzuhelfen. So entnahm die Sowjetunion aus der SBZ bis 1953 66 Mrd. Reichsmark an Reparationen. In den Westzonen wurden, angesichts der herrschenden Not und der geänderten Außenpolitik, die Reparationspläne revidiert. Schon 1946 ließ General ***Clay*** die Reparationslieferungen an die Sowjetunion einstellen. Nur 700 statt 1 800 Betriebe wurden nach einem revidierten amerikanischen Plan abgebaut. Bereits 1949 erreichte man im Westen wieder die Produktionszahlen von 1936, im östlichen Deutschland fünf Jahre später.

### Bi-Zone und Weichenstellung für die soziale Marktwirtschaft

Nachdem auf der ***Pariser Außenministerkonferenz*** (April–Juli 1946) die Sowjetunion alle amerikanischen Vorschläge blockiert hatte, schlugen im Juli 1946 die USA im ***Alliierten Kontrollrat*** die wirtschaftliche Vereinigung der Zonen vor. Diese kam nicht zustande, da Frankreich und die Sowjetunion gegen den Vorschlag stimmten. Daraufhin schlossen sich die britische und amerikanische Zone zur Bi-Zone zusammen.

1947 kam dieses vereinigte Wirtschaftsgebiet unter deutsche parlamentarische Kontrolle. Der aus Mitgliedern der Länderparlamente zusammengesetzte Wirtschaftsrat (Sitz in Frankfurt am Main) führte Aufsicht. Er bekam im Februar 1948 einen Länderrat zur Seite gestellt.

## Der Marshallplan

Da die Sowjetunion ihren Einflussbereich seit Kriegsende vergrößert hatte, fürchteten die USA um ihre exponierte Stellung. Die bis Ende 1947 nach Europa geflossenen Gelder (11 Mrd. Dollar) waren auch den osteuropäischen Ländern zugute gekommen, ohne jedoch den Zerfall der europäischen Wirtschaft aufhalten zu können. Nach dem Scheitern der Außenministerkonferenz in Moskau (10.3.-24.4.1947) brachte die amerikanische Regierung den Gedanken der politischen und wirtschaftlichen Stabilisierung Europas und Deutschlands ins Spiel und vollzog damit die Abkehr von der Kooperationspolitik Roosevelts. Gleichzeitig wurde Frankreich von seiner antideutschen Haltung abgebracht. Am 10.1.1947 war ***George C. Marshall*** zum amerikanischen Außenminister ernannt worden. Unter seiner Leitung wurde ein umfangreiches europäisches Wiederaufbauprogramm ERP (European-Recovery-Program = Marshallplan) entwickelt, das am 5.6.1947 veröffentlicht wurde.
Der Plan sah vor:

- Verteilung von Hilfsleistungen auf Vorschlag der OEEC (Organization for European Economic Cooperation)
- Sachlieferungen, insbesondere Lebensmittel und Rohstoffe
- Vergabe von Krediten
- Sammlung von Gegenleistungen der jeweiligen Länder in Zentralbanken
- Investierbare Fonds zur Anregung von eigenen wirtschaftlichen Aktivitäten

16 europäische Länder schlossen sich zur OEEC zusammen, die die Verteilung der Hilfsmittel übernahm. Am 15.12.1949 trat Deutschland der OEEC bei. Bis 1957 erhielt es 1,7 Mrd. Mark für Wohnungsbau, Verkehrswesen und Landwirtschaft. Die osteuropäischen Staaten und die SBZ durften auf Druck der Sowjetunion, die um ihre Machtposition fürchtete, nicht teilnehmen. In seiner psychologischen, sicherlich nicht in seiner wirtschaftlichen Auswirkung, war das ERP Initiator des „Wirtschaftswunders“.

## Die Währungsreform

Die ***Währungsreform*** stellte eine der wesentlichen Voraussetzungen für die staatliche und wirtschaftliche Integration der Westzonen dar. Da die Nationalsozialisten die Aufrüstung über die Notenpresse finanziert hatten, herrschte ab 1937 eine verdeckte Inflation. Nach Kriegsende waren riesige Geldmengen im Umlauf, die Reichsmarkvermögen somit wertlos. Schwarzmarkt und Naturalwirtschaft blühten, sodass eine Währungsreform notwendig wurde.

Im Juli 1947 beschlossen die Westalliierten eine eigene Währung für die Westzone. Seit Oktober 1947 wurde das neue Geld in den USA gedruckt und am 1.3.1948 die Bank Deutscher Länder gegründet. Die Einführung der Deutschen Mark (DM) erfolgte am 20.6.1948. Die Währungsreform bedeutete eine Abwertung der Reichsmark (Einleger erhielten 6,5%), jeder Bürger erhielt 60 DM als „Kopfquote“ (in zwei Raten zu 40 DM und zu 20 DM), die Löhne wurden 1 : 1 in DM weiterbezahlt. Am selben Tag endeten weitgehend Zwangsbewirtschaftung und Preisbindung. Die entschädigungslose Enteignung der Sparer war eine soziale Härte, die noch dadurch verschärft wurde, dass man die Besitzer von Sachwerten nicht heranzog.

Die Währungsreform hatte eine Preissteigerung bis Dezember 1948 und einen Anstieg der Arbeitslosigkeit bis Januar 1949 zur Folge. Ab 1949 verbesserte sich jedoch die Versorgungslage stetig und die Industrieproduktion stieg an.

In der SBZ wurde als Reaktion auf die Entwicklung im restlichen Deutschland am 23.6.1948 die Ostmark eingeführt (Abwertung 1 : 10, die Kopfquote lag bei 70 DM Ost). Die wirtschaftliche und politische Spaltung Deutschlands war damit besiegelt.

## Die Berlinblockade (4.8.1948–12.5.1949)

Die Berliner Blockade war die von der sowjetischen Besatzungsmacht verfügte Sperrung aller Land- und Wasserwege, die von den Westzonen durch die Ostzone nach Berlin führten.

Auslöser war der Streit um die Einführung der neuen Währungen in Berlin. Am 24.6.1948 befahl der sowjetische Militäroberbefehlshaber dem Berliner Senat die Einführung der DM Ost; stattdessen führten die Stadtkommandanten die DM West ein. Motiv für das Verhalten des sowjetischen Befehlshabers war die Absicht der Sowjetunion, Gesamt-Berlin in die SBZ einzubinden. Mit der Berlinblockade sollten die

Schwäche der Westmächte aufgezeigt und die Pläne für einen deutschen Weststaat zum Scheitern gebracht werden.
Ab dem 24.6.1948 wurden in Westberlin der Strom und sämtliche Zufahrtswege nach Berlin gesperrt. Vom 25.6. an setzte die Luftversorgung Westberlins durch die Amerikaner ein (Luftbrücke der „Rosinenbomber"). Das Viermächteabkommen (4.5.1949) in New York brachte den Beschluss zur Beendigung der sowjetischen Blockade und am 12.5. deren offizielles Ende.
Unterschiedliche Stadtregierungen in der Ost- und Westzone und die Ungleichheit der Währungen trugen zur Spaltung Berlins bei. Die Gründung eines Weststaats war nicht mehr zu verhindern. Im September 1949 wurde die BRD gegründet, im Oktober 1949 die DDR.

## Entstehung des Grundgesetzes der Bundesrepublik Deutschland

Im Juni 1947 scheiterte die Ministerpräsidentenkonferenz aller Länder. Von diesem Zeitpunkt an strebten die USA die Gründung eines deutschen Weststaates an, der auch Frankreich zustimmte. Die Weststaatslösung wurde Grundlage der Deutschlandpolitik der drei westlichen Besatzungsmächte. Die nicht informierte Sowjetunion trat aus Protest gegen dieses Vorgehen aus dem ***Alliierten Kontrollrat*** aus (20.3.1948) und beendete damit offiziell die gemeinsame Besatzungspolitik.
Im Juni 1948 wurde auf der ***Londoner Sechsmächtekonferenz*** die westdeutsche Staatsgründung beschlossen; die drei Militärgouverneure erteilten den elf deutschen Ministerpräsidenten mit den ***Frankfurter Dokumenten*** (1.7.1948) den Auftrag zur Bildung einer verfassunggebenden Versammlung, die eine freiheitlich-demokratische Staatsordnung auf der Basis von Grundrechtegarantie und Bundesstaatlichkeit erarbeiten sollte. Um der Spaltung Deutschlands keine Endgültigkeit zu verleihen, betonten die Ministerpräsidenten den provisorischen Charakter und die Vorläufigkeit dieses Vorgehens. Die verfassunggebende Versammlung sollte demnach als ***Parlamentarischer Rat*** einberufen werden und statt einer Verfassung ein Grundgesetz erarbeiten. Die von den Westmächten geplante Volksabstimmung zur Bestätigung der Verfassung sollte entfallen, weil die Deutschen in der SBZ nicht daran hätten teilnehmen können. Stattdessen sollte die Verfassung von den Landtagen verabschiedet werden.
In langen und zähen Verhandlungen, die auch von den Kontrollmächten

beeinflusst wurden, erarbeitete der Parlamentarische Rat das Grundgesetz. Am 8.5.1949 wurde es im Parlamentarischen Rat angenommen. Von den Militärgouverneuren am 12.5. genehmigt, ratifizierten es anschließend die Länder (mit Ausnahme Bayerns).

## Grundzüge des Grundgesetzes

In den Artikeln 1 bis 19 des Grundgesetzes werden die Grundrechte festgelegt. Deren Grundlage sind die unverletzbaren und unveräußerlichen ***Menschenrechte***, die Gesetzgebung, vollziehende Gewalt und Rechtsprechung als unmittelbar geltendes Recht binden.

Die Bundesrepublik ist ein demokratischer und sozialer Bundesstaat nach dem Prinzip der repräsentativen Demokratie. Sie wird durch horizontale und vertikale Gewaltenteilung kontrolliert. Höchstes judikatives Organ ist das Bundesverfassungsgericht.

Die Bundesversammlung wählt den Bundespräsidenten, der im Wesentlichen eine repräsentative Funktion hat. An der Spitze der Regierung steht der durch die Parlamentsmehrheit gewählte Bundeskanzler, der nur durch ein ***konstruktives Misstrauensvotum*** zu stürzen ist.

Die Bundesrepublik besaß in Fragen des Außenhandels, der Reparationen und der Entmilitarisierung zunächst nicht die volle Souveränität,

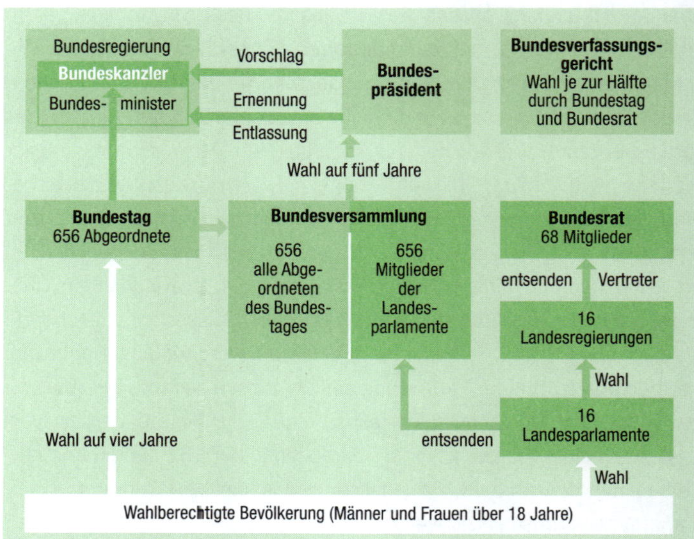


*Staatsorgane der Bundesrepublik Deutschland*

sondern unterstand der ***Alliierten Hohen Kommission***. Die Internationale Ruhrbehörde (gebildet aus Vertretern der USA, Großbritanniens, Frankreichs und der Beneluxländer) kontrollierte die deutsche Kohle- und Stahlproduktion.
In der Wahl zum ersten Deutschen Bundestag (14.8.1949) erzielten die CDU/CSU 139, die SPD 131, die FDP 52 und die DP 17 Mandate. CDU/CSU und FDP bildeten eine Koalition. ***Theodor Heuss*** wurde zum Bundespräsidenten, ***Konrad Adenauer*** zum Bundeskanzler gewählt.

## Die Westintegration der Bundesrepublik (1949–55)

### Vorrang der Westintegration

Zielstrebig verfolgte Konrad Adenauer die Wiedererlangung der staatlichen Souveränität für die Bundesrepublik. Die Wiederherstellung der deutschen Einheit konnte seiner Ansicht nach erst nach der völligen Westintegration erfolgen. Bereits 1947 entschied sich faktisch mit der Annahme des europäischen Wiederaufbauprogramms der USA die Anbindung der späteren Bundesrepublik an den Westen.

### Wirtschaftliche und institutionelle Integration

Durch den Beitritt (1949) zur OEEC (Organisation zur Entgegennahme und Verteilung der amerikanischen Hilfsmittel aus dem Marshallplan) gehörte die Bundesrepublik einer wirtschaftlichen Gemeinschaft an, die auch eine Zollunion bilden sollte. Im November 1949 wurde der Bundesrepublik durch das ***Petersberger Abkommen*** der Beitritt zu internationalen Organisationen und die Errichtung von Konsulaten eingeräumt. Sie sollte als assoziiertes Mitglied in den Europarat (zehn europäische Staaten zur Entwicklung einer gemeinsamen Zukunft) und in die Internationale Ruhrbehörde aufgenommen werden. 1950, nach dem Beitritt der Bundesrepublik zu den beiden Gemeinschaften, schlug der französische Außenminister ***Robert Schuman*** die Gründung der ***EGKS*** (Montanunion) vor, um einen gemeinsamen europäischen Markt für Kohle und Stahl zu schaffen. 1952 traten ihr die Bundesrepublik, Italien, Frankreich und die Beneluxstaaten bei.

### Militärische Integration

Die militärische Integration der Bundesrepublik folgte der wirtschaftlichen. In den Brüsseler Verträgen von 1948 garantierten sich Großbritannien, Frankreich und die Beneluxländer Beistandspflicht bei jedem

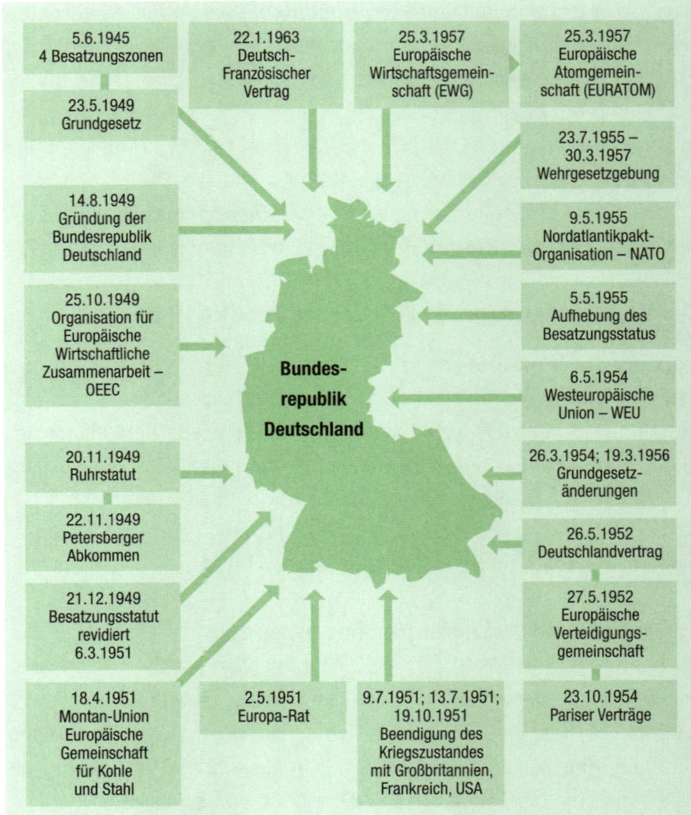


*Vom alliierten Besatzungsstatut zur Souveränität der Bundesrepublik*

bewaffneten Angriff auf Europa. 1949 wurde die ***NATO*** (North Atlantic Treaty Organisation) von den USA, Kanada, England, Frankreich, Italien, den Beneluxländern, Dänemark, Norwegen, Portugal und Island als antisowjetisches Verteidigungsbündnis gegründet. Mit dem ***Koreakrieg*** (1950–53) allerdings wuchs das Interesse der USA an einem europäischen, auch einem deutschen Verteidigungsbeitrag als Schutz vor der Sowjetunion. Adenauers Bemühungen um einen Beitritt der Bundesrepublik in eine Europaarmee stießen auf den Widerstand der Nachbarländer. Schließlich sollte die Bundesrepublik in eine europäische Verteidigungsgemeinschaft (***EVG***) integriert werden. 1952 unterzeichneten Frankreich, Deutschland und Italien den Vertrag. Für die Bundesrepublik wurde eine Beschränkung der Rüstungsproduktion und des Waffenbesitzes festgelegt, im Verteidigungsfall sollte die EVG der NATO unterstellt werden. Stalin suchte in einer Note vom selben Jahr den EVG-Vertrag zu verhindern, indem er die deutsche Wiedervereinigung anbot (***Stalinnote***).

**Wiedererlangung der Souveränität**

Die deutsche Regierung schloss den ***Deutschland-Vertrag*** ab, der die innere und äußere Souveränität zum größten Teil herstellen sollte. Die EVG jedoch scheiterte am Widerstand des französischen Parlaments. Daraufhin setzten sich die USA für den Eintritt der Bundesrepublik in die ***NATO*** und in die Westeuropäische Union (***WEU***) ein, die 1949 im Brüsseler Vertrag von England, Frankreich, Italien und den Beneluxstaaten gegründet worden war. Mit den ***Pariser Verträgen*** von 1954 trat die Bundesrepublik der NATO und der WEU bei. Dies brachte die Wiedererlangung der Souveränität der Bundesrepublik mit sich, ferner die Aufhebung des ***Besatzungsstatuts***, die Anerkennung der bundesrepublikanischen als der einzigen legitimen deutschen Regierung und die Sicherheitsgarantie für die BRD und Berlin durch die Westmächte.

## 14.4 Von der sowjetischen Besatzungszone zur DDR und deren Integration in das östliche Bündnis

### Die Wirtschaft der DDR

Von Beginn an war die Sowjetunion daran interessiert, in der ***SBZ*** politisches Leben, z. B. durch Länder- und Parteiengründungen, zu gewährleisten und sie zu zentralisieren, um sie so effektiv der eigenen Kontrolle unterwerfen zu können. Die ***SED*** besetzte die Schlüsselstellen in der Verwaltung und hatte bald die Gewalt über Gewerkschaften und Massenbewegungen. Seit Juni 1947 verfügte die SED im Vorstand des Freien Deutschen Gewerkschaftsbundes (***FDGB***) über eine breite Mehrheit.

Bis Kriegsende war die mitteldeutsche Wirtschaft mit den übrigen Wirtschaftszentren im Westen eng verbunden. Nach dem Krieg wurden diese Verbindungen gelöst. Stark hemmend für die Wirtschaft in der SBZ wirkten sich die Reparationsleistungen aus. Durch ***Demontagen*** und Entnahme aus der laufenden Produktion entstanden mehr Zerstörungen als durch Kriegseinwirkungen. Im Juli 1945 wurden Banken und

Sparkassen ohne Entschädigung enteignet. Im September führte man eine radikale Bodenreform durch, Großgrundbesitzer wurden entschädigungslos enteignet (Großgrundbesitz von über 100 Hektar wurde an 500 000 Kleinbauern verteilt).
Es folgte die Ansiedlung von 83 000 Vertriebenen aus dem Osten und 119 000 Landarbeitern als selbstständige Bauern, aber auch die Vergabe von enteignetem Grund und Boden an Länder, Kreise und Gemeinden (volkseigener Besitz).

## Die Entstehung der DDR (1945–49)

Die SED hatte den Entwurf einer gesamtdeutschen Verfassung für eine Deutsche Demokratische Republik schon 1946 erarbeitet. Im Dezember 1947 wurde dieser Verfassungsentwurf durch den ersten Volkskongress verabschiedet. Ein Deutscher Volksrat (400 Mitglieder) wurde von einem zweiten deutschen Volkskongress gewählt. Dieser nahm den revidierten Verfassungsentwurf von 1946 an. Ein dritter Volkskongress wurde im Mai 1949 nach einer ***Einheitsliste*** gewählt: Die zu wählenden Kandidaten, die von den Blockparteien und Massenorganisationen aufgestellt wurden, konnten insgesamt abgelehnt oder akzeptiert werden. Die Verfassung der Demokratischen Republik wurde vom Volkskongress am 30.5.1949 bestätigt, die Volkskammer neu gewählt. Diese wiederum gründete die DDR offiziell am 9.10.1949.

## Die DDR-Verfassung von 1949

Zentrale Institution der DDR-Verfassung war dem Anschein nach die Volkskammer. Ihre 400 Abgeordneten kontrollierten die Gesetzgebung, wählten die Ministerpräsidenten und hatten das Recht, Richter abzusetzen. Damit war ganz bewusst das System der ***Gewaltenteilung*** aufgehoben. Nach 1952 gab die Volkskammer ihre Kontrollrechte an den Ministerrat ab. Das föderative Prinzip, in der Verfassung durch die Länderkammer mit einem Vetorecht verankert, wurde 1952 abgeschafft, sodass der zentralistische Staatsaufbau offensichtlicher wurde (↗ S. 195 f.). Parteienpluralismus existierte nicht, da nach einer Einheitsliste gewählt wurde, die die Zahl der zu vergebenden Mandate schon vor den Wahlen vorgab, und da die SED die übrigen Parteien und Massenorganisationen kontrollierte. Zum Regierungschef wurde ***Otto Grotewohl*** (SED), zum Präsidenten der Deutschen Demokratischen Republik ***Wilhelm Pieck*** (SED) gewählt.

De facto lag die Macht bei den SED-Funktionären, die die wichtigsten Ministerien und Schüsselpositionen besetzten. Die Wirtschaftsordnung legte die DDR auf die Planwirtschaft nach sowjetischem Vorbild fest.

## Die Einbindung der DDR in das östliche Bündnis (1949–55)

1950 erfolgten gemeinsame Erklärungen der DDR und osteuropäischer Staaten:

- 6.6.1950 Warschauer Deklaration mit Polen
- 23.6.1950 Prager Deklaration mit der ČSSR
- 24.6.1950 mit Ungarn

Die Staaten versicherten sich des Friedens und ihrer Freundschaft und betonten die Zusammenarbeit sowie die Nichtexistenz strittiger Fragen. Damit kamen sie Ängsten der Nachbarn entgegen: Die Aussiedlung der Sudetendeutschen wurde gegenüber der ČSSR als unabänderlich, gerecht und endgültig bestätigt. Im ***Görlitzer Abkommen*** mit Polen (6.7.1950) erkannte die DDR die ***Oder-Neiße-Grenze*** als endgültig an und leitete damit bessere Beziehungen zu Polen ein. Die DDR gewann an politischer Bedeutung und machte sich zum Garanten polnischer und tschechischer Interessen.
Die wirtschaftliche Einbindung der DDR in den Ostblock erfolgte durch die Aufnahme in den Rat für gegenseitige Wirtschaftshilfe (***RGW***) bzw. ***COMECON***. Mit dem Abschluss von langfristigen Handelsabkommen in den Jahren 1950 und 1951 wurde die UdSSR wichtigster Rohstofflieferant der DDR. Damit war die DDR bereits 1952 in das Wirtschaftssystem des Ostblocks eingebunden.
Ab 1954/55 vertrat die UdSSR hinsichtlich Deutschlands die ***Zwei-Staaten-Theorie***. Ihr zufolge sollte der ostdeutsche Staat seine Souveränität gewinnen, gleichzeitig auch gesichert und in den Ostblock integriert werden. Am 25.3.1954 gab die Sowjetunion eine Erklärung über die Anerkennung der Souveränität der DDR ab. Damit war die politische Gleichberechtigung der DDR unbeschadet der sowjetischen Dominanz innerhalb der östlichen Welt hergestellt. Die Sowjetunion erklärte den Kriegszustand mit Deutschland für beendet (25.1.1955).
1955 war ein Schlüsseljahr für die DDR. Der Warschauer Vertrag und der Staatsvertrag mit der Sowjetunion garantierten die Unabhängigkeit sowie die staatliche Integrität und besiegelten die sozialistische Entwicklung der DDR.

# 15 Die Entwicklung der Bundesrepublik

## 15.1 Politische und wirtschaftliche Entwicklung in den 1950er-Jahren

Die junge Bundesrepublik erfuhr unter Bundeskanzler ***Konrad Adenauer*** und Wirtschaftsminister ***Ludwig Erhard*** einen so ungewöhnlichen wirtschaftlichen Aufschwung, dass man vom deutschen Wirtschaftswunder sprach: Die Wachstumsrate stieg von 1950 bis 1960 auf das Dreifache, 1958 war Vollbeschäftigung erreicht. Löhne und Gehälter stiegen moderat, aber stetig. Die Bundesrepublik entwickelte sich zu einer modernen Industriegesellschaft mit einem ausgeprägten Dienstleistungssektor, die Landwirtschaft verlor an Bedeutung.
Ludwig Erhards Konzept der ***sozialen Marktwirtschaft*** stellte entscheidende Weichen für diese Entwicklung. Mit seinem Einsatz für den freien Wettbewerb und den Privatbesitz an Produktionsmitteln knüpfte er an den Liberalismus des 19. Jh.s an. Dem Neoliberalismus wurde als erweiterndes Korrektiv der Sozialstaat beigestellt.
Gründe für das Wirtschaftswachstum waren:

- Die positiven Auswirkungen des Marshallplans
- Die am Neoliberalismus des Freiburger Wirtschaftswissenschaftlers Walter Eucken orientierte Politik der sozialen Marktwirtschaft
- Die Integration der bundesdeutschen Wirtschaft in den Weltmarkt
- Die positiven Auswirkungen des Entschuldungsabkommens von 1953
- Der enorme Investitionsbedarf der Wirtschaft nach dem Krieg
- Das relativ niedrige Lohnniveau
- Die Erstellung von Industrieanlagen nach dem neuesten Stand der Technik
- Der Wertekonsens innerhalb der Gesellschaft

Die Gesellschaft der Bundesrepublik entwickelte sich zu einer Konsumgesellschaft, die durch eine relativ hohe vertikale Mobilität gekennzeichnet war und eine breite Mittelschicht aufwies. Die Konsumgewohnheiten von Arbeiterschaft und anderen abhängig Beschäftigten glichen sich zunehmend einander an.

Im Konsumverhalten lösten sich verschiedene Phasen ab: Den Hungerjahren folgten die „Fresswelle“, die „Bekleidungs- und Wohnwelle“, die „Motorisierungswelle“ und schließlich die „Freizeitgesellschaft“.

## Konflikte um Westorientierung und Wiederaufrüstung

***Konrad Adenauer*** dominierte als Kanzler und Parteivorsitzender innerhalb seiner eigenen Partei, aber auch in der Regierungskoalition und gegenüber der Opposition, weshalb man von einer „Kanzlerdemokratie“ sprach. Zu großen innenpolitischen Auseinandersetzungen führten die Diskussionen um einen deutschen Wehrbeitrag im Zusammenhang mit den Verhandlungen zu ***EVG*** und ***Pariser Verträgen*** (1952–54). Das Ansehen Adenauers und seiner Regierung stieg durch seine politischen und wirtschaftlichen Erfolge. Die Bevölkerung zeigte eine relativ unpolitische Haltung, orientiert an Privatsphäre und Konsum.

## Das Ende der Ära Adenauer

### Die „Spiegel“-Affäre

1961 verlor die Union ihre absolute Mehrheit und musste die FDP an der Regierung beteiligen. Der FDP war an ***Ludwig Erhard*** als Kanzler gelegen, aber die CDU setzte durch, dass der 85-jährige Adenauer als Kanzler bestätigt wurde. Das Ansehen der Regierung Adenauer erlitt 1962 durch die ***„Spiegel“-Affäre*** einen großen Schaden. Einen kritischen, auch auf den Verteidigungsminister ***Franz Josef Strauß*** abzielenden Artikel des Nachrichtenmagazins „Der Spiegel“ über ein NATO-Manöver nahm die Regierung zum Anlass, den Verlag staatsanwaltschaftlich untersuchen und Mitarbeiter verhaften zu lassen. Die Vorwürfe des „Landesverrats“ gegenüber dem „Spiegel“ waren unhaltbar, das Parlament wurde zum Teil nicht korrekt über die Hintergründe der Vorgänge informiert. Die FDP-Abgeordneten erzwangen den Rücktritt von Franz Josef Strauß als Verteidigungsminister.

### Die Nachfolge Ludwig Erhards

Adenauer bildete eine neue Regierung, trat aber im Jahr darauf zurück. Auf ihn folgte Ludwig Erhard, der „Vater des Wirtschaftswunders“: 1965 gelang ihm ein beeindruckender Wahlsieg, wobei die Union nur knapp die absolute Mehrheit verfehlte. Erhard propagierte die „formierte Gesellschaft“, ein Modell, das der Auflösung der Gesellschaft in isolierte Interessengruppen vorbeugen sollte.

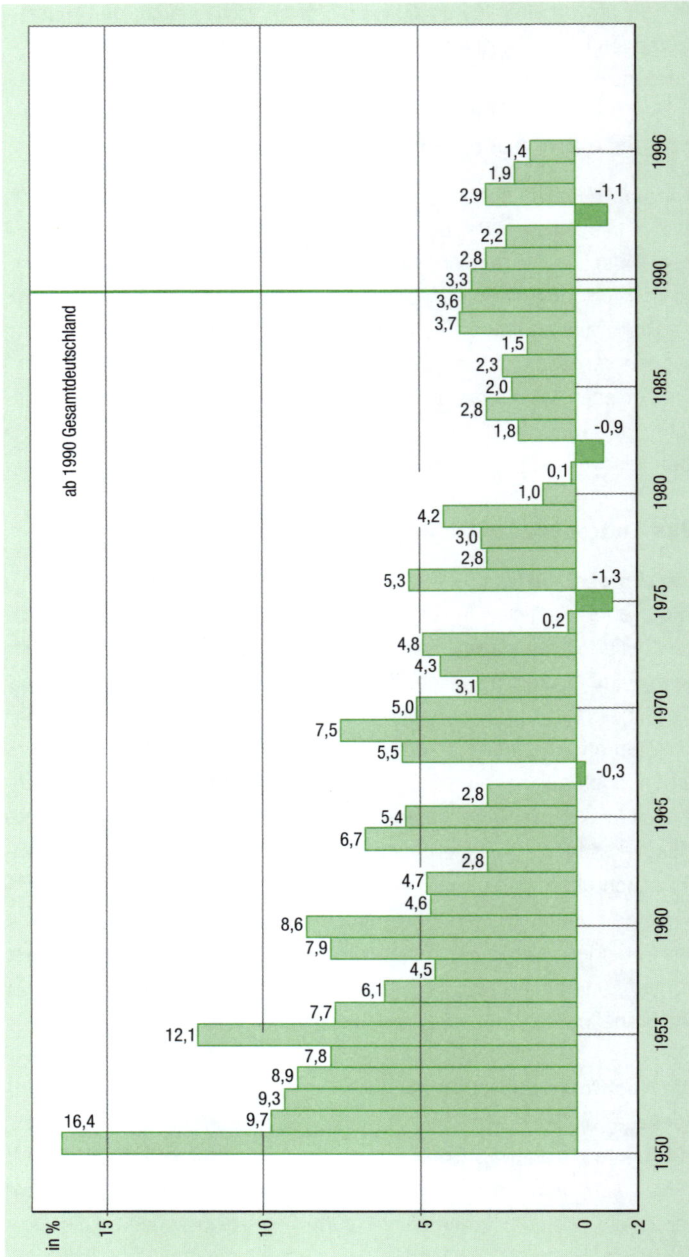


*Das jährliche Wirtschaftswachstum der Bundesrepublik 1950–1996 (in %)*

### Die erste Rezession der Nachkriegszeit

Nach Jahren des Aufschwungs und der Vollbeschäftigung kam es 1966 erstmals zu einer Wirtschaftsrezession. Die Union und ihr Kanzler verloren an Vertrauen, sodass die rechtsradikale Nationaldemokratische Partei Deutschlands (gegründet am 28.11.1964), die ***NPD***, in Hessen, Bremen und Bayern in die Parlamente einziehen und in der Folgezeit immense Erfolge verbuchen konnte.

### Die erste Große Koalition

Als sich die FDP aus der Koalition zurückzog, bildeten CDU/CSU und SPD eine ***Große Koalition***. Die FDP war nur eine zahlen- und bedeutungsmäßig schwache Opposition. Neuer Kanzler wurde Kurt Georg Kiesinger, Außenminister der SPD-Vorsitzende Willy Brandt, Franz Josef Strauß Finanz- und Karl Schiller Wirtschaftsminister. Die Große Koalition bereitete die innen- und außenpolitischen Änderungen der folgenden 1970er-Jahre entscheidend vor.

## 15.2 Kontinuität und Wandel in der Bundesrepublik in den 1960er-Jahren

In den 1960er-Jahren deutete sich ein grundsätzlicher Wandel in der bisherigen Geschichte der jungen Bundesrepublik an. Die Ära Adenauer und ihr Konservatismus gingen zu Ende. Mit den Studentenunruhen zerbrach der gesellschaftliche Konsens, ein tief greifender Umbruch der Gesellschaft, die zunehmende außenpolitische Bedeutung der Bundesrepublik und die sich daraus ableitende neue Politik gegenüber dem Ostblock bahnten sich an.

### Innenpolitik der Großen Koalition

Auslöser einer im Parlament und in der Öffentlichkeit heftig geführten Debatte waren die ***Notstandsgesetze***, die am 30.5.1968 erlassen wurden. Im Fall einer Bedrohung der freiheitlich-demokratischen Grundordnung konnten Grundrechte wie Post- und Fernmeldegeheimnis, Freizügigkeit und freie Berufswahl eingeschränkt werden. Die Sicherheit des Staates sollte im Fall von Aufständen, Naturkatastrophen und Krieg gewährleistet werden. Die Notstandsgesetzgebung löste das alliierte Vorbehaltsrecht ab, das für den Ausnahmezustand die Übernah-

me der Regierungsbefugnisse durch die Alliierten vorsah. Die Gegner der Notstandsverfassung argumentierten damit, dass solche Regelungen dem Hitler-Regime den Weg an die Macht eröffnet hätten.
Trotz ihrer wirtschaftlichen Erfolge verlor die Große Koalition die Fähigkeit zur Integration. Die rechtsradikale NPD erhielt 1968 in den Landtagswahlen von Baden- Württemberg 9,8 % der Stimmen.

## Die Studentenbewegung (1967–69) und die „Außerparlamentarische Opposition“ (APO)

Mitte der 60er-Jahre formierte sich die sogenannte Neue Linke unter Führung des „Sozialistischen Deutschen Studentenbundes“ (***SDS***). Diese Neue Linke bildete seit 1966 nach Gründung der Großen Koalition, neben der im Parlament eine schwache FDP-Opposition vertreten war, eine außerparlamentarische Opposition (APO). Die APO - hauptsächlich Studenten - versuchte vor allem durch Demonstrationen auf der Straße politische Einflussnahme zu erreichen.
Die APO argumentierte neomarxistisch und bekämpfte das „Establishment“, das „spätkapitalistische Herrschaftssystem“, bestehende Autoritäten (Justiz, Kirche, Universität) sowie die Notstandsgesetzgebung, den Vietnamkrieg, die „imperialistischen USA“, die Zustände an den Universitäten, das Konsumverhalten, aber auch die Elterngeneration und deren Werte. Sie sah sich durch parallele Entwicklungen in Amerika und Frankreich, aber auch durch die Vorgänge des Prager Frühlings unterstützt. Zu ihrer Radikalisierung führten die Erschießung des Studenten Benno Ohnesorg (1967) in Berlin während einer Demonstration gegen den Schah von Persien und das Attentat auf den SDS-Führer Rudi Dutschke an Ostern 1968.
Von der Studentenbewegung ging für die Jugend, auch der kommenden Jahrzehnte, der Impuls zu alternativen Lebensentwürfen aus, die in sich wandelnden Formen fester Bestandteil unserer Kultur wurden.
Als Folgen der 68er-Bewegung gelten:

- Die Rote-Armee-Fraktion (***RAF***) entwickelte sich nach 1970 aus einem Teil der APO, der Gewalt gegen Sachen und Personen befürwortete. Bis in die jüngste Vergangenheit waren ihre Nachfolgeorganisationen („Bewegung 2. Juni“, „Revolutionäre Zellen“) in Deutschland durch Terroranschläge präsent.
- Die Demokratie erwies sich als wehrhaft.
- Bürgerinitiativen wurden im verstärkten Maße gegründet.

- Die Grünen gingen aus antibürgerlichen alternativen, aber auch bürgerlichen Gruppierungen hervor und entwickelten sich nach heftigen internen Richtungskämpfen zu einer demokratie- und regierungsfähigen Partei (als Koalitionspartner der SPD auf Bundesebene nach der Bundestagswahl von 1998).
- Es begann eine vertiefte Auseinandersetzung mit der nationalsozialistischen Vergangenheit.

## 15.3 Innenpolitik zwischen Reformen und Krisenbewältigung (1969–82)

Auf dem Freiburger Parteitag (1969) setzte sich der linke Flügel der FDP unter Walter Scheel durch. Nach der Bundestagswahl 1969 bildeten SPD und FDP eine ***sozialliberale Koalition*** mit ***Willy Brandt*** als Bundeskanzler. Damit war die Union zum ersten Mal in der Geschichte der Bundesrepublik in der Opposition.
Die 70er-Jahre waren geprägt von einer neuen, die öffentliche Meinung spaltenden Ostpolitik, von umfassenden Reformen und einer Aufbruchsstimmung, aber auch gekennzeichnet durch gesellschaftliche und wirtschaftliche Krisen, die der Politik zunehmend die Funktion des Krisenmanagements zuwiesen.

### Sozialliberale Reformvorhaben

Die neue Regierung bewegte sich noch in den politischen Bahnen der Großen Koalition, wenn auch mit nachdrücklicherer Akzentuierung von Entspannungs- und Reformpolitik.
Innere Reformen zielten auf eine verstärkte Demokratisierung von Staat und Gesellschaft ab. Volljährigkeit und Wahlalter wurden von 21 auf 18 Jahre herabgesetzt. Ein Mitbestimmungsgesetz sollte die politische Beteiligung in Wirtschaft und Staat stärken. Die „Bildungsoffensive“ verringerte den Mangel an gut ausgebildeten und akademischen Arbeitskräften und verbesserte maßgeblich die Chancengleichheit. Universitäten wurden ausgebaut, Schulen neu errichtet, die Ausbildungspläne erneuert und eine Ausbildungsförderung (Bafög) gesetzlich beschlossen. Soziale Ungleichheit sollte durch das Schwerbehindertengesetz und die Verbesserung der Wohngelder abgebaut werden. Eine Verwaltungs- und Gebietsreform vereinfachte und zentralisierte die Verwaltung.

## Ostverträge und konstruktives Misstrauensvotum

Die „neue“ Ostpolitik von Bundeskanzler Brandt sollte eine friedliche Beziehung der Bundesrepublik mit den Ostblockstaaten Sowjetunion, Polen, ČSSR und DDR gewährleisten und zu einer Normalisierung der Beziehungen zu diesen Staaten führen. Vor allem die Verträge mit der UdSSR und Polen im Jahr 1970 (↗ S. 208) sorgten für eine Polarisierung der Meinungen. Die Koalition verlor durch Austritte von Abgeordneten ihre Mehrheit im Bundestag (politisches Patt), woraufhin der Oppositionsführer Rainer Barzel (CDU) mit einem ***konstruktiven Misstrauensvotum*** im April 1972 die Regierung zu stürzen versuchte. Die erforderliche Mehrheit für seine Kanzlerwahl verfehlte er um eine Stimme. Die von ***Willy Brandt*** angestrebte Neuwahl sicherte den Fortbestand der sozialliberalen Koalition. 1972 wurde der ***Grundlagenvertrag*** mit der DDR und 1974 der ***Prager Vertrag*** mit der ČSSR abgeschlossen.
Brandt erweiterte damit die Außenpolitik Adenauers: Eingebunden in das westliche Bündnissystem, ermöglichte die Kontaktaufnahme zur DDR und den östlichen Nachbarn eine Annäherung und ein gewisses Maß an Verständigung.

## Terrorismus als Herausforderung von Staat und Gesellschaft

Aus der ***APO*** und der Studentenbewegung heraus entwickelte sich seit 1970 die terroristische Bewegung der ***RAF*** (Rote-Armee-Fraktion) unter Führung des ehemaligen Studenten Andreas Baader, der Journalistin Ulrike Meinhof und des Anwalts Horst Mahler (Baader-Meinhof-Bande). In den Anfängen wurden in Kaufhäusern als Symbole des „westlichen Kapitalismus“ Brände gelegt; bald aber bekämpfte die RAF die Bundesrepublik, der sie Faschismus, Kapitalismus und Imperialismus vorwarf, mit anderen Mitteln des Terrors, mit Entführung, Erpressung, Anschlägen und Morden an Repräsentanten aus Staat und Gesellschaft.

## Ölkrise, Rezession und Kanzlerwechsel

### Ölschock 1973/74

Als Folge des dritten Nahostkrieges, in dem Israel durch die westliche Welt Unterstützung fand, gelang es der arabischen Welt durch eine strenge Drosselung der Erdölproduktion die bis dahin relativ niedrigen

Ölpreise zu verdreifachen. Dies führte zu einem Rückgang des Wirtschaftswachstums und zu einem Anwachsen der Arbeitslosenzahl auf eine Mio. Eine hohe „Sockelarbeitslosigkeit" konnte auch in den folgenden Jahren und bis heute nie mehr dauerhaft abgebaut werden. Die wirtschaftlichen Folgen waren äußerst schmerzhaft, bewirkten aber auch einen technologischen Innovationsschub, der die Produktionsmethoden revolutionierte, zu neuen Investitionsanreizen, aber auch zu einschneidenden Rationalisierungsmaßnahmen führte, die wiederum einen Abbau der hohen Arbeitslosigkeit nicht zuließen.

### Die Ablösung Brandts durch Helmut Schmidt

Die Wirtschaftskrise ließ die Begeisterung, die ***Willy Brandt*** wegen seiner Ostpolitik durch viele Bürger entgegengebracht worden war, abkühlen. Als sich herausstellte, dass sein persönlicher Referent Guillaume ein hochrangiger DDR-Spion war, trat Brandt auch aufgrund des Drucks seiner eigenen Partei als Kanzler zurück. Am 16.5.1976 wurde ***Helmut Schmidt*** (SPD) Bundeskanzler. Die Regierung Schmidt sah sich mit einer Reihe von Problemen konfrontiert. Dazu gehörten

- der Terrorismus der RAF,
- die Ölkrisen von 1973/74 und 1979 und die daraus folgende Rezession,
- die elektronische Revolution mit einhergehenden strukturellen Veränderungen für Arbeitsplätze und Gesellschaft (Höherqualifikation der Arbeitnehmer, Wegfall von Billigarbeitsplätzen, Entstehung neuer Berufe).

Schmidt betrieb die Regierungspolitik in Form eines Krisenmanagements, sodass ihm bald der anerkennend gemeinte Beiname „Macher" anhaftete. Die zweite Hälfte der 70er-Jahre war für die Bundesrepublik zunächst erfolgreich. Zwar war das Wachstum rückläufig, aber die Bundesrepublik bewahrte wirtschaftliche Stabilität. Dazu trug der Wechsel zu einer angebotsorientierten Wirtschaft bei, wozu eine Senkung der Lohnkosten und der Inflationsrate gehörten. Die Stabilität der D-Mark bestätigte Schmidts Kurs. Innerhalb der EG nahm Deutschland auch wegen seines wirtschaftlichen Erfolgs eine Führungsrolle ein, die es mit Frankreich teilte.

Die zweite drastische Ölpreiserhöhung von 1979 drängte die Regierung Schmidt in eine Krise. In der Bundestagswahl von 1980 gewann die sozialliberale Koalition gegen die Union nur knapp.

### Umweltpolitik

Zum ersten Mal in der Geschichte der Bundesrepublik rückten Umweltfragen in das Bewusstsein von Politik und Gesellschaft. Man erkannte das Phänomen des Waldsterbens, ein Dioxinskandal im oberitalienischen Seveso (1976) und der Unfall im Atomkraftwerk von Harrisburg (USA, 1979) zeigten die Gefahren für Mensch und Umwelt drastisch auf. Die Begrenztheit der Rohstoffe, ihre Vergeudung und die Probleme der Abfallentsorgung sowie die daraus resultierende Notwendigkeit, Energie zu sparen, forderten das Eingehen von Politik und Wirtschaft auf diesen Themen. Aus Enttäuschung über die zögerlichen staatlichen Reaktionen bildeten sich ***Bürgerinitiativen***, die versuchten, auf dringliche Probleme im Bereich der Umwelt aufmerksam zu machen. 1972 wurde der Bundesverband Bürgerinitiativen Umweltschutz (BBU) gegründet. 1979 waren ca. 1,8 Mio. Bundesbürger an Initiativen dieser Art beteiligt. Gegenstand von Kritik und Angriffen waren auch einige umstrittene Großprojekte wie der Bau von Kernkraftwerken und Großflughäfen. Die Bewegungen radikalisierten sich, Polizeigroßeinsätze wurden erforderlich.

Verschiedene alternative Bewegungen, die sich auf basisdemokratische, pazifistische und umweltbezogene Ideen stützten, innerlich aber sehr inhomogen waren, gründeten 1980 die Partei ***Die Grünen***. Die Partei war gespalten in einen Flügel der Pragmatiker (Realos) und der kompromisslosen Fundamentalisten (Fundis). In den 80er-Jahren gelang es der Partei, in die Landtage einzuziehen und sich von einer fundamentalistischen Opposition in eine parlamentarische Kraft zu wandeln. Durch ihre Präsenz und die Dringlichkeit ihrer Anliegen zwang sie die etablierten Parteien zum Umdenken und Handeln. Dieser Umstand war auch ein maßgeblicher Grund dafür, dass die Bundesrepublik innerhalb Europas zu einem Vorreiter der Umweltpolitik werden konnte.

## 15.4 Nachrüstung, Friedensbewegung und deutsche Einheit (1982–98)

Die christlich-liberale Regierung unter Kanzler ***Helmut Kohl*** prägte von 1992 bis 1998 die Geschicke der Bundesrepublik maßgeblich. Der Zerfall des Ostblocks, die Wiedergewinnung von deutscher und uneingeschränkter staatlicher Einheit, der Ausbau der europäischen Einheit sowie eine fortschreitende Elektronisierung, welche die Informations-

und Kommunikationstechnik revolutionierte und die Globalisierung vorantrieb, waren herausragende Ereignisse, die die Bundesregierung mitgestaltete und die sie vor neue Aufgaben stellten.

## Regierungswechsel

1982 entschloss sich die ***FDP*** nach schweren Auseinandersetzungen mit der SPD in Fragen der Steuerentlastungen und Haushaltseinsparungen zum Koalitionswechsel. Die FDP trat aus der Koalition mit der SPD aus und wählte gemeinsam mit der Union den CDU-Vorsitzenden ***Helmut Kohl*** zum Kanzler.
Der Wechsel wurde als „Wende" proklamiert: Er brachte Einschnitte im Sozialbereich mit sich, führte aber die Ostpolitik der sozialliberalen Regierung fort. In der Wirtschaft setzte sich ein liberaler Geist durch. Die hohe Sockelarbeitslosigkeit mit ca. 2 Mio. Arbeitslosen konnte jedoch nicht abgebaut werden.

## Nachrüstungsdebatte und Friedensbewegung

Die Regierung Kohl setzte den ***NATO-Doppelbeschluss*** von 1979 um, der die Stationierung von Pershing-II-Raketen und Marschflugkörpern vorsah, falls die Sowjetunion nicht bereit sein sollte, die SS-20-Raketen aus Mitteleuropa abzuziehen. Aus Teilen der SPD, der Grünen und alternativen Gruppierungen bildete sich eine Friedensbewegung gegen die Raketenstationierung.

## Die deutsche Einheit und der Weg von der „Bonner" zur „Berliner Republik"

Seit 1986 zeichnete sich ein Zerfall des Ostblocks (↗ S. 200 ff.) ab, der, als er tatsächlich eintrat, in seinen Konsequenzen kaum begriffen werden konnte. Im August 1989 wurde die ungarisch-österreichische Grenze geöffnet, am 9.11. die Mauer in Berlin. Das Jahr 1990 stand ganz im Zeichen der Vereinigung beider deutscher Staaten, die Helmut Kohl zum Teil gegen Widerstände aus den Parteien vorantrieb und die sich nach der Zustimmung der Sowjetunion am 3.10. vollendete. Als ein Zeichen der deutschen Einheit wurde Berlin wieder Regierungssitz.
Mit der Wiedererlangung der deutschen Einheit ergaben sich für die Bundesrepublik wirtschaftliche, soziale und gesellschaftliche Chancen, aber auch Probleme (↗ S. 211).

### Politik nach der Einheit

Die Jahre 1991 bis 1998 waren für die Bundesrepublik von den wirtschaftlichen, sozialen und gesellschaftlichen Folgen der Wiedervereinigung geprägt. Ein enormer finanzieller Einsatz seitens der Bundesrepublik erwies sich als unerlässlich. Diese wurde durch den weltweiten konjunkturellen Rückgang, der auch Deutschland traf, zusätzlich schwer belastet. Im Zuge der Globalisierung wurde das Sozial- und Wirtschaftssystem der Bundesrepublik schweren Belastungen unterworfen und bedurfte der Neuordnung. Die Bundesregierung war aufgrund einer starken Opposition nur teilweise imstande, Reformgesetze zu erlassen. In der Bundesrepublik machte sich nach der wiedergewonnenen Einheit ein neuer ***Rechtsradikalismus*** breit, der durch die enttäuschten wirtschaftlichen Hoffnungen verstärkt wurde. Für die Bundesrepublik stellte sich mit der wiedererlangten Souveränität auch die Frage nach der Übernahme politischer und militärischer Verantwortung in Europa und der Welt. Beim Ausbau der Europäischen Union nahm Deutschland eine führende Rolle ein.

**1991, 15.3.** Durch den ***Zwei-plus-Vier-Vertrag*** wurde die deutsche Einheit völkerrechtlich wirksam (15.3.1990).

**1992** Rechtsextreme Angriffe auf Asylbewerberheime

**1994** Abzug der letzten russischen Militäreinheit aus Deutschland

## 15.5 Die Ablösung der Regierung Kohl – die rot-grüne und die Große Koalition

1998, nach 16 Jahren Regierungsverantwortung, wurde die christlich-liberale Koalition durch eine rot-grüne Koalition unter Kanzler ***Gerhard Schröder*** abgelöst. Nach der ersten Legislaturperiode (1998–2002) wurde die Koalition in der Bundestagswahl im Herbst 2002 bestätigt. Etliche Vorhaben der rot-grünen Regierung wurden bis zur Neuwahl 2005 angestoßen, aber nicht verwirklicht. Im Herbst 2005 zog Schröder nach einer vernichtenden Niederlage der SPD in der Landtagswahl von Nordrhein-Westfalen die für 2006 vorgesehenen Wahlen mithilfe von Vertrauensfrage und Parlamentsauflösung (wie schon in den Jahren 1972 und 1982) vor. Die Neuwahlen gewann die CDU/CSU, die mit ***Angela Merkel*** als erster deutscher Kanzlerin eine Große Koalition mit der SPD (die zweite Große Koalition in der Geschichte der Bundesrepublik nach 1966–69) einging.

Die Bilanz der Regierung Schröder war zwiespältig:

- Vorverlegung der letzten Stufe der Steuerreform in das Jahr 2004
- Umstellung auf den Euro insgesamt erfolgreich
- Die weltweite wirtschaftliche Stagnation seit 2001 verhinderte die Senkung der Arbeitslosenzahlen und hatte die Verletzung der EU-Stabilitätsvorgaben zur Folge.
- Verfehlung des Ziels eines Haushalts ohne Neuverschuldung
- Senkung der Anspruchsberechtigung von Arbeitslosen und Sozialhilfeempfängern sowie Bezugsdauer von Arbeitslosengeld (Hartz IV)
- Die Reformpolitik zeigte positive Wirkung, stand aber in der Kritik.
- Das Ost-West-Gefälle konnte nur zum Teil ausgeglichen werden.
- Ein wirtschaftliches Aufholen innerhalb der EU fand nur in begrenztem Ausmaß statt.
- Bei Friedenseinsätzen stellte die Bundeswehr Truppen im Kosovo und in Afghanistan.
- Deutsche Vermittlungen zwischen Israelis und Palästinensern waren zwar nicht erfolgreich, aber sie steigerten das internationale Ansehen.
- Belastung des Verhältnisses zu den USA durch die Nichtteilnahme der Bundesrepublik am Irakkrieg (März/April 2003)

## 15.6 Die Regierung Merkel – die zweite Große Koalition

Die vorgezogene Bundestagswahl im Jahr 2005 hatte einen knappen Sieg der CDU/CSU zum Ergebnis. Angela Merkel, die Spitzenkandidatin der CDU/CSU, wurde zur ersten Kanzlerin gewählt und führte eine Große Koalition aus CDU/CSU und SPD. Merkel, die den Wahlkampf als radikale Reformerin antrat, sah sich bald in der innenpolitischen Kontinuität der Regierung Schröder. Als Aufgaben ergaben sich:

- Fortführung der Reformpolitik
  - Gesundheitsreform
  - Steuerreform, z. B. Erhöhung der Mehrwertsteuer
  - Intensivierung von Familien- und Bildungspolitik
  - Senkung der Lohnkosten
- Festhalten an der von der Regierung Schröder im Jahr 2003 formulierten Agenda 2010 (Senkung der Sozialausgaben)
- Bewältigung der Weltwirtschaftskrise seit dem Winter 2008

Besonders erfolgreich war die Regierung in der Außenpolitik: Es gelang ihr, den europäischen Verfassungsvertrag (Vertrag von Lissabon) auf den Abstimmungsweg zu bringen und mit international koordinierten Maßnahmen der Weltwirtschaftskrise erfolgreich zu begegnen.

## Die zweite Regierung Merkel: die schwarz-gelbe Koalition

Nach großen Wahlverlusten, vor allem von der SPD, aber auch der CDU/CSU, und Stimmengewinnen der FDP besteht die zweite Regierung Merkel aus einer Koalition von CDU/CSU und FDP. Ein neues Problem stellt die Währungskrise der Euro-Länder dar, nachdem einige Staaten (Griechenland, Portugal, Irland, Spanien) hohe Staatsschulden angehäuft haben. Innenpolitische Aufgaben sind die Abschaffung der Wehrpflicht sowie die Gesundheits- und Rentenreform (Erhöhung des Renteneintrittsalters auf 67 Jahre).

# 16 Die Entwicklung der DDR

## 16.1 Umstrukturierung von Staat und Gesellschaft (1949–61)

### Der Aufbau einer sozialistischen Diktatur

Von 1949 bis 1953 wurde die DDR im Sinne des sozialistischen Zentralismus umgestaltet. Die wichtigen Positionen in Staat, Wirtschaft und Gesellschaft wurden durch SED-Funktionäre besetzt. Das 1950 errichtete Ministerium für Staatssicherheit (***STASI***) schaltete die Opposition aus. 1950/51 wurden 150 000 Mitglieder aus der Partei ausgeschlossen, viele von ihnen verhaftet.

Die Strukturen von ***CDU*** und ***LDPD*** wurden zerstört. Mit der Gründung der DDR erfolgte zugleich die Bildung der ***Nationalen Front*** aus ***SED***, ***Blockparteien*** und Massenorganisationen. Sie hatte die Aufgabe, den Sozialismus in die Bundesrepublik zu tragen und nach innen die politische Konzeption der SED durchzusetzen.

Die SED sollte als „Partei neuen Typs" für die Verwirklichung der kommunistischen Politik sorgen. Der bereits 1949 proklamierte demokratische Zentralismus stellte die Hierarchisierung der Partei sicher, ohne diese jedoch durch innerparteiliche Wahlen und Abstimmungen zu legitimieren.

Die Nationale Front erstellte zur Wahl von 1950 eine ***Einheitsliste***, die nur als Ganzes befürwortet oder abgelehnt werden konnte. Da die Stimmabgabe auf Wunsch der Machthaber öffentlich erfolgte, lag die Wahlbeteiligung bei 98 %. 99,7 % der Wähler stimmten für die Nationale Front. In der Volkskammer waren die SED mit 100, CDU und LDPD mit je 60 Sitzen, NDPD und DBD mit je 30 und FDGB mit 40, die übrigen Massenorganisationen mit insgesamt 80 Sitzen vertreten. Fast alle gewählten Abgeordneten waren auch SED-Mitglieder. Die Abstimmung spiegelte jedoch die Volksmeinung nicht wider, da die Sitze schon vor der Wahl verteilt worden waren. Zwischen 1949 und 1961 flohen ca. 2,7 Mio. Menschen aus der DDR.

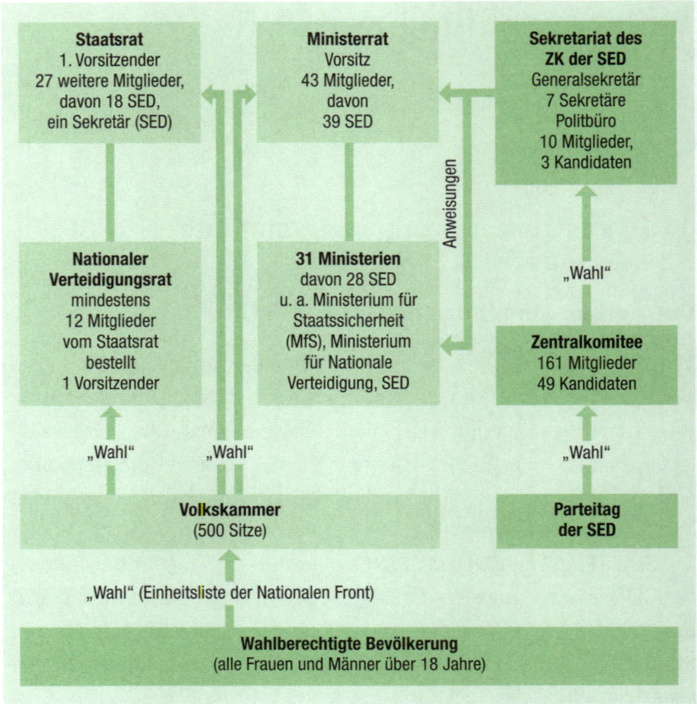


*Staatsorgane der DDR*

## Sozialisierung der Wirtschaft

Auf dem dritten Parteitag im Juni 1950 stellte der Staatsratsvorsitzende ***Ulbricht*** einen ***Fünfjahresplan*** vor. Die Produktion sollte im Vergleich zum Jahr 1956 verdoppelt werden. Auf der zweiten Parteikonferenz der SED im Juli 1952 wurde der planmäßige Aufbau des Sozialismus beschlossen. Nahezu alle privaten Betriebe in Handwerk, Industrie, Dienstleistung und Landwirtschaft wurden in der Folge verstaatlicht. Die Zahl der Volkseigenen Betriebe (VEB) stieg innerhalb eines Jahres (1949/50) von 1 764 auf 5 000. Als Vorbild für die Wirtschaft galt die stalinistische Planwirtschaft.

Die Konzentration der Wirtschaft galt der Stahl- und Kohleproduktion (2,1 Mio. Tonnen). In der Konsumgüterindustrie und im Lebensstandard schaffte die DDR es nicht, an das bundesrepublikanische Niveau anschließen.

### Stalinkult und Kirchenpolitik

Der sowjetische Kult um die Person Stalins wurde von der DDR übernommen und erreichte 1953 seinen Höhepunkt. Ab 1953 ging die SED verschärft gegen die Kirche vor, indem sie sie propagandistisch angriff, Geistliche verhaftete und die eigene Ideologie mit pseudoreligiösen Zügen versah (z. B. Einführung der Jugendweihe). Der Ministerrat der DDR und die evangelische Kirche kamen zu einer Einigung über die Regeln des Umgangs miteinander.

### Abschaffung der Länder

Mit der Abschaffung der Länder und der Einrichtung von 14 Bezirken, Bezirkstagen und Bezirksräten unter Führung der SED wurden die Zentralisierung weiter vorangetrieben und Strukturen einer föderativen Ordnung zerschlagen.

## Der Volksaufstand vom 17.6.1953

Nach dem Tod Stalins (5.3.1953) änderte die DDR auf Betreiben der Sowjetunion ihre bisherige Politik und verkündete den „Neuen Kurs". Damit sollte ein Ende des Kurses der Unterdrückung und eine Rücknahme der Preissteigerungen signalisiert werden. Mit den Versprechungen war jedoch keine Rücknahme der seit Mai 1953 erhöhten Arbeitsnormen verbunden. Daraufhin streikten die unzufriedenen Arbeiter (Zentren: Leuna, Buna, Wolfen, Magdeburg, Jena, Gera, Brandenburg und Görlitz). Am 17.6. weitete sich der Streik zum offenen Aufstand aus. Freie Wahlen wurden gefordert.
Um die Lage unter Kontrolle zu halten, setzte die UdSSR Panzer ein und löste die Demonstrationen gewaltsam auf. Gegen die Wortführer verhängte man hohe Strafen. In der Bundesrepublik wurde der 17.6.1953 bis zur Wiedervereinigung 1990 gesetzlicher Feiertag. Das gewaltsame Vorgehen führte zu einer Stärkung der Position Ulbrichts. Weitere „Säuberungen" wurden durchgeführt. Die Regierung senkte allerdings im Herbst des Jahres die Preise, um der allgemeinen Unzufriedenheit entgegenzuwirken.

## Entstalinisierung der DDR – Mauerbau

Der von der Sowjetunion ausgehende Prozess der Entstalinisierung (Chruschtschow-Rede auf dem 20. Parteitag der KPdSU) wurde gezwungenermaßen auch von den Machthabern der DDR übernommen.

Politische Gegner wurden aus den Zuchthäusern entlassen, aus der Partei ausgeschlossene Funktionäre zum Teil wieder rehabilitiert. Dass diese Maßnahmen der Machterhaltung und Stabilisierung und nicht einer wirklichen Liberalisierung galten, wurde an neuerlichen Säuberungen ersichtlich.

Durch den zweiten ***Fünfjahresplan*** (1955–60) mit dem Schwerpunkt Produktionsmechanisierung und Automatisierung sollten die Löhne gesteigert und die Arbeitszeiten gesenkt werden. Zudem wurde die Verstaatlichung der Wirtschaft weiter vorangetrieben. Das Wirtschaftswachstum kam jedoch 1959 zum Erliegen; die Zahl der Flüchtlinge in den Westen stieg wieder an.

Bereits 1958 hatte der russische Generalsekretär Chruschtschow durch ein Ultimatum vergeblich versucht, Berlin zu einer „freien Stadt" zu machen. Im August 1961 beschloss Ulbricht mit Zustimmung der UdSSR, eine Mauer zwischen dem Ost- und den Westsektoren Berlins errichten zu lassen. In der Nacht vom 12. auf den 13.8. besetzten Truppen der NVA (Nationale Volksarmee) die Sektorengrenzen und errichteten eine Mauer.

Die westlichen Staaten protestierten, ließen aber den ***Mauerbau*** zu, solange der Status von Berlin gesichert war und die Zufahrtswege und Lebensfähigkeit der Stadt erhalten blieben. In den nächsten Jahren wurden die Mauer und die Grenze zur Bundesrepublik weiter militärisch ausgebaut.

## 16.2 Stabilisierung und Bedeutungszuwachs: die Ära Ulbricht (1961–71)

Die Mauer brachte zunächst den erwünschten Erfolg für die DDR. Sie versuchte nun Anschluss an die wirtschaftlichen Leistungen des Westens zu finden. Dazu sollte das „Neue ökonomische System der Planung und Leitung" dienen, das mehr Planungsfreiheit für die Betriebe und finanzielle Motivation für die Beschäftigten bringen sollte. 1970 war die Industrieproduktion des Deutschen Reiches von 1936 überschritten worden. Der DDR-Gesellschaft wurden nun vonseiten der Führung mehr Freiheiten zugestanden. Man sprach von einer „Nischengesellschaft". Mit einer großzügigen Kultur- und einer erfolgreichen Sportpolitik konnte die DDR eine gewisse Identifikation von Staat und Bürgern herstellen. In der Verfassung von 1968 wurde die DDR als so-

zialistischer Staat deutscher Nation definiert, als das bessere, weil sozialistische Deutschland. Aus diesem Grund suchte man in der deutschen Geschichte nach Ereignissen, die sich als sozialistische Tradition vereinnahmen ließen (z. B. Bauernkriege, Revolution von 1918).
1968 war die NVA am Einmarsch der Warschauer-Pakt-Staaten in der Tschechoslowakei beteiligt.
Im Zuge der Entspannungspolitik zwischen den Blöcken und der sich anbahnenden Normalisierung der Verhältnisse geriet Ulbricht, der die Ostverträge und das Berlinabkommen ablehnte, in Gegnerschaft zum Kurs der Sowjetunion. Am 3.5.1971 wurde Ulbricht durch Erich Honecker als Erster Sekretär der SED abgelöst.

## 16.3 Der Kurswechsel unter Honecker

***Honecker*** führte nun den von der Sowjetunion erwarteten Kurswechsel durch. Er nahm das Berlinabkommen hin und schloss den ***Grundlagenvertrag*** (21.12.1972) mit der Bundesrepublik. Die DDR fand internationale Anerkennung. Wie die Bundesrepublik wurde sie Mitglied der UN. Löhne und Gehälter stiegen und damit auch der Wohlstand der Bevölkerung. Von 1971 bis 1984 wurden über 2 Mio. Neubauten errichtet und das Sozialsystem schien in einigen Bereichen (Kindergärten, Entlastung von berufstätigen Frauen) vorbildlich innerhalb Europas. Die SED konnte ihre Machtposition ungefährdet sichern. Mit dem Anstieg der volkswirtschaftlichen Leistung wuchs auch das Selbstbewusstsein. In der Verfassung von 1974 wurde der Begriff „deutsche Nation“ getilgt; auch war nicht mehr die Rede von Wiedervereinigung.

### Politische Opposition

Nach der Unterzeichnung der KSZE-Schlussakte in Helsinki erwachten in der DDR Hoffnungen auf ein liberaleres Klima. Der Wissenschaftler Robert Havemann setzte sich für eine Opposition in der DDR ein, Rudolf Bahro entwarf in seinem Buch „Die Alternative“ ein alternatives Modell für die Wirtschaft. Der SED-Staat reagierte mit Repression: 1976 wurde der Liedermacher Wolf Biermann zwangsausgesiedelt. Weitere Künstler verließen nach erfolglosen Protesten das Land und siedelten in die Bundesrepublik über.

## 16.4 Der Zusammenbruch der SED-Diktatur (1989–90)

Die Folgen der beiden ***Ölkrisen*** in den 70er-Jahren hatten auf die Entwicklung der DDR verheerende Auswirkungen. Während die Krisen in den westlichen Industriestaaten einen technischen Innovationsschub auslösten, der die gesamte Produktion und die Wirtschaftssysteme änderte, konnten die DDR und andere Ostblockstaaten diese Entwicklung nicht mitvollziehen. Da die DDR ihre Erdöllieferungen aus der UdSSR in harten Devisen zahlen musste, fehlten die notwendigen Mittel für Neuinvestitionen. Dazu kamen eine hohe Auslandsverschuldung sowie der aufwendige Unterhalt für die DDR-Grenzbefestigungen und die durch die ***Stasi*** verursachten Kosten. Diese hohen Aufwendungen konnten auch nicht durch Zahlungen aus der Bundesrepublik (Transitpauschale, Freikauf von politischen Häftlingen) ausgeglichen werden. 1982 drohte der DDR die Zahlungsunfähigkeit, die nur auf Vermittlung eines Milliardenkredits aus dem Westen verhindert werden konnte. Die Finanzen reichten jedoch nicht zur Sanierung der Städte und zur Verhinderung oder Beseitigung von Umweltschäden. Vor allem bei den Jugendlichen stieg die Unzufriedenheit über die skandalösen Zustände, die in der Lehrstellenlenkung und in der Reduzierung von Studienplätzen ihren Ausdruck fanden. Innerhalb der evangelischen Kirche bildeten sich Bürgerrechts-, Ökologie- und Friedensgruppen. Jährlich versuchten Tausende in die Bundesrepublik überzusiedeln, was unter bestimmten Bedingungen und einem hohen juristischen und bürokratischen Aufwand möglich war. 1985 bildete sich die „Initiative für Frieden und Menschenrechte“. Sie war die Antwort auf die Ablehnung von ***Perestroika*** und ***Glasnost***, die den neuen sowjetischen Reformkurs unter Gorbatschow kennzeichneten.

### Politische Isolation der DDR

Die SED blieb bei ihrem reformfeindlichen Kurs und geriet damit in Gegensatz zur Reformpolitik der Sowjetunion und anderer sozialistischer Staaten (Polen, Ungarn). Um den wachsenden Unmut der Bevölkerung kontrollieren zu können, wurde die ***Stasi*** weiter ausgebaut und das Überwachungssystem perfektioniert. Vollends ins politische Abseits geriet die DDR, als die Sowjetunion die ***Breschnew-Doktrin*** aufgab und den sozialistischen Staaten außerhalb der Sowjetunion die Selbstständigkeit garantierte.

## Protest- und Fluchtbewegung

Der 40. Jahrestag der DDR-Gründung im Oktober 1949 sollte groß gefeiert werden. Aber bereits im Sommer des Jahres 1989 geriet die DDR unter Druck. Im Juli und August besetzten Tausende DDR-Bürger die Botschaften der Bundesrepublik in Prag, Warschau und Budapest. Um die Feierlichkeiten nicht zu gefährden, aber auch weil ihr die Möglichkeiten fehlten, die sozialistischen Nachbarstaaten auf ihre Seite zu zwingen, gestattete die DDR-Führung die Ausreise. Der Weg zu einer solch erstaunlichen Entwicklung war durch eine Opposition geebnet, die sich seit März 1989 in den Großstädten gebildet hatte, durch Demonstrationen auf die Missstände aufmerksam machte und Meinungsfreiheit und Demokratisierung einforderte. Die Opposition hatte es auch gewagt, die Wahlergebnisfälschungen bei den Kommunalwahlen im Mai aufzuzeigen. Bürgerbewegungen (***Demokratie jetzt***, ***Neues Forum***) entstanden. Im Oktober kam es zur Gründung der SDP, der späteren SPD und des Demokratischen Aufbruchs. In Leipzig wurden die sogenannten ***Montagsdemonstrationen*** zur Regel. Die Feiern zum 40. Jahrestag der DDR waren von Demonstrationen begleitet.

## Fall der Mauer

Unter diesen Voraussetzungen wurde der Generalsekretär ***Erich Honecker*** am 17.10.1989 von der SED durch ***Egon Krenz*** ersetzt, der unter dem Druck der Ereignisse eine Demokratisierung in Aussicht stellte. Die immer größer werdenden Demonstrationen hatten den Rücktritt des DDR-Ministerrates und des SED-Politbüros zur Folge. Am 9.11. verkündete der DDR-Staatsrat die Einführung der allgemeinen Reisefreiheit. Als sich daraufhin Tausende an das Brandenburger Tor begaben und den Zugang zum Westen forderte, wurden von den Grenzbeamten Übergänge geöffnet.

## Ende des DDR-Regimes

Am 13.10.1989 wurde ***Hans Modrow*** von der Volkskammer zum neuen Ministerpräsidenten gewählt. An einem „runden Tisch" erarbeiteten die Blockparteien, der FDGB, die Kirchen und die Oppositionsgruppierungen eine neue Verfassung. Die ***SED*** verlor ihre bisher von der Verfassung eingeräumte Führungsposition. Egon Krenz musste als Vorsitzender der SED zurücktreten und wurde durch Gregor Gysi ersetzt. Die

SED erhielt eine neue Struktur und wurde in PDS (Partei des demokratischen Sozialismus) umbenannt; aus dem demokratischen Block schied sie aus. Inzwischen bahnte sich der Pluralismus der Parteien an: Die SDP benannte sich in SPD um, der „Demokratische Aufbruch“ und die DSU (Deutsche Soziale Union) konstituierten sich als Parteien.

## Freie Wahlen

Der Weg zu deutschen Einheit war innenpolitisch geebnet, aber es gab zwei Lager. Während CDU und CSU und der „Bund der deutschen Demokraten“ die Einheit durch einen schnellen Beitritt zur Bundesrepublik forderten, wollten SPD und Bündnis 90 (Neues Forum, Demokratie jetzt) zuerst eine neue gemeinsame Verfassung erarbeiten. In den Wahlen am 18.3. (erste freie Wahlen nach 58 Jahren) gewannen CDU/DSU die Mehrheit (40,9 %). Die neue Volkskammer wählte den CDU-Vorsitzenden ***Lothar de Maizière*** zum Ministerpräsidenten der DDR. Er trieb den raschen Beitritt zur Bundesrepublik voran.

# 17 Die Entwicklung der deutschen Frage

## 17.1 Wiedervereinigungsangebote und faktische Spaltung (1949–55)

Die Bundesrepublik erhob den ***Alleinvertretungsanspruch*** für Gesamtdeutschland. Sie sah sich im staats- und völkerrechtlichen Sinn als Rechtsnachfolger (mit allen Pflichten und Rechten) des Deutschen Reiches und als staatliches Provisorium. Da ein unvollständiges Deutschland als nicht handlungsfähig angesehen wurde, wurde die nationale Einheit als primäres Staatsziel in der bundesrepublikanischen Verfassung festgelegt.
Die DDR sah sich als Kern eines neuen Deutschlands. Auch sie hatte die Einheit der deutschen Nation mit einer Staatsbürgerschaft zum Ziel. Die Sowjetunion betrieb zunächst eine offensive Deutschlandpolitik, um die Integration der Bundesrepublik in den Westen zu verhindern.

### Die Stalin-Note

1952 machte Stalin in einer Note (***Stalin-Note***) den Westmächten folgendes Angebot:
- Einheit des deutschen Staates und Ende der Spaltung
- Abzug der Besatzungsmächte aus Deutschland
- Demokratische Rechte für das deutsche Volk
- Aufhebung von wirtschaftlichen Beschränkungen
- Nationale deutsche Streitkräfte
- Aufnahme des deutschen Staates in die UNO

Im Gegenzug forderte Stalin:
- Verzicht auf deutsche Militärbündnisse und außenpolitische Koalitionen
- Gültigkeit der territorialen Bestimmungen des Potsdamer Abkommens

Die Westmächte und die Bundesrepublik lehnten das Angebot ab, da sie ihm die Absicht unterstellten, die Westintegration der Bundesrepublik verhindern zu wollen.

Auf der Berliner Außenministerkonferenz vom 15.1. bis 18.2.1954 stand der Plan des britischen Außenministers ***Eden*** dem seines sowjetischen Kollegen ***Molotow*** gegenüber.

Eden Plans beinhaltete:

- Freie Wahlen in ganz Deutschland
- Einberufung einer aus diesen Wahlen hervorgegangenen Nationalversammlung
- Ausarbeitung einer Verfassung und Vorbereitung von Friedensverhandlungen
- Annahme der Verfassung und Bildung einer gesamtdeutschen Regierung
- Unterzeichnung und Inkrafttreten des Friedensvertrages
- Das nach westlichen Prinzipien konstituierte Gesamtdeutschland sollte in das westliche Bündnissystem einbezogen werden.

Der Plan Molotows sah vor:

- Bildung einer gesamtdeutschen Regierung durch die Parlamente der beiden deutschen Staaten unter „breiter Teilnahme demokratischer Organisationen“
- Vorbereitung und Durchführung gesamtdeutscher Wahlen
- Einhaltung eines Aufgabenkatalogs durch die Regierung (z. B. Wahrung der Neutralität)
- Die sozialistischen Strukturen Ostdeutschlands sollten erhalten bleiben und die Neutralität eines vereinten Deutschlands sichergestellt werden.
- Beide Regierungen sollten unverzüglich mit der Bildung einer gesamtdeutschen Regierung beginnen.

An den grundsätzlichen Meinungsverschiedenheiten scheiterten schließlich die Gespräche über die Deutschlandfrage.

## 17.2 Abgrenzungspolitik von DDR und Bundesrepublik (1955–63)

### Zweistaatentheorie der DDR

Die DDR übernahm ab 1950 von der Sowjetunion die These von der Zweistaatlichkeit Deutschlands, die sich unter der Parole „Zwei Staaten – eine Nation“ zusammenfassen ließ. Sie versuchte die staatliche Anerkennung zu erreichen; dies gelang ihr jedoch nur innerhalb des Ostblocks. Gleichzeitig versuchte die DDR, sich von der Bundesrepublik abzugrenzen, indem sie z.B. 1959 eine eigene Staatsflagge (Hammer, Zirkel und Ähre auf schwarz-rot-goldenem Grund) annahm.

## Hallstein-Doktrin

Dem gegenüber stand der von dem Staatssekretär im Auswärtigen Amt, Walter Hallstein, 1955 in der sogenannten ***Hallstein-Doktrin*** geschaffene ***Alleinvertretungsanspruch*** der Bundesrepublik. Nur ihr war es demnach erlaubt, Gesamtdeutschland zu vertreten. Man drohte, alle Kontakte mit Staaten zu beenden, die die DDR völkerrechtlich anerkannten; dies geschah mit Jugoslawien (1957) und Kuba (1963). Eine Wiedervereinigung glaubte man mit einer „Politik der Stärke" erreichen zu können. Schon bald aber zeigte sich, dass durch die Anerkennung, die die DDR im Ostblock erfuhr, und durch deren zunehmende wirtschaftliche Bedeutung die Hallstein-Doktrin die Gefahr der Selbstisolation für die Bundesrepublik beinhaltete.

## Vereinigungspläne (1954-61)

Eine Wiedervereinigung Deutschlands wurde auf der Genfer Gipfelkonferenz (1955) und auf der Genfer Außenministerkonferenz (1959) von den Alliierten zur Sprache gebracht; Verhandlungen im Rahmen der Vorstellungen der Berliner Außenministerkonferenz von 1954 scheiterten aber an den bereits dort zutage getretenen Meinungsverschiedenheiten.

**30.12.1956** Trotz eigener Abgrenzungspolitik gegen die Bundesrepublik trug ***Ulbricht*** den Gedanken einer Konföderation beider deutscher Staaten vor.

**1957** Im Februar modifizierte Ulbricht den Vorschlag: Eine „Annäherung der beiden Staaten" bedeute eine Annäherung der Bundesrepublik an die DDR.

Der Vorschlag verlangte

- Austritt der Bundesrepublik aus der NATO
- Abschaffung der Wehrpflicht
- Ausschaltung „militaristischer und imperialistischer Kräfte"
- „Liquidierung der Monopole" als Voraussetzung für die Bildung eines Gesamtdeutschen Rates

Der Ministerrat der DDR wiederholte die Forderungen Ulbrichts am 27.7., wenn auch modifiziert.

**1958** forderte Chruschtschow die Umwandlung Westberlins in eine „entmilitarisierte" freie Stadt und die Beendigung des Viermächtestatus (***Drei-Staaten-Theorie***). Damit löste er eine dreijährige Krise aus, die zwar den Verbleib Westberlins bei der Bundesrepublik sicherte, gleichzeitig aber auch seine staatsrechtliche Sonderstellung betonte.

**13.8.1961** Die Berlinkrise führte zusammen mit anderen Faktoren zum Bau der Mauer.

## 17.3 Entspannung der Beziehungen (1963–70)

Im Zuge der Entspannungspolitik und im Bewusstsein ihrer Verantwortung für alle Deutschen war die Bundesrepublik seit den 60er-Jahren um eine Normalisierung der Beziehungen zur DDR bestrebt, die auch darauf einging. Diese hatte jedoch ihr Vorhaben, unter günstigen Umständen Gesamtdeutschland unter sozialistischer Führung zu einen, noch nicht aufgegeben. Mit einer Politik der „kleinen Schritte" versuchte die Bundesrepublik, der Realität des DDR-Staates Rechnung zu tragen.

**1963** Das Berliner Passierscheinabkommen sicherte erstmals seit 1961 Besuche von Westberlin nach Ostberlin zu.

**1964** DDR-Rentnern wurden Verwandtenbesuche in der Bundesrepublik gestattet; im Gegenzug wurde der Zwangsumtausch eingeführt.

**25.3.1966** Mit einer Friedensnote an alle Staaten, mit denen sie diplomatische Beziehungen unterhielt, wollte die Regierung Erhard den Weg zu neuen außenpolitischen Positionen eröffnen, die bisher eher starren Positionen lockern und zeigen, dass die Bundesrepublik keine revanchistische Politik beabsichtigte.

**1966** Mit der ***Großen Koalition*** (1966–69) unter Bundeskanzler Kurt Georg Kiesinger und Außenminister Willy Brandt deutete sich eine neue außenpolitische Konzeption an. Unabhängig von den Rechtspositionen sollten die staatlichen, kulturellen und menschlichen Beziehungen beider deutscher Staaten nachdrücklich verbessert werden. Die Deutschlandpolitik unter Adenauer wurde damit um eine zusätzliche Dimension erweitert.

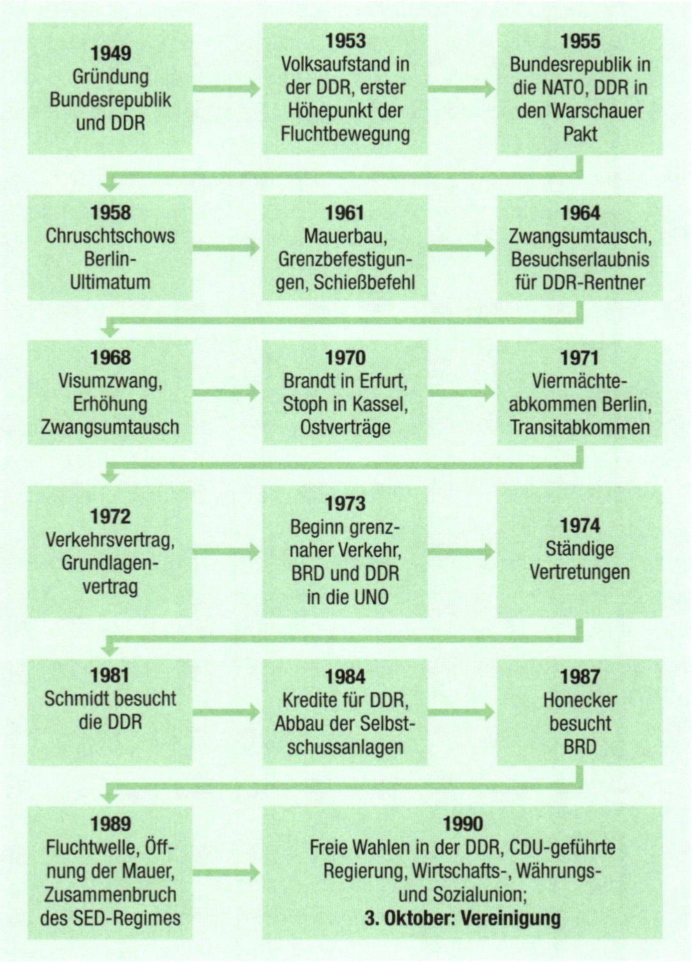


*Die Entwicklung in Deutschland 1949–90*

**1967** Die Außenminister der Warschauer-Pakt-Staaten einigten sich in der Ulbricht-Doktrin darauf, dass kein Paktmitglied vor der DDR sein Verhältnis zur Bundesrepublik normalisieren solle. Es wurden jedoch Handelsvertretungen der Bundesrepublik in der ČSSR (1967) und eine westdeutsche Botschaft in Rumänien (1967) eingerichtet. Die Hallstein-Doktrin wurde aufgegeben.

**13.6.1967** Kurt Georg Kiesinger beantwortet als erster Bundeskanzler einen Brief des DDR-Ministerpräsidenten.

**1969** Die ***sozialliberale Koalition*** aus SPD und FDP verhalf der neuen Außenpolitik endgültig zum Durchbruch: einerseits Gewaltverzicht und Anerkennung der Grenzen, andererseits Garantie des Vier-Mächte-Status von Berlin sowie humanitäre Erleichterungen in der DDR.

**1967–69** Zahlreiche Kontakte zwischen dem Außenminister der Großen Koalition und dem sowjetischen Außenminister Gromyko

## 17.4 Normalisierung der Beziehungen zwischen Bundesrepublik und DDR (1970–89)

Parallel zur Entspannungspolitik der 70er- und 80er-Jahre versuchte die DDR eine eigene staatliche Identität zu gewinnen. Sie ging nun von der Existenz zweier deutscher Staaten und zweier deutscher Nationen aus. In der DDR-Verfassung von 1971 wurde das Wiedervereinigungsgebot gestrichen.

In den 80er-Jahren standen der dramatische wirtschaftliche Abstieg und die damit einhergehende Einschränkung im außenpolitischen Handeln im Gegensatz zum wachsenden Selbstbewusstsein der DDR. Zudem gelang es der Führungselite nicht, die Mehrheit ihrer Bürger vom DDR-System zu überzeugen.

**1970** Der ***Moskauer*** und ***Warschauer Vertrag*** schufen die Voraussetzung für das Vier-Mächte-Abkommen.

**3.9.1971** Das Vier-Mächte-Abkommen bestätigte die Verantwortlichkeiten und Rechte der vier Alliierten und legte fest, dass die bestehende Lage nicht einseitig verändert werden sollte.

**17.12.1972** Das ***Transitabkommen*** (Berlinabkommen) stellte die deutsch-deutsche Ergänzung zum Vier-Mächte-Abkommen dar und regelte die zügige Abfertigung von Reisenden und Gütern im Transitverkehr. Der Verkehrsvertrag traf Abmachungen über den gegenseitigen Wechsel- und Transitverkehr.

**21.12.1972** Unterzeichnung des ***Grundlagenvertrags***: Einrichtung von Ständigen Vertretungen (statt Botschaften) in Bonn und Ostberlin sowie Reiseerleichterungen zwischen beiden deutschen Staaten (1974 verwirklicht)

**1975–88** Weitere Verkehrsvereinbarungen werden getroffen.

**1978** Unterzeichnung des Grenzprotokolls

**1979** Erweiterung des „kleinen Grenzverkehrs“

## 17.5 Die Vereinigung der beiden deutschen Staaten (1989–90)

Mit der Abrüstungspolitik ***Gorbatschows*** und dem Machtverfall des Ostblocks seit den 80er-Jahren (↗ S. 153 ff.) wurde die DDR zunehmend in eine Politik getrieben, die ihr jeglichen Gestaltungsspielraum nahm.

Im Mai 1989 baute Ungarn die Befestigung seiner Grenze zu Österreich ab. Im September erlaubte der ungarische Staat den sich in Ungarn befindlichen DDR-Bürgern die Weiterreise in den Westen. Am 30.9. verkündete Außenminister Genscher den rund 6 000 auf das Gelände der deutschen Botschaft in Prag geflüchteten DDR-Bürgern die Erlaubnis zur Ausreise. Moskaus Parteichef Michail Gorbatschow kritisierte die Reformunfähigkeit der DDR-Führung mit den berühmten Worten: „Wer zu spät kommt, den bestraft das Leben."

**Staatsvertrag BR Deutschland – DDR**
Die wichtigsten Vertragsinhalte

**Währungsunion**
- DM wird einzige Währung
- Deutsche Bundesbank wird alleinige Zentralbank
- Umtauschkurse (Mark der DDR zu DM)
  1 : 1 für Löhne und Gehälter, Renten, Mieten, Pachten, Stipendien
  1 : 1 für Guthaben von natürlichen Personen bis zu bestimmten Höchstgrenzen
  2 : 1 für alle übrigen Forderungen und Verbindlichkeiten

**Wirtschaftsunion**
Die DDR schafft die Voraussetzungen für die soziale Marktwirtschaft:
- Privateigentum
- Freie Preisbildung
- Wettbewerb
- Gewerbefreiheit
- Freier Verkehr von Waren, Kapital, Arbeit
- ein mit der Marktwirtschaft verträgliches Steuer-, Finanz- u. Haushaltswesen
- Einfügung der DDR-Landwirtschaft in das EG-Agrarsystem

**Sozialunion**
Die DDR schafft Einrichtungen entsprechend denen in der BR Deutschland:
- Rentenversicherung
- Krankenversicherung
- Arbeitslosenversicherung
- Unfallversicherung
- Sozialhilfe

Die DDR richtet nach dem Vorbild der BR Deutschland ein:
- Tarifautonomie
- Koalitionsfreiheit
- Streikrecht
- Mitbestimmung
- Betriebsverfassung
- Kündigungsschutz

Die BR Deutschland gewährt für die Anschubfinanzierung der Sozialsysteme Mittel aus dem Bundeshaushalt und für den Haushaltsausgleich der DDR Finanzzuweisungen aus dem „Sonderfonds Deutsche Einheit" in Höhe von 115 Mrd. DM

*Staatsvertrag BR Deutschland/DDR*

Nach den Feierlichkeiten zum 40. Jahrestag der DDR trat am 18.10. ***Erich Honecker*** von seinen Ämtern zurück. Neuer SED-Parteisekretär wurde ***Egon Krenz***. Trotzdem demonstrierten auf dem Berliner Alexanderplatz 50 000 Menschen gegen die SED. Die DDR öffnete am Abend des 9.11. Grenzübergänge in Berlin. Daraufhin strömten Millionen Ostdeutsche zu spontanen Besuchen in den Westen.
Die SED bot ihren Gegnern in der DDR Gespräche am „runden Tisch" an. Ohne Absprache mit den Westalliierten legte Bundeskanzler ***Helmut Kohl*** ein Zehn-Punkte-Programm zur Überwindung der Teilung vor. Die Öffnung der Berliner Mauer (9.11.) und der Grenze zwischen Bundesrepublik und DDR bedeutete den Beginn des Endes der DDR. Am 19.12. verabredete Bundeskanzler Kohl mit Ministerpräsident ***Modrow*** eine Vertragsgemeinschaft. Diese beinhaltete unter anderem die Öffnung des Brandenburger Tors für Fußgänger, Reiseerleichterungen, den Wegfall des Zwangsumtauschs sowie eine Amnestie für politische Gefangene.

**1990**

**9./11.2.** Bundeskanzler Kohl und Außenminister Genscher erhielten in Moskau Gorbatschows Einverständnis zur Vereinigung der beiden deutschen Staaten.

**12./14.2.** Gemeinsame Konferenz der Außenminister der NATO- und Warschauer-Pakt-Staaten in Ottawa. Einigung über die Formel Zwei-plus-Vier: Die zwei deutschen Staaten und die vier Mächte (USA, Sowjetunion, Frankreich, Großbritannien) verhandelten über die außenpolitische Seite der deutschen Vereinigung.

**12.4.** Die DDR-Volkskammer wählte Lothar de Maizière zum Ministerpräsidenten. Die EU-Staaten stimmten der Vereinigung Deutschlands zu. Am 1.7. trat die deutsche ***Währungsunion*** in Kraft. Um 8 000 volkseigene Betriebe aufzufangen, setzte die DDR eine Treuhandanstalt ein.

**24.9.** Die DDR verließ den Warschauer Pakt.

**11./12.9** Vierte und abschließende ***Zwei-plus-Vier-Verhandlungen*** in Moskau, danach Unterzeichnung der Vereinbarungen

Die wichtigsten Inhalte des Zwei-plus-Vier-Vertrags:

- Festlegung der Grenzen (Anerkennung der ***Oder-Neiße-Linie*** als Westgrenze Polens); keine Gebietsansprüche der Bundesrepublik an andere Staaten

- Beschränkung der deutschen Streitkräfte auf 370 000 Mann
- Abzug der sowjetischen Truppen aus der DDR und Ostberlin bis Ende 1994
- Aufhebung der Vier-Mächte-Rechte über Deutschland
- Volle Souveränität des vereinten Deutschlands
- Währungs-, Wirtschafts- und Sozialunion zwischen der Bundesrepublik Deutschland und der DDR (1.7.)
- Festlegung des Staatsgebiets (Bundesrepublik, die DDR und ganz Berlin)
- Bekenntnis der Bundesrepublik zum Frieden und Verzicht auf ABC-Waffen
- Nach 1994 dürfen NATO-Angehörige und deutsche Truppen, aber weder ausländische Streitkräfte noch Atomwaffen oder Atomwaffenträger auf ostdeutschem Gebiet stationiert sein.

**3.10.** Vereinigung Deutschlands durch den Beitritt der DDR zur Bundesrepublik

**1.12.** Erste gesamtdeutsche Bundestagswahlen, die die christdemokratisch-liberale Koalition bestätigten

**15.3.1991** Durch den Zwei-plus-Vier-Vertrag wurde die deutsche Einheit völkerrechtlich wirksam.

## 17.6 Probleme der deutschen Einheit

Es zeigte sich relativ rasch, dass sich die beiden deutschen Staaten innerhalb von 40 Jahren gesellschaftlich, wirtschaftlich und kulturell weiter als anfangs geglaubt auseinanderentwickelt hatten. Als Probleme erwiesen sich u. a.

- die Klärung strittiger Eigentumsfragen auf dem Gebiet der ehemaligen DDR,
- der Aufbau einer modernen Infra- und Kommunikationsstruktur,
- der Aufbau einer funktionierenden Verwaltung,
- der Abbau der „Mauer in den Köpfen“,
- das Herstellen von Identifikation mit der „neuen“ Bundesrepublik,
- die Wiedervereinigung der Kulturen,
- die Finanzierung der Kosten der Einheit.

# 18 Die Entwicklung der Europäischen Union

## 18.1 Geschichte des Begriffs „Europa"

### Mythologischer Ursprung

Europa ist in der griechischen Sage die Tochter des Königs von Phönizien. Zeus verliebt sich in die Königstochter und entführt sie in Gestalt eines Stiers nach Kreta. Europa findet sich erstmals bei Herodot (8. Jh. v. Chr.) erwähnt, der zwischen Okzident und Orient unterscheidet: Die Königstochter wird von Osten (Orient) nach Westen (Okzident) gebracht. Herodot stellte den Gegensatz zwischen Westen und Osten als den zwischen Freiheit und Despotie dar. Warum aber unser Kontinent den Namen Europa trägt, bleibt letztlich ungeklärt.
Als Synonyme für Europa wechseln sich die Begriffe Okzident, Hesperia und Westen ab. Schon im antiken Griechenland suchte man nach den geografischen Grenzen Europas, versuchte so den mythologischen Deutungsversuch zu relativieren und sah einen Gegensatz zwischen Europa und Asien.

### Geografische Erklärung

Europa ist eigentlich ein Westteil Asiens – im Osten abgegrenzt durch das Gebirge und den Fluss Ural sowie das Kaspische Meer, im Norden durch die Randmeere des Atlantiks, im Westen durch den Atlantik, im Süden durch das Mittelmeer.

### Antike

Das Römische Reich erstreckte sich über Europa, Afrika und Asien, geeint durch die griechisch-römische Kultur und in der Spätantike durch den christlichen Glauben sowie die daraus entstehende Kultur. Aus dem System der geografischen Dreiteilung des Römischen Reiches drang der Name Europa als geografische Bezeichnung in das Bewusstsein der Zeitgenossen.
Seine christliche Ausprägung erfuhr der Begriff in der Spätantike durch

die Deutung der Genesis-Stelle 9,27, in der die drei Noah-Söhne Sem, Ham und Japhet die Erde unter sich aufteilen. Dabei fällt Europa, ohne Nennung des Namens, dem jüngsten Sohn Japhet zu.

### Mittelalter

Die Teilung des Römischen Reiches in Ost- und Weströmisches Reich bereitete die Verlagerung des vagen Begriffs Europa auf den Okzident im Mittelalter vor. Durch den Zusammenprall von Arabern und Christen im 8. Jh. zerbrach die Vorstellung von der Einheit des spätrömischen Reiches vollends. Der Begriff Europa bezog sich immer mehr auf das westeuropäische Reich ***Karls des Großen***, der als Herr Europas bezeichnet wurde. In Konkurrenz dazu stand der Anspruch des byzantinischen Kaisers auf die Nachfolge des Römischen Reiches.
Die Karl dem Großen nachfolgenden Dynastien der Ottonen, Salier und Staufer verwendeten den Begriff Europa kaum. Die Idee von einem christlich geprägten Abendland wurde zum Mythos. Dazu trug auch die spanische Reconquista bei. Der Westen und Osten Europas waren bedroht durch die Araber, die Mongolen und Türken, Teile befanden sich auch in deren Besitz. Die Vorstellung vom christlichen Abendland verschwieg die ausgedehnten islamischen Herrschaftsgebiete in Spanien, die Juden und jüdischen Gemeinden im Europa des Mittelalters, den Einfluss der Araber in Sizilien und Unteritalien und den regen Kulturaustausch im Mittelmeerraum.

## 18.2 Europaidee

Die Idee einer europäischen Einheit hat eine lange Tradition. Vorstellungen von einer europäischen oder einer sogar über Europa hinausreichenden staatlichen Einheit stützten sich meist auf den Gedanken einer zentralen oder hegemonialen Macht eines einzelnen Herrschers, eines Staates oder auch Staatsvolkes innerhalb eines Verbandes verschiedener staatlicher Einheiten. Ansätze solchen Denkens finden sich unter dem Habsburger Karl IV. im 16. Jh., bei Napoleon, aber auch unter dem Nationalsozialismus.
Den Einigungsbestrebungen der 1920er-Jahre lag die Einsicht zugrunde, dass der 1. Weltkrieg maßgeblich durch die egoistische Politik der Nationalstaaten verursacht wurde; nur die Überwindung des Nationalstaates und ein friedliches, wirtschaftlich leistungsfähiges, geeintes

Europa könne eine positive Zukunft gewährleisten, 1929 machte der französische Premierminister ***Aristide Briand*** vor der Versammlung des Völkerbundes in Genf den Vorschlag, Europa zu einen. Briand konnte zu diesem Zeitpunkt auf eine erfolgreiche Ausgleichspolitik mit Deutschland zurückgreifen. In dem deutschen Außenminister ***Gustav Stresemann*** hatte er einen ähnlich gesinnten Partner gefunden, sodass 1925 der Vertrag von Locarno (↗S. 111) geschlossen werden konnte. Mit den Austritten Japans und Deutschlands (1933) verlor der Völkerbund allerdings immer mehr an Bedeutung. Erst nach dem 2. Weltkrieg wurde die Europaidee aufgegriffen.

## 18.3 Die Entwicklung des europäischen Zusammenschlusses nach 1945

### Ansätze einer gemeinsamen Europapolitik

**19.9.1946** Churchill forderte die Bildung der Vereinigten Staaten von Europa.

**1948** Gründung der OEEC (Organization for European Economic Cooperation ) in Paris
- Verteilung der Gelder des Marshall-Plans
- wirtschaftliche Zusammenarbeit zwischen den Mitgliedstaaten und den USA
- Liberalisierung des Handels durch Abbau der Zölle

**8.–10.5.1948** Im selben Jahr berief der Koordinierungsausschuss für die europäische Einheit den Kongress von Den Haag ein, der ein geeintes demokratisches Europa und die Schaffung des Europarates forderte.

**5.5.1949** In London wurde der Europarat mit Sitz in Straßburg gegründet. Sein Ziel bestand unter anderem in der Förderung von Verhandlungen über Abkommen. Als seine größte Leistung galt die Verabschiedung der „Europäischen Konvention zum Schutz der Menschenrechte und Grundfreiheiten" (3.9.1953).

**9.5.1950** Der französische Außenminister Robert Schuman schlug die Gründung der Europäischen Gemeinschaft für Kohle und Stahl (EGKS, Montanunion) vor.

**18.4.1951** Der Vertrag zur Gründung der EGKS (Pariser Vertrag) zwischen Belgien, der Bundesrepublik Deutschland, Frankreich, Italien, Luxemburg und den Niederlanden wurde unterzeichnet.

## 18.4 Von der EWG zur EU

Die ***EWG*** (Europäische Wirtschaftsgemeinschaft) kann man als Vorläufer der Europäischen Union bezeichnen. In den Römischen Verträgen von 1957 (25.3.) einigten sich die Benelux-Staaten, Italien, Frankreich und die Bundesrepublik auf die Errichtung eines gemeinsamen Marktes (Gemeinschaft der Sechs). Die Römischen Verträge traten 1958 in Kraft. Ihre Ziele:

- Errichtung einer Zollunion
- Schaffung eines gemeinsamen Marktes
- Harmonisierung der nationalen Wirtschafts-, Sozial- und Steuerpolitik in den Mitgliedstaaten

Die EWG wurde durch zwei weitere Gemeinschaften ergänzt:

- ***EGKS*** (Europäische Gemeinschaft für Kohle und Stahl): Die EGKS diente der Stabilisierung des Friedens zwischen Frankreich und der Bundesrepublik sowie der Sicherung der Produktion zu gleichen Bedingungen.
- ***EURATOM*** (Europäische Atomgemeinschaft): Sie sollte die Entwicklung der Kernindustrie zu friedlichen Zwecken beschleunigen und die Versorgung mit spaltbarem Material sichern.

1967 wurden die drei Organisationen EWG, EGKS und die Europäische Atomgemeinschaft (EURATOM) unter einem Dach vereint. Die Bezeichnung Europäische Gemeinschaft (EG) wurde zum Sammelbegriff für alle drei Gemeinschaften, die 1967 mit Jean Rey den ersten Kommissionspräsidenten erhielt.

**1968** wurden die Zollunion vollendet, die Binnenzölle abgeschafft und ein gemeinsamer Außenzoll beschlossen.

**1969** Beim Treffen der Staats- und Regierungschefs in Den Haag waren die dominierenden Themen die Vollendung des Binnenmarktes, Vertiefung der Integration und Erweiterung der EG. Sie fassten einen Beschluss zur beschleunigten Integration, zur stufenweisen Einführung der Wirtschafts- und Währungsunion (***WWU***) bis 1980 und zur politischen Zusammenarbeit.

**1973** Dänemark, Großbritannien und Irland traten der EG bei (Gemeinschaft der Neun).

**1979** Das Europäische Währungssystem (***EWS***) verband die europäischen Währungen untereinander. Im selben Jahr fand die erste Direktwahl des Europäischen Parlaments statt.

**1981** Beitritt Griechenlands (Gemeinschaft der Zehn)

**1984** Der Entwurf eines Vertrags zur Gründung der Europäischen Union wurde vom Europäischen Parlament angenommen.

**1986** Beitritt Portugals und Spaniens (Gemeinschaft der Zwölf)

**1989** Wahl des Europäischen Parlaments (zum dritten Mal)

**1990** Vereinigung Deutschlands

**1991** Der Vertrag über eine stärkere Integration der Europäischen Gemeinschaft (EU), der eine gemeinsame, einheitliche europäische Währung vorsieht, wurde in Maastricht unterzeichnet.

**1993** Der Vertrag über die Europäische Union trat in Kraft.

Die Bezeichnung „EG" - Europäische Gemeinschaft - wurde mit dem ***Vertrag von Maastricht*** durch „EU" abgelöst. Dieser sah als die drei Säulen der EU die bestehenden europäischen Gemeinschaften, die gemeinsame Außen- und Sicherheitspolitik sowie die Zusammenarbeit in den Bereichen Inneres und Justiz vor. Für die Zukunft gilt, die Konzeption des vom EU-Verfassungskonvent (von Februar 2002 bis Juni 2003) erarbeiteten europäischen Verfassungsvertrags zu verabschieden. Dieser zielt auf rechtliche Verankerung der Grundrechte, Überprüfung der Kompetenzordnung, Stärkung der demokratischen Legitimation und Ausarbeitung der Verträge. Weitere Änderungen brachte die Osterweiterung der Europäischen Union um zehn Mitglieder auf 25 mit sich.

**1995** Beitritt Österreichs, Finnlands und Schwedens. Das ***Schengener Abkommen*** (26.3., Deutschland, Benelux-Staaten, Frankreich, Spanien, Portugal) stellt die Personenkontrollen an den Landesgrenzen ein.

**1.1.1999** Außer in Großbritannien, Dänemark und Schweden wird als gemeinsame Währung der Euro eingeführt (Griechenland führte ihn 2001 ein).

**1.4.2003** Unterzeichnung der Beitrittsverträge (nach dem Vertrag von Nizza 2000)

**1.5.2004** Aufnahme der neuen Staaten (Estland, Lettland, Litauen, Malta, Polen, Slowakei, Slowenien, Tschechien, Ungarn, Zypern); weitere Verhandlungen mit Bulgarien, Rumänien und mit der Türkei.

**1.1.2007** Beitritt Rumäniens und Bulgariens (27 Mitglieder); die Verhandlungen mit der Türkei gestalten sich schwierig, vor allem die ungelöste Zypernfrage verhindert eine schnelle Lösung.

## 18.5 Das Ringen um eine europäische Verfassung

Der Versuch, eine gemeinsame europäische Verfassung zu erarbeiten und zu erstellen, hat seinen Ursprung im Dezember 2001, als die Regierungschefs der EU-Staaten einen Konvent, bestehend aus Parlamentariern und Regierungsvertretern, beauftragten, einen Europavertrag auszuarbeiten. Den Konvent leitete der frühere französische Staatspräsident Valéry Giscard d'Estaing.

**2003** Fertigstellung des Vertrags

**29.10.2004** Unterzeichnung des Vertrags durch die Regierungschefs, mit dem Ziel des Inkrafttretens am 1.11.2006, nach der Ratifizierung durch die 25 Mitgliedstaaten

**2004** Aufgrund des Scheiterns der Volksabstimmungen zur Ratifizierung des Vertrags in Frankreich und den Niederlanden kann der Termin nicht eingehalten werden.

**2006** Auf Beschluss des Europäischen Rates Verlängerung der Ratifizierungsphase bis Mitte 2007

**2007** ***Vertrag von Lissabon*** (ursprünglich Grundlagenvertrag, geschlossen zwischen den 27 Mitgliedstaaten der EU). Da einige Mitgliedstaaten Vorbehalte haben, verzögert sich die Unterzeichnung.

**1.12.2009** Der Vertrag von Lissabon tritt in Kraft. Er reformiert den Vertrag zur Europäischen Union und den EG-Vertrag.

### Vertrag von Lissabon

- Fusion von EU und EG
- Stärkung des Europäischen Parlaments: Kompetenzerweiterung hinsichtlich Gesetzgebung, Haushalt und internationaler Übereinkommen
- Stärkere Mitentscheidung der nationalen Parlamente
- Reduktion der Vetorechte einzelner Mitgliedstaaten
- Einführung europäischer Bürgerinitiativen: Die Kommission kann aufgefordert werden, neue politische Vorschläge zu unterbreiten.
- Aufwertung des Hohen Vertreters der EU für Außen- und Sicherheitspolitik
- Rechtsverbindlichkeit der EU-Grundrechtscharta
- Erstmals ist die Möglichkeit vorgesehen, dass Mitgliedstaaten aus der Union austreten können.

Der Vertrag sieht u. a. zwei neue Ämter vor: das eines hauptamtlichen

„Präsidenten des Europäischen Rates“ mit einer Amtszeit von zweieinhalb Jahren und das eines Außenministers, der die europäische Außenpolitik koordinieren soll. Zudem soll die Gesetzgebung durch die Einschränkung des Vetorechts gestärkt werden. Ab 2014 wird die qualifizierte Mehrheit nach der doppelten Mehrheit von Mitgliedstaaten und Bevölkerung berechnet. Eine doppelte Mehrheit gilt als erreicht, wenn 55% der Mitgliedstaaten zustimmen. Diese müssen gemeinsam mindestens 65% der europäischen Bevölkerung auf sich vereinen.
Am 19.11.2009 wählten die Staats- und Regierungschefs der EU den Belgier Herman Van Rompuy zum ersten Ständigen Präsidenten des Europäischen Rats und die Britin Catherine Ashton zur „EU-Außenministerin“.

Der europäische Staatenverband ist von der politischen Systemtheorie nicht einfach zu bestimmen: Er stellt eine Mischform aus parlamentarischer Demokratie und Exekutivföderalismus dar. Auch wird über die Finalität, das Endziel des Einigungsprozesses, diskutiert. So wollen die Verfechter nationaler Souveränitätsvorbehalte Entscheidungen auf der jeweils niedrigsten Ebene, der der einzelnen Mitgliedstaaten, behandeln. Die Anhänger einer politischen Union streben einen europäischen Bundesstaat an. Als Lösungsmodell wird ein Europa der unterschiedlichen Geschwindigkeiten vorgeschlagen. Bei der Haushaltskrise Griechenlands (2010) bewährte sich die Währungsunion der Euroländer. Durch die Unterstützung Griechenlands und dessen radikale Haushaltssanierung wurde das Vertrauen in den Euro wiederhergestellt.
Diskutiert wird, ob die EU noch erweitert werden soll, beispielsweise um die Türkei. Dahinter steht auch die Frage, ob die Türkei den östlichsten Staat der EU darstellen soll.

# Stichwortverzeichnis